中国人民大学
"习近平新时代中国特色社会主义思想研究工程"阶段性成果

师说

新时代思政课

刘建军 著

天津出版传媒集团

天津人民出版社

图书在版编目(ＣＩＰ)数据

师说:新时代思政课 / 刘建军著. -- 天津 : 天津
人民出版社, 2023.8 (2025.3 重印)
ISBN 978-7-201-19638-1

Ⅰ.①师… Ⅱ.①刘… Ⅲ.①思想政治教育—研究—
中国 Ⅳ.①D64

中国国家版本馆 CIP 数据核字(2023)第 139590 号

师说:新时代思政课
SHISHUO: XINSHIDAI SIZHENGKE

出　　版	天津人民出版社	
出 版 人	刘锦泉	
地　　址	天津市和平区西康路35号康岳大厦	
邮政编码	300051	
邮购电话	(022)23332469	
电子信箱	reader@tjrmcbs.com	

责任编辑	武建臣
装帧设计	明轩文化·王　烨

印　　刷	天津新华印务有限公司
经　　销	新华书店
开　　本	710毫米×1000毫米　1/16
印　　张	19
插　　页	2
字　　数	210千字
版次印次	2023年8月第1版　2025年3月第3次印刷
定　　价	78.00元

自　序

　　"思政课"即思想政治理论课,是我国教育体系特别是高等教育体系中的一类特殊课程。它十分重要,集中体现社会主义办学方向和立德树人根本任务,而讲好思政课又具有相当难度,不是轻易就能收到好的效果。因此,开展思政课教育教学的研究就格外重要,而对思政课教师来说就更是如此。

　　我本人较为深切地关注思政课,是从 2004 年参与教育部思政课大调研开始的,后来又参与了思政课改革的文件起草,以及一些教师培训工作。从那时到现在,差不多二十年了。而真正开始写文章发表自己的心得和看法,则是从新时代开始的。以习近平同志为核心的党中央高度重视思政课建设,思政课改革发展也进入新时代。2019 年 3 月 18 日,习近平总书记主持召开学校思想政治理论课教师座谈会并发表重要讲话,为办好新时代思政课提供了根本遵循。我本人有幸参加了座谈会，深受教育和鼓舞，并作为高校思政课教师代表发言。从那以后，我更加自觉地关注和思考思政课建设，特别是教育教学的一些问题，并陆续发表了一些文章。不知不觉间，多年的思考和写作已经可以形成眼前这样的一本小书了。

本书涉及内容较多，提出了一些问题，也表达了一些自己的感悟和想法。但我深知，本书并不能算是对新时代思政课的系统研究，而且许多方面还有待进一步深化。期待广大思政课教师和专家学者的批评指正，我本人也决心在新时代新征程的思政课教育教学中继续思考和探索，以求提出更深入、更有益的见解。

目　录

第一章

思政课:落实立德树人根本任务
的关键课程

2019 年 3 月 18 日,党中央召开学校思想政治理论课教师座谈会,习近平总书记发表重要讲话,对思想政治理论课建设作了全面论述。讲话突出强调了思想政治理论课的战略地位和重要作用,特别是提出了"思想政治理论课是落实立德树人根本任务的关键课程"这一重要论断。这是一个崭新的命题,鲜明地表达了思政课在学校育人工作中的地位和作用,体现了党和国家对思政课的高度重视。

一、怎样理解"关键课程"?

深刻认识思政课的重要地位是搞好教学的前提，而认识和把握思政课的重要地位和作用，可以从不同的层次来进行。一般来说，可以从三个基本层次来把握：一是从办学性质和方向的层次上认识和把握，二是从育人过程和环节的层次上认识和把握，三是从德育体系和工作层次上认识和把握。从第一个层次来说，学校思想政治理论课是我国社会主义办学性质和办学方向的必然要求，突出体现了我国教育事业的社会主义性质和政治方向。从第二个层次来说，思想政治理论课是学校全面育人工作的中心环节，是培养德智体美劳全面发展的社会主义建设者和接班人的关键课程。从第三个层次来说，思想政治理论课是大学生思想政治教育的主渠道和主阵地。这三个方面是一个整体，在层次上从高到低、从一般到具体逐步过渡。把握了这三个基本层次的整体性，才能全面地领会和把握思政课的极端重要性。

但长期以来，我们主要是从第一个层次和第三个层次来讲思政课重要地位的，而对第二个层次注意不够，这就影响到人们对思政课重要性的全面认识和把握。这是因为，第二个层次是前后两个层次的中介，起着承上启下、承前启后的作用。习近平总书记在这次座谈会上明确提出并突出强调"思想政治理论课是落实立德树人根本任务的关键课程"，恰好补上了这个缺口，对于我们全面把握思政课的重要地位和作用起到了提纲挈领的作用，具有重要指导意义。

当前，对我们来说非常重要的一项任务，就是认真学习和深刻领会习近平总书记关于"思想政治理论课是落实立德树人根本任务的关键课程"的科学论断。这一论断表述完整、表达有力、逻辑清晰、内涵丰富。我们有必要从学理上对其进行深入的分析和把握。

为此，我们首先要深刻理解和把握立德树人根本任务的科学内涵和基本要求。党的十八大以来，习近平总书记在多个场合谈到并一再强调立德树人，从不同的角度强调了立德树人的重要性。比如，立德树人是高校的立身之本，是学校教育的根本任务，是检验学校一切工作的根本标准等。而把立德树人作为根本任务则是这些表述中最主要的表达，也是国家相关文件中的规范性表达。在这次思政课教师座谈会上，习近平总书记正是从落实立德树人根本任务的角度，突出强调了思政课的重要地位。

那么什么是"立德树人"呢？如何理解它的语义和内涵呢？简单地说，它是由"立德"和"树人"这两个词合在一起而形成的综合性概念。"立德"就是帮助学生树立优良的思想品德，"树人"就是培养全面发展的人才。"树人"内在地包含着"立德"的要求，因为如果没有好的思想品德，就不能成为全面发展的人才，甚至不能成为任何人才，而且"立德"是树人的首要方面。因此，为了更加突出"立德"的特殊重要性，又把它从"树人"中拿出来并放在前面。可以说，"树人包含立德""树人首在立德""立德助力树人"。这样，它们的叠加就形成了一个综合性的概念"立德树人"。

　　那么什么是"根本任务"呢？简单地说，就是"总任务""总目标""总要求"。根本任务是相对于具体任务而言的，是总体性的、根本性的任务和目标。它可以分解为许多方面的具体任务和目标，但不能归结于某个具体目标和要求。关于这个总目标或根本任务的科学内涵，习近平总书记曾有过几种提法，主要有立德树人是立身之本，是育人目标，是核心理念，是衡量标准。

　　在全国高校思想政治工作会议上，习近平总书记明确指出："高校立身之本在于立德树人。"①所谓"立身之本"，就是一定的社会成员或社会事业所赖以生存的依据和自身价值所系。这就意味着：高校虽然也承担着科学研究、社会服务等多项职能，但只有人才培养才是立身之本。在这里，"立德树人"是从一般意义上说的，指的是育人或人才培养。而育人不是抽象的，它必须有明确的目标，而"立德树人"本身就是这样的目标。习近平总书记在全国教育大会上，明确要求："学科体系、教学体系、教材体系、管理体系要围绕这个目标来设计，教师要围绕这个目标来做，学生要围绕这个目标来学。凡是不利于实现这个目标的做法都要坚决改过来。"②育人目标本身不仅是一个技术指标，而且是一个核心理念。其实，立德树人本身就是一个办学理念和教育理念，概括地说，就是"树人是根本，立德是核心"。习近平总书记还要求将这一目标和理念融入我国教育的各领域和各

---

①　《习近平在全国高校思想政治工作会议上强调 把思想政治工作贯穿教育教学全过程 开创我国高等教育事业发展新局面》，《人民日报》，2016 年 12 月 9 日。
②　《习近平在全国教育大会上强调 坚持中国特色社会主义教育发展道路 培养德智体美劳全面发展的社会主义建设者和接班人》，《人民日报》，2018 年 9 月 11 日。

环节。他在全国教育大会上明确提出："要把立德树人融入思想道德教育、文化知识教育、社会实践教育各环节，贯穿基础教育、职业教育、高等教育各领域。"①立德树人还是衡量和检验学校各项工作的根本标准。2018 年5 月 2 日，习近平总书记在北京大学师生座谈会上明确提出"要把立德树人的成效作为检验学校一切工作的根本标准"②。根本任务在此落地，得以不断实现。

立德树人从理论上分析似乎有些复杂，但从工作要求上看一点也不深奥。用一句话就可以说明白，即培育社会主义事业建设者和接班人。习近平总书记在全国教育大会上讲得十分明确："培养什么人，是教育的首要问题。我国是中国共产党领导的社会主义国家，这就决定了我们的教育必须把培养社会主义建设者和接班人作为根本任务，培养一代又一代拥护中国共产党领导和我国社会主义制度、立志为中国特色社会主义奋斗终身的有用之才。这是教育工作的根本任务，也是教育现代化的方向、目标。"③

立德树人，重在落实。党的教育方针是明确的，学校根本任务和育人目标也是清楚的，在这样的前提下，把育人目标落到实处，圆满地实现育人目标，是最为重要的。立德树人根本任务的落实是一项系统工程，这是因为高等教育事业本身是一项系统工程，而每一所高校的工作也是方方面面、千头万绪的。学校工作的各个方面，不论是专业教学还是思想政治

---

①③　《习近平在全国教育大会上强调 坚持中国特色社会主义教育道路 培养德智体美劳全面发展的社会主义建设者和接班人》，《人民日报》，2018 年 9 月 11 日。

②　习近平：《在北京大学师生座谈会上的讲话》，《人民日报》，2018 年 5 月 3 日。

工作,不论是组织管理还是后勤服务,以及校园文化建设等,都必须体现立德树人的根本任务和要求。特别是课程设置和教学实施,集中体现着高校工作的育人属性,是最主要的育人工作,因而更应该全面深入地贯彻落实立德树人的根本任务和要求。

在高校各种各类课程中,思想政治理论课是落实立德树人根本任务的关键课程。作为一类特殊的课程设置,思想政治理论课在学校课程体系中具有特殊重要的地位,它集中体现了我国高校办学的社会主义性质和方向,直接致力于学生思想政治素质和品德的培养,在落实立德树人根本任务的过程中起着关键性作用。只有深刻认识和把握了这一关键课程的地位,才能真正理解了思政课的价值和意义,才能高度重视并搞好思政课建设。

所谓"关键课程",主要包括以下含义:

首先,思政课是面向全体学生的覆盖面最大的课程。它不像某些大学专业课程那样只面向本院系本专业的学生,而是面向全体在校学生,因而它关系到每一个学生的成长成才, 对教育目标的落实和实现有着全局性的影响。仅就这一点而言,它就是学校中最重要的课程。如果没有思政课,高校的课程体系是不完整的,并且是没有灵魂的。

其次,思政课是培养学生首要素质的课程。思政课致力于青年学生的社会化,它培养的是学生的思想品德和政治素质,这是社会主义事业建设者和接班人的首要素质。如果缺少这一素质,那么其他方面素质的培养也不能取得真正的成功,即使取得成功也不是我们所需要的人才。习近平总书记指出:"如果第一粒扣子扣错了,剩余的扣子都会扣错。人生的扣子从一开始就要扣好。"①在这里思想政治品德就是人生的第一粒扣子,而思想政治理论课就是帮助学生扣好人生第一粒扣子的关键课程。

再次,思政课是必须重点抓好的核心课程。学校的各项工作都很重要,但课程教学尤为重要;各门课程都很重要,但思政课程尤为重要。思政课在学校课程体系中处于关键课程和中心环节的位置。学校领导一方面要下大力气抓好思政课建设,不断提高思政课教学水平和实效;另一方面要让其他课程特别是相关专业的课程与思政课同向同行,发挥辅助和协同作用。长期以来,我们主要关注思政课自身的建设,强调发挥好思政课的作用,这当然是必要的,但相对而言忽略了其他课程在帮助学生立德方面的作用,导致思政课被孤立起来了。学生的思想道德和政治素质受多种社会因素的影响,思政课程并不能在立德树人方面一揽包收。如果缺少学校整体氛围的支持,特别是缺少其他相关课程的配合,思政课也很难充分发挥作用。尤其是在许多学校还存在着这样的情况:有的专业课教师不仅未能支持思政课,还有意无意地向学生传递负能量,抵消和削弱着思政课的影响。因此,为了体现好、发挥好思政课在立德树人过程中的关键性、核心性作用,应该以思政课为中心环节,把全校课程组织和联通起来,形成"课程思政"的强大合力。

最后,思政课程是最重要的课程,是需要特殊支持的课程。各级领导特别是学校领导必须深刻认识思政课程的特殊性,以更大精力和投入来支持思政课,以特殊的政策和扶持来保护思政课,办好思政课这一落实立

---

① 《习近平谈治国理政》,外文出版社,2014年,第172页。

德树人根本任务的关键课程。

二、思政课的属性与规律

思政课具有多重属性，从大的方面讲主要有三重属性，即政治属性、科学属性、教育属性，相应地，思政课的规律也表现为政治运行规律、学术研究规律、教育教学规律。

（一）思政课具有政治属性，遵循政治运行规律

思政课具有鲜明的政治属性。它虽然是高校里的一种课程，并与其他课程一样，呈现为相应的知识体系和教学过程，但是与其他的专业课程和人文素质课程不同的是，它具有鲜明的政治属性。这一点从"思政课"这种称呼上就可以直观地看出来。从这一课程的设立来说，一开始就具有政治意识形态的属性。我国是社会主义国家，我们的大学也是社会主义的高等教育事业，大学的办学事务和人才培养具有政治方向上的基本要求，这就是培养社会主义事业的建设者和接班人。高校设立思政课，是党中央的决定，是国家的意志，集中体现了我国大学的社会主义政治属性。

思政课的政治属性在其课程设置和教学内容等方面中得到进一步体现。课程体系的设置，从根本上说是党中央从政治的和战略的高度作出的决定。就五门必修课程来说，由于马克思主义是党和国家的指导思想，是我们认识和改造世界的科学世界观和方法论，社会主义国家的大学生应该掌握马克思主义的立场、观点和方法，于是才设立"马克思主义基本原理"课程。由于毛泽东思想和中国特色社会主义理论体系是马克思主义与

中国实际相结合的两大理论成果,是党在马克思主义中国化进程中的创新理论,是我们革命、建设和改革事业的指导思想,所以才设立"毛泽东思想和中国特色社会主义理论体系概论"课程。由于中国近现代历史是中华民族救亡图存和为实现中华民族伟大复兴中国梦而奋斗的历史,是历史和人民选择马克思主义、选择中国共产党和选择中国社会主义道路的历史,是对青少年进行爱国主义教育的历史基础,于是才设立"中国近现代史纲要"课程。由于需要结合大学生的人生实际来促进大学生的思想道德修养,由于需要结合当代大学生法律素质的提高来落实和实现依法治国,因而才设立"思想道德与法治"课程。同时,由于习近平新时代中国特色社会主义思想开辟了马克思主义中国化时代化新境界,实现了马克思主义中国化时代化新飞跃,由于在新时代新征程必须用习近平新时代中国特色社会主义思想铸魂育人,因而必须开设"习近平新时代中国特色社会主义思想概论"课程。其他的本科选修课程、专科课程以及研究生层次的课程设置都是如此。由此决定了思政课教材的编写,特别是教材内容的确定和审核,不是专家个人的事情,而是党和国家的事情。

思政课既然内在地具有突出的政治属性,因而它本身也必然遵循和体现政治运行的规律。政治运行规律,体现的是思政课作为社会政治生活和主流意识形态一部分的运动特点。思政课既然是政治生活的一部分,具有鲜明的政治属性,它就必然在一定程度或范围内遵循政治运行的规律。政治运行规律与学术研究规律和教育教学规律不同的地方在于,它不是站在学者或教师的角度来看问题,而是从国家的战略上,从社会的根本利弊上考虑问题。只有从这样的高度,才能真正把握社会主义国家在高等学校开设思政课的意义,才能理解思政课的性质和功能。这样,就要求思政课教师具有政治眼光和政治敏锐性,具有把握政治事物及其运动规律的思维方式即政治思维。他们应该向政治家学习,特别是向马克思主义政治家学习,并从社会政治运行和发展中总结经验,克服自身具有的某种缺点和学校知识分子在政治上的幼稚性。特别重要的是,要能够站在国家民族的高度,放眼世界形势的变化,从战略上思考问题,把握社会问题的实质。

(二)思政课具有科学属性,遵循学术研究规律

思政课也具有科学属性和学术内涵,并需要学术研究的支撑。它虽然具有鲜明的政治属性,但不是政治口号和政策解读,而是科学理论,它有自己特有的学术内涵。马克思主义不只是一种价值学说和政党意识形态,而是科学性与价值性相统一的学说,它的价值性集中体现在它的政治属性和意识形态属性中,而它的科学属性则集中体现在它的学理性和学术性上。党的理论创新成果无疑也具有突出的政治属性,是党治国理政的经验总结、理论概括和行动指南,但是这些理论不是凭空产生的,也不是个别领袖人物主观愿望和看法的产物,是集体智慧的结晶,是中国历史发展和现实事业进展的理论概括,反映了革命、建设和改革的规律,反映了党治国理政的规律,而且经过学者的加工阐发,形成了比较严整的理论体系,具有了比较严格的科学性。其他思政课程的内容也无不如此。

思政课既然具有科学性和学术属性,因而也就必须遵循学术研究的规律。我们说马克思主义是一门科学,我们说思政课向学生传授的是科学的真理,这就意味着这门课要遵循科学研究和科学发展的规律。学术研究的规律着眼于学理层面,着力于揭示思政课内容的学理内涵。这也就要求思政课教师,在自己的学科范围内,从事相应的科学研究工作,以自己科学研究的成果为上好思政课提供学术支撑。

思政课教师要具有学术研究的思维。在高校特别是研究性大学里,教学与科研紧密相连。没有坚实的学术研究作基础,教学工作很难达到高的水平。不仅各门专业课如此,思政课也是如此。这里所说的学术研究的思维,主要不是指教育或教学方面的研究,因为这方面的研究属于教育教学规律的范围。它是指比较正规的具有专业性的学术思维。思政课从整体上讲与专业课有区别,但它本身在一定层面上也具有专业性,也需要专业知识,需要专业化的学术研究。从现实中看,许多思想政治理论课教师往往只进行一定的教育教学方面的研究,而缺乏专业学者那样的学术思维,这不能不说是他们的一种不足。

(三)思政课具有教育属性,遵循教育教学规律

思政课还具有教育属性,以立德树人作为自身的目标追求和存在依据。思政课是我国高等教育事业的一部分,是每个普通高校都开设的、面向所有大学生的公共课程,在高校思想政治工作育人总格局中具有十分重要的地位和作用。它的教育属性是更为直接更为根本的属性,是其政治属性和学术属性的载体和落脚点。思政课的价值和效果如何,直接地体现于教育教学效果之中。既然具有教育属性,当然必须遵循教育教学的规律。这一规律产生于教育者与受教育者的相互关系和相互作用中,存在于教育教学的各个阶段和环节中，左右着教育教学过程的进行并决定着教育教学的最终效果。这个规律在思政课建设中具有更为内在和直接的意义。因为思政课效果好坏，很大程度上直接取决于教师讲授是否得法，是否符合教育教学的规律。

具体来说，教育教学的规律又由两个方面的具体规律构成：一是教书育人的规律，二是学生成长的规律。它们是分别从教师和学生两个角度来讲的规律性。习近平总书记提出高校思想政治工作必须遵循三个规律，即思想政治工作规律、教书育人规律、学生成长规律，其中第一个规律是从总体上讲的，后两个规律分别是从教师和学生角度来讲的，二者合起来就是教育教学的规律。在教育教学规律中，大学生成长规律是基础，揭示了大学生身心发展和成长成才的规律性，是我们开展教育教学活动的基础。教育教学的规律是建立在遵循学生成长规律基础上的，不能脱离这个基础而独立运行。在此基础上，思政课教师要努力探索和掌握教书育人的规律，特别是课堂教学的规律，不断提高自己的教学水平。思政课教师要形成符合规律的教育教学思维。对于马克思主义理论，对于现实中的理论和实践问题，善于从教育的角度，从讲授的角度去思考和把握。要研究学生的接受特点，研究教学过程的规律，按教学规律办事，把科学的理论变成学生们易于接受的道理，帮助他们树立正确的世界观、人生观和价值观。掌握和运用思政课教育教学的规律，需要一定的功夫。有些政治水平很高的领导干部和学术研究很强的教师如果不懂得教育教学的规律，同样教不好思政课程。

(四)辩证把握和妥善处理三个规律的关系

都说思政课"难",究竟难在什么地方? 我认为从根本上讲,难就难在这同一个事情上有三个不同的规律同时在起作用。同时遵循这三个规律,是思政课的特殊性所在。三个规律中如果缺少一个,就不是思政课。正是由于三个不同的规律同时起作用, 也正是由于需要同时处理三个规律的关系,因而思政课具有复杂性。就专业课来说,它是两个规律起作用,一是学术研究规律,二是教育教学规律。教师当然也要处理好教学与科研的关系,这二者之间的关系虽然也不是那么简单,但毕竟是二项式,其复杂度也是有限的。但三项式就不一样了。老子讲:道生一,一生二,二生三,三生万物。换句话说,到了"三",就该生万物了,标志着进入复杂性阶段。三角关系之所以理不清,《三国演义》之所以智谋迭出,《三体》小说之所以扣人心弦,就是因为是三项式,是三个不同主体之间的几乎是无解的纠结和博弈关系。显然,复杂就意味着困难。

思政课的三个规律之间,由于各自的领域、作用及起作用的方式的不同,就有一个相互配合、相互协调的问题。如果协调得好,三个积极性合在一起就是一个极为强大的合力;而如果对此缺乏应有的认识,如果不能很好地协调三个规律及其作用, 就很可能造成不同规律起作用时的相互冲突,从而削弱思政课的整体效果。当然,把握规律,把握规律之间的关系,特别是协调不同规律作用的关系,是一个长期的过程,需要高校思政课教师、教育主管部门及党的有关领导部门相互配合。

从思政课新方案的制定和实施过程来看, 存在着不同规律之间自发冲突的情况，特别是政治运行规律和教育教学规律之间处于一种互动和磨合之中，迫切需要清醒认识和正确处理它们的关系。政治运行规律是首先起作用的规律，它在课程的设立、教材的编写及总体布局方面起主导作用。新方案的设立、教材的编写过程，充分体现了这一点。在这里，优先要考虑政治上的要求、战略上的要求，教育教学上的要求暂时靠后。在课程改革的大调研过程中，很多老师都提出，对于思政课培养目标的要求和规格要适当降低，提得太高做不到，而且也不是只靠上政治课就能解决的。这样提出问题，当然是有一定道理的，但这只是教育教学方面的道理，在政治的根本利害面前就是小道理。大道理管着小道理。所以，尽管有很多人提出这一意见，但在中央关于大学生思想政治教育的 16 号文件和中宣部、教育部关于思政课设置的 5 号文件中，都没有采纳这样的建议。这不是对调查结果不重视，而是两个规律发生冲突时的必然结果。

在思政课方面，党中央的直接介入显示了强大的政治力量。那么这样做好不好呢？我想，从根本上说，从战略上说，是无与伦比的好事；而从战术上讲，从某些环节和细节上说，有一些问题需要逐步解决。从积极的方面来说，中央的直接介入为思政课建设与发展解决了大问题。一是大幅度调整课程设置，形成一个门数较少、时数也较少、比较合理、便于以后稳定的方案；二是设立马克思主义理论一级学科，批准一大批博士点；三是以中央工程的形式支持教材建设；四是以中央文件的形式推动改善思政课教师的工作和生活条件。这些大问题，如果没有中央的强力介入，没有政治威力的作用，单靠学术研究规律，单靠教育教学规律，都不能得到解决。可以说，政治运行规律的强大作用，为学术研究规律和教育教学规律发挥作用提供了一个更大的平台。从此,我们就可以在学科建设和课程建设方面,更多地发挥学术研究和教育教学的规律作用了。

但从战术的角度讲,在直接介入课程设置和课程建设时,在某些环节或细节方面,会存在一些不周到的地方,这是不可避免的。比如,忽视了搞教学大纲或教学要点的阶段,直接编写教材。而在组建教材编写组,部署教材编写的过程中,也有某种过强的行政特点。我们在这个问题上要辩证地看,要看本质,不能对领导部门求全责备。这当然不是说,对于在新方案实施过程中由于政治运行规律与教育教学规律不协调带来的问题睁眼不见,不去解决。不是的,而是要多做细致的工作,使某些环节和细节方面的不足得到弥补。如果说,在前一个阶段,即在课程设置和教材编写阶段上,主要是政治运行规律起作用,是领导部门和主管部门起作用,是马克思主义理论研究和建设工程专家起作用,那么在以后的阶段上,在具体落实和实施思政课教育教学改革的过程中, 学术研究规律和教育教学规律的作用就会日益突出起来,教师的作用也必然会日益突出起来。我们思政课教师,在前一阶段也可能感到有些被动,但在后边的阶段中应该能够发挥更多的作用。我们不能做旁观者,我们应以真正的责任感,积极地投身于落实新方案的实践中去,把课程体系、教材体系创造性地转化为教学体系,逐步地收到新方案的成效。

协调遵循学术研究规律与教育教学规律的关系, 也是当前重要的问题。现在高校普遍重视科学研究,特别是重点高校和综合性高校把科研放在非常高的地位上。不仅专业院系是这样,马克思主义学院也有这样的倾向。辩证地看待这个问题就会发现,在思政课建设中高度重视科研的支撑作用,这是题中应有之义。既然思政课具有科学属性,既然课程建设要遵循学术研究规律,就要允许并提倡思政课教师开展学术研究活动。如果缺少学术含量和学术支撑,思政课就不会真正有好的效果。但在这个过程中,如果处理不当,比如搞科研第一,那就可能影响思政课的教育教学。因此,科研是为思政课服务的,要为教育教学提供有力的学术支撑。

另外,还有正确协调政治运行规律与学术研究规律的关系问题。要正确处理学术研究中的政治性和学术性的关系问题,真正把两者有机统一起来。总之,思政课的三个规律各有其不同的作用和要求,广大思政课教师要努力形成将政治思维、学术思维和教学思维融为一体的综合思维方式,形成同时把握三个规律并在实践中妥善处理三种规律的关系的能力。

三、办好思政课的信心来源

坚定信心是做好任何工作的前提,也是办好高校思政课的前提。在高校课程体系中,思政课既是极为重要的课程,又是难度极大的课程。思政课作为帮助学生树立正确理想信念和价值观的课程,与那些主要进行知识传授和技能培养的课程相比,有着更高的要求和难度。而且由于一些学校长期以来对思政课不够重视等各种原因,思政课教学效果往往不尽如人意,也在一定程度上挫伤了思政课教师的信心和积极性。在新时代,思政课建设面临着全面推进和高质量发展的任务,坚定和增强办好思政课的信心成为一个重要课题。习近平总书记在学校思想政治理论课教师座谈会上明确强调指出,"办好思政课,有不少问题需要解决,但最重要的是解决好信心问题"①,并对办好思政课的信心来源做了集中论述。当前,深入学习和阐释习近平总书记关于办好思政课信心来源的精辟论述,进一步增强办好思政课的信心是十分必要的。

(一)党中央高度重视,为办好思政课提供了根本保证

习近平总书记指出:"党中央对教育工作高度重视,对思想政治工作、意识形态工作高度重视,始终坚持马克思主义指导地位,大力推进中国特色社会主义学科体系建设,为思政课建设提供了根本保证。"②这一根本保证也是我们办好思政课最根本的信心来源。

首先,党中央高度重视为办好思政课提供了坚强的政治保证。高校思政课具有强烈的政治属性,而它的建设也有赖于可靠的政治保证。党和国家对思政课的高度重视和大力支持,是思政课设立和建设的基本前提,也是坚定办好思政课信心的根本前提。党的十八大以来,党中央高度重视教育工作,重视思想政治工作和意识形态工作,从根本上扭转了不利于思政课建设的社会政治风气。习近平总书记高度重视思政课建设与教育教学,多次到高校视察和座谈,特别是亲自主持召开学校思想政治理论课教师座谈会并发表重要讲话。他在讲话中突出强调了思政课在高校育人中的重要作用,明确指出思政课是落实立德树人根本任务的关键课程,并要求各级党委和政府特别是高等学校,以及全社会都要大力关心和支持思政

---

① ② 习近平:《思政课是落实立德树人根本任务的关键课程》,人民出版社,2020年,第8页。

课建设。在党和国家高度重视下,全国高校思政课建设全面推进,力度不断加大,实效不断提高,坚定了人们办好思政课的信念和信心。

其次,马克思主义指导思想的真理性为办好思政课提供了科学理论依据。党始终坚持马克思主义指导地位,用马克思主义理论特别是马克思主义中国化时代化的理论成果指导我国教育事业的发展,其中也包括指导学校思政课的建设与发展。对高校意识形态和思想政治工作来说,马克思主义既是思政课建设的指导思想,又是思政课教育教学的核心内容。高校思政课教育的内容丰富广泛,其中最核心最重要的是马克思主义理论和党的路线方针政策,而党的路线方针政策又来源于马克思主义理论的实际运用。因此,马克思主义理论的科学性和真理性,是我们办好思政课的理论前提和信心来源。马克思主义是无产阶级和人类解放的科学理论,揭示了物质世界特别是人类社会发展的规律,揭示了社会主义必然代替资本主义并最终发展为共产主义的必然趋势,为无产阶级政党带领人民群众推进社会主义事业提供了科学指导。中国共产党人始终坚持马克思主义指导地位,用马克思主义科学理论指导中国革命、建设、改革和复兴伟大事业,取得一个又一个辉煌成就。只要我们坚信马克思主义的真理性,坚信并不断发挥马克思主义的真理魅力,就一定能够办好思政课,不断提升思政课的教学实效性。

最后,马克思主义理论学科设立和建设为办好思政课提供了坚实的学术支撑。为推进我国科学文化和教育事业,党中央高度重视学科构建和学科发展,做出重大部署以大力推进中国特色社会主义学科体系建设。马克思主义理论一级学科就是这个学科体系中最为重要的学科。尽管它的设立和建设具有多方面的重大意义,但最直接的目的和作用还是为高校思政课教育教学提供支撑。高校思政课教育教学具有政治和学理的双重属性,只有实现二者有机统一才能达到最好效果。用学理讲政治,是实现政治性和学理性相统一的具体形式,也是高校思政课教师的教学追求。为此,思政课就必须有直接的学科支撑。党和国家为此设立了马克思主义理论一级学科,并根据思政课程的需要而设立了一系列二级学科,即马克思主义基本原理、马克思主义发展史、马克思主义中国化研究、国外马克思主义研究、思想政治教育、中国近代史基本问题、党的建设等。这些学科的设立和建设,为高校思政课教育教学提供了坚实的学科支撑。一方面,为广大思政课教师提供了学科归属,使他们实现了教师和学者双重身份的统一;另一方面,极大地促进了马克思主义理论的学术研究,从而用丰硕的研究成果反哺思政课教学,提高了教学的学理性和说服力。正是因为有了马克思主义理论学科的支撑,有了理论研究与理论教学的良性互动和相互促进,才使思政课教学效果的提升有了根本性的长效机制。

(二)中国特色社会主义伟大成就,为办好思政课提供了有力支撑

习近平总书记指出:"我们对共产党执政规律、社会主义建设规律、人类社会发展规律的认识和把握不断深入,开辟了中国特色社会主义理论和实践发展新境界,中国特色社会主义取得举世瞩目的成就,为思政课建设提供了有力支撑。"[1]这就从现实支撑方面阐明了办好思政课的强大信

---

① 习近平:《思政课是落实立德树人根本任务的关键课程》,人民出版社,2020年,第8页。

心来源。

首先，党深化对三大规律的认识，开辟中国特色社会主义发展道路，特别是开辟新时代中国特色社会主义新境界，为办好思政课提供了社会现实支撑。高校思政课虽然有其相对独立性，但不是孤立存在的，也不能自我循环和自我发展。相反，作为中国特色社会主义事业的一部分，其建设发展与效能发挥受着整个事业发展状况的决定性影响。新中国成立以来，党在探索中国自己的社会主义建设道路过程中，有过成功也有过失误，高校思政课也经历了曲折的过程。改革开放以来，党成功开辟了中国特色社会主义道路，特别是党的十八大以来对共产党执政规律、社会主义建设规律、人类社会发展规律的认识和把握不断深入，开辟了新时代中国特色社会主义理论和实践发展的新境界，这就从整体上极大地增强了全党全社会对中国特色社会主义事业的信心，也增强了我们办好中国特色社会主义思政课的信心。

其次，改革开放取得举世瞩目的成就为思政课教学提供了胜于雄辩的强大事实支撑。固然，思政课主要是一种理论教育，依托于马克思主义的真理性进行充分的说理和论证。但是马克思主义历来强调理论与实践相统一，因而理论教育还需要有实践和事实的支撑。虽然我国社会主义建设也取得了很大成就，但由于历史起点低，使我们与西方发达国家相比有着明显的差距。因而当我们在讲授社会主义优势的时候，尽管能够从社会发展规律的高度进行科学性解说，但教学效果并不理想。随着我国改革开放不断深入和健康发展、社会主义现代化建设取得举世瞩目甚至令人瞠目的伟大成就，思政课的教学难度在降低，教学效果在提高。当我国成为世界第二大经济体、各项事业蓬勃发展、成为世界强国并日益走近世界中心舞台的时候,大学生们就比较容易认同社会主义的优势性。特别是在新型冠状病毒突如其来的时候,比较不同国家的抗疫实践,社会主义制度的优势性更加突显。这是事实的力量,为思政课教学提供了空前有力的支撑。

最后,在改革开放和国家发展环境中成长起来的大学生具有天然的民族自尊心和自豪感,是值得信任的一代,这也是我们能够办好思政课的重要信心来源。大学生是高校思政课的教育对象,他们的成长环境和身心状态对思政课教学效果有着最直接的影响。当代大学生都是在改革开放新时期成长起来的,特别是在改革开放进入21世纪之后成长起来的,他们目睹国家的飞速发展,亲身感受生活质量的不断提高,对作为中国人有一种油然而生的自豪感,对党的领导和国家的发展方向有着坚定不移的信任,是自尊自信的一代。在他们身上已经看不到长辈们曾有过的自卑感,内心也没有对西方制度的盲目崇拜。作为生活在全球化时代的互联网公民,他们具有国际视野,以完全平等平视的眼光看待西方国家,并为祖国影响力的日益提升感到由衷自豪。面对这样一群值得充分信任并完全可以寄予厚望的大学生,我们有信心讲好思政课。

(三)中华文化传承创新的历史底蕴,为办好思政课提供了深厚力量

习近平总书记指出:"中华民族几千年来形成了博大精深的优秀传统文化,我们党带领人民在革命、建设、改革过程中锻造的革命文化和社会主义先进文化,为思政课建设提供了深厚力量。"①这一论述深刻揭示了思政课所具有的深厚文化底蕴,并从中华民族的文化自信中找到了办好思政课的信心源泉。

首先,中华优秀传统文化是涵养思政课教育教学的重要源泉。中华民族在五千多年的历史发展中创造和发展了博大精深的中华优秀传统文化。中华优秀传统文化是中华民族的根和魂,是马克思主义中国化的重要资源,是中国特色社会主义根植的文化沃土,是涵养社会主义核心价值观的重要源泉,为思政课教育教学提供了深厚文化底蕴。思政课要着力培养社会主义建设者和接班人,培养担当民族复兴大任的时代新人,不仅要对大学生进行马克思主义理论和社会主义思想的教育,还要对他们进行中华优秀传统文化和中华民族精神的熏陶。这二者是相互渗透,融为一体的。中国特色社会主义本身就是马克思主义与中国实际相结合的产物,本身就包含有中华优秀传统文化思想营养。习近平总书记高度重视中华优秀传统文化的传承和发展,他的许多重要讲话中都体现着传统文化的精髓,如果我们不懂传统文化,就不能全面掌握习近平新时代中国特色社会主义思想。而且中华优秀传统文化不仅涵养着思政课的教学内容,更涵养着思政课教师的人格和气质,塑造着他们的君子人格和儒者风范,这都有助于提升思政课的亲和力。

其次,中国革命文化是充盈思政课的强大正能量。中国共产党在领导人民进行革命、建设和改革的过程中锻造了光耀千秋的革命文化。这种以

---

① 习近平:《思政课是落实立德树人根本任务的关键课程》,人民出版社,2020年,第9页。

"革命"为核心标识的文化,集中体现了中国共产党人为中国人民谋幸福、为中华民族谋复兴的初心使命,体现了中国共产党带领人民敢于斗争、敢于胜利的英雄气概,体现了中国共产党人不懈求索、勇探新路的创造精神,是中国共产党人红色基因和革命精神的文化载体。传承红色基因、弘扬革命精神是新时代思政课的重要使命,将革命文化融入思政课教育教学成为当前思政课教育的重要任务。革命文化能够以自身的红色基因铸造思政课的党魂和国魂,保证思政课建设的正确方向;能够以自身的精神品格赋予思政课以奋斗气质和斗争精神,使思政课既有惊涛拍岸的气势又有润物无声的效果;能够以自身的鲜活故事赋予思政课以生动的讲述,增强思政课教学的吸引力和感染力。强大的革命文化家底、深厚的革命文化的传统,是我们在新时代办好思政课、讲好思政课的勇气和底气所在。

最后,社会主义先进文化为思政课建设提供了文化引领力量。社会主义先进文化是中国共产党在领导人民进行社会主义革命、建设与改革的过程中创造的文化成果,集中体现着马克思主义的指导地位,体现着社会主义道路和方向,体现着社会主义制度的优越性,对推进社会主义事业具有引领作用。在当代中国,社会主义先进文化就是党领导人民在改革开放和社会主义现代化建设中创造的中国特色社会主义文化,是中国特色社会主义事业的重要组成部分,是我们推进党和人民事业的文化旗帜,也是铸造有理想有本领有担当时代新人的文化力量。思政课的建设与发展离不开社会主义先进文化的引领,思政课的教育与教学也离不开中国特色社会主义文化的滋养。中国特色社会主义文化道路的成功开辟,中国特色社会主义文化建设的丰硕成果,中国特色社会主义文化自信的不断增强,都为办好和讲好思政课提供了极为有力的文化支撑。

(四)思政课建设的经验积累,为办好思政课提供了重要基础

习近平总书记指出:"思政课建设长期以来形成的一系列规律性认识和成功经验,为思政课建设守正创新提供了重要基础。"①这就从思政课历史的角度揭示了办好思政课的一个重要的信心来源。确实,思政课的开设和建设并不是从今天才开始的,而是已有长期的历史。在革命战争年代,党在根据地就创办了高等学校并开设思政课程。新中国成立后,我国高等教育经历了社会主义改造并得到了大规模发展,其中思政课也普遍建立起来。改革开放以来,高校思政课在新的历史条件下不断改革发展,特别是党的十八大以来进入新的历史发展时期。尽管思政课建设在不同时期有不同目标和要求,但在长期的历史进程中形成的丰富经验和许多规律性认识,是我们在新时代办好思政课的重要基础。

首先,党创办高等教育并开设思政课的历史传统,为我们办好新时代的思政课提供了历史助力。历史传统是一种巨大的力量,是一种从过去延续到现在并延展向未来的推动力量。思政课的建设与发展不仅要依据当时的现实需要,而且也应借助自身优良传统的历史力量。幸运的是,我国高校思政课在长期的历史过程中具有自身的历史积淀,形成了自身的光荣传统。梳理、总结和继承、弘扬这个传统,是新时代办好思政课的重要任务。我们今天学习党史、新中国史和改革开放史,传承和弘扬革命文化和

---

① 习近平:《思政课是落实立德树人根本任务的关键课程》,人民出版社,2020年,第9页。

革命精神，就包含着对党创办高等教育并开设思政课的历史传统的继承和发展。新时代思政课可以也应该从自身优良传统中汲取智慧和力量,继承和弘扬思政课为党和人民事业育人育才的传统，继承和弘扬思政课教师献身党和人民教育事业的精神,并在新时代不断发扬光大。

其次,思政课建设长期以来的成功经验和规律性认识,为我们办好思政课提供了有益借鉴。思政课建设和教育教学有其自身的规律,遵循这些规律就能使思政课不断发展并取得良好的效果，而违背规律就会导致不利的后果。但找到和掌握这些规律并不容易,需要在长期的实践过程中摸索和总结。党领导高校思政课建设几十年,不仅积累了怎样建设思政课的感性认识,而且在此基础上形成了一些基本经验。而基本经验是规律的前提,本身就包含着一些规律性认识。这些经验和认识究竟有哪些具体内容还有待于我们去梳理、总结和研究,但可以肯定的是,历经革命、建设、改革不同时期的思政课建设和教育教学,是一段厚重的历史,是一座蕴含丰富历史经验的宝库，为我们坚定办好思政课的信心和办好思政课打下了基础。

最后,近年来思政课教师的探索创新,为我们讲好思政课提供了直接而新鲜的经验。在历史经验中,改革开放以来特别是党的十八大以来思政课建设的经验具有最直接的意义,也是最为鲜活的经验。在改革开放条件下怎样办好思政课,是一个新课题。改革开放四十多年的历史,从一定意义上说也是一部思政课改革与发展的历史。在这个过程中,思政课建设紧锣密鼓地进行,在课程设置、教材建设、教师培训、教学方式等方面全面铺开、全面推进,特别是党的十八大以来思政课建设大力度投入、全方位提速,积累了极为丰富的新经验。广大思政课教师迸发出空前的积极性,投身思政课建设特别是教育教学探索,在教学理念、教学方法、教学手段等方面形成了许多创新性做法,也涌现出一批深受学生喜爱的教学标兵,发挥了很好的示范效应。这些最新的探索和经验,具有最直接的作用,使我们讲好思政课更有信心了。

(五)可信有为的思政课教师队伍,为办好思政课提供了可靠保障

习近平总书记指出:"有了这些基础和条件,有了我们这支可信、可敬、可靠、乐为、敢为、有为的思政课教师队伍,我们完全有信心有能力把思政课办得越来越好。"[1]办好思政课关键在教师,我国思政课教师队伍建设的成就是我们坚定信心的落脚点。

首先,我们已经有了一支规模宏大的思政课教师队伍。思政课的开设需要有相应的专职教师队伍,这是思政课教学实施的基本条件,也是思政课教学质量得以保证并不断提高的基本条件。我国是一个教育大国,创办着全世界最大规模的教育事业,因而也相应地需要一支宏大的大、中、小学思政课教师队伍。仅就高校思政课而言,就需要至少十万人以上的思政课教师。多年来由于各种原因,思政课教师数量严重不足,成为制约思政课建设与发展的重要因素。近年来,特别是党中央召开学校思政课教师座谈会以来,高校思政课教师队伍建设迈出大的步伐,教师队伍已经从以前的七万多人增加到十万多人。目前,全国各高校正按照1:350的师生比

---

① 习近平:《思政课是落实立德树人根本任务的关键课程》,人民出版社,2020年,第9页。

加速进行思政课师资配备,队伍还在继续壮大之中。如此力度,如此规模,这在党和国家的历史上是从来没有过的,给我们以极大振奋与鼓舞。只要我们有了这样一支宏大的思政课教师队伍,我们的思政课教育教学就有了保障。

其次,广大思政课教师是可信、可敬、可靠的。思政课不是普通的课程,它有着突出的政治属性,集中体现着社会主义办学方向和党的教育方针,因而对思政课教师的政治素质和人格素质有着更高的要求。从这方面来看,广大思政课教师是可信、可敬、可靠的。可信,是因为他们有坚定的马克思主义信仰,有坚定的社会主义和共产主义信念,忠诚于党和人民的教育事业;可敬,是因为他们献身思政课教学事业,无怨无悔、倾诚奉献,兢兢业业教书育人,体现出崇高的献身精神;可靠,是因为他们不辜负党和人民的重托,以实际行动证明他们是值得充分依赖的。尽管思政课教师队伍也像任何别的队伍一样,总会有某些参差不齐的情况,甚至会有个别不称职者,但从总体上和根本上讲,思政课教师队伍是靠得住的,是能够履行自己的使命并可以让党和人民放心的。

再次,广大思政课教师是乐为、敢为、有为的。广大思政课教师不仅有可靠的思想政治以及业务素质,而且具有积极作为的工作态度和奋斗精神。习近平总书记用“乐为、敢为、有为”来概括,既有新意又十分贴切。乐为,是因为他们热爱教育事业,热爱本职工作,乐于教书育人,在为党为国育人的事业中实现人生价值和体验人生幸福;敢为,是因为他们能够理直气壮地传播真理,弘扬正能量,同错误倾向和思潮做斗争,同时也敢于进行探索和创新,不断打开教育教学的新局面;有为,是因为他们能够通过自己的教育教学活动作出成绩,并得到人们的认可。多年来,一代代青年走进大学,成长为国家有用之才并作出重要贡献,是与党的关怀分不开的,也是包括思政课教师在内的广大高校教师积极努力的结果。

最后,党和国家对思政课教师提出的新要求和广大思政课教师以此为指导加强自身修养,也使我们对思政课教师有着更高的期待和信心。教育是百年大计,教师队伍建设也是一个永无止境的过程。新时代新征程的思政课对广大教师提出了新的更高要求。习近平总书记明确提出,思政课教师要做到政治强、情怀深、思维新、视野广、自律严、人格正,①这就为思政课教师队伍建设特别是思政课教师加强自我修养指明了方向。教育主管部门和高校都在积极推进思政课教师的队伍建设,广大思政课教师也以习近平总书记的教导和要求为指导,自觉加强自我修养,不断提高自己的思想政治素质和业务能力。思政课教师队伍呈现出规模不断扩大、质量不断提升、心气越来越足的蓬勃发展态势。我们有理由相信,在新时代新征程上,思政课教师必将能够更好地承担起育人使命,把思政课办得越来越好。

---

① 习近平:《思政课是落实立德树人根本任务的关键课程》,人民出版社,2020年,第12~17页。

第二章

思政课的本质与基本要求

2022年4月25日,五四青年节来临之际,习近平总书记到中国人民大学考察调研。在立德楼思政课智慧教室,现场观摩教学。他认真倾听并同青年学生一起讨论,对思政课教学发表了精辟见解。他说,思政课的本质是讲道理,要注重方式方法,把道理讲深、讲透、讲活,老师要用心教,学生要用心悟,达到沟通心灵、启智润心、激扬斗志。这一论述深刻揭示了思政课教学的本质,对我们把握思政课教学的规律和要求,提高思政课教学效果,具有重要指导意义。

一、"思政课的本质是讲道理"

习近平总书记在中国人民大学关于思政课的论述，是党和国家领导人首次明确提出并论述"思政课的本质"问题，具有重要的理论和实践意义。从理论上说，深化了人们对思政课性质和功能的认识，打开了关于思政课本质的学术研究新领域。从实践上说，对思政课教育教学的改革发展具有指导作用。因为只有把握了思政课的本质，才能掌握思政课教育教学的规律，从而提高思政课教学实效性。

对于习近平总书记"思政课的本质是讲道理"的提法，我们要结合理论背景和具体语境来深刻理解和全面把握。从理论上讲，"思政课的本质"包括两个方面：一是社会政治本质，二是教育教学本质。从前者来说，思政课是落实立德树人根本任务的关键课程，其本质是铸魂育人，培养社会主义建设者和接班人；从后者来说，思政课是一个教书育人的过程，其本质是讲道理，从思想理论上促进学生成长。习近平总书记关于思政课本质的论述是全面的，包含着上述两个基本方面。其中，关于思政课的社会政治本质，习近平总书记近年来已经做出多次论述和强调，只是没有明确使用"本质"概念而已。这次在中国人民大学观摩思政课教学时是在教学语境中着重谈思政课教学的本质。我们要联系习近平总书记近年来关于思政课本质的系列论述来全面把握思政课的本质，而不能孤立地作片面的理解。

本质相对于现象而言，是对现象把握的超越。思政课教育教学过程就其现象层面而言具有多样性表现，既有教学过程诸环节的呈现，又有教学方式方法的多样性显现，以及老师个性风格的多样化展现等。这些多样性无疑是十分重要的，表明思政课内涵丰富、多姿多彩。但同时也要注意，对思政课教学的把握要透过现象看本质，深刻认识不论思政课教学可以呈现出多少种现象形态，都不能偏离其本质规定即讲道理。如果夸大思政课教学过程中某一个因素或方面，如果直接把某一重要现象当作本质来看待，就可能离开思政课的本质，违背思政课的初衷。

习近平总书记关于"思政课的本质是讲道理"的论断，包含着对思政课理论属性的认定，明确了学校思政课特别是高校思政课，具有突出的理论属性，本质上是马克思主义理论课程。

首先，思政课是政治课，但不是简单生硬的那种政治课，而是以学理讲政治的政治课。思政课的内容包括马克思主义理论和党的路线方针政策，还包括党用马克思主义及其中国化时代化理论所指导的关于社会和人生的各种内容。这里的马克思主义理论不仅包括马克思主义基本原理，而且包含马克思主义中国化时代化理论成果，特别是习近平新时代中国特色社会主义思想。这些课程内容当然有突出的政治属性，但不是就政治谈政治，而是具有理论性和学理性，是科学真理。因此，思政课并不是一种简单生硬的政治课，而是以学理讲政治的政治课。我们不是通过政治权威来进行思想教育，而是以科学的道理来进行政治教育。

其次，思政课包含着情感熏陶和以情感人，是情理结合的课，但它本质上是以理服人的课。思政课作为理想信念和价值观教育，本身包含着情感倾向，而不是所谓"价值中立"，也不是知识技能的传授。因此，不论是思政课的内容，还是思政课教师的态度，都是"有情"的。"以情感人"是思政课很重要的使命和职责，特别是对于中小学思政课来讲，更是如此。但对学校思政课来说，以情感人并不代表教学的本质，而以理服人、讲道理才是本质所在。特别是对高校思政课来说更是如此。因为"学校"与"家庭"不同，如果说在家里应该多讲感情，那么在学校里则应该更加强调讲道理。而且，我们这里所说的"感情"不只是个人感情，更是指一种公共感情，即对党和国家的热爱，对社会主义事业的热爱等。而这种公共感情本身是包含着道理的，它是一种集体主义的道理。如果不讲清楚"马克思主义为什么行""中国共产党为什么能""中国特色社会主义为什么好"，就很难仅凭个人感觉和自发感情形成理智而成熟的爱党、爱国、爱社会主义的感情。我们中国人常讲情理结合，这是十分正确的，但情与理的结合应该有主有次，如果说在家庭里二者是以情为主来实现结合，那么在学校思政课中则是以理为主来实现结合。

再次，思政课虽然包括历史教育，但它不是一种简单的历史课。思政课教学本身包含历史性内容，比如"中国近现代纲要"课本身就必须讲历史，而"毛泽东思想和中国特色社会主义理论体系概论"中也包含着丰富的历史内容，特别是党中央和习近平总书记强调"四史"教育，这表明历史教育是更为重要的。但同时要深刻认识到，历史教育的目的不是教历史知识，而是联系历史来讲道理。从这个意义上来说，史是论的基础，讲历史是讲道理的基础。

最后，思政课包含着知识传授、技能培养和行为养成，但从根本上说并不是简单的知识传授课和技能培养课，甚至也不只是行为养成的课程。而是所有这些方面都要围绕着讲道理来进行，体现思政课讲道理的本质要求。

习近平总书记关于"思政课的本质是讲道理"的论断，具有丰富而深刻的信念底蕴，体现了马克思主义理论自信和思政课教育教学自信。

首先，这一重要论断包含着对马克思主义理论真理性的信心。我们相信马克思主义理论的科学性和真理性，相信马克思主义理论是能够说服人和征服人的。从根本上说，只要我们把道理讲好，能够体现出马克思主义理论的真理魅力，就一定能为当代大学生所接受。如果没有这种理论自信，就不敢说思政课的本质是讲道理。

其次，这一重要论断包括对教师和学生的信任。教师是讲道理的主体，是他们在讲道理。这里集中体现着教师的主导性，表明党相信这支思政课教师队伍，认为广大思政课教师不论是在人格人品方面，还是在知识见识方面，都是有资格讲道理的，而且是能够把道理讲好的。对思政课教师的这种信任同时也是一种鞭策，激发着他们加强自我修养，不断提升自己的人格魅力和教学水平。

再次，这一重要论断中也包括对学生的信任。相信广大青少年，特别是当今大学生是听道理、懂道理并能明辨是非的。他们虽然有时会任性，有时会偏激，以及心智上不完全成熟和缺少社会经验，但从根本上讲他们都是健全而理智的人，是能够明白道理和辨别道理的人。相信他们只要真正明白了思政课的道理,就一定会内化于心、外化于行。当然,这里的道理不仅是关于"为什么"的道理,还包括"怎样做"的道理,以促进学生在内化于心的同时做到外化于行,实现知行统一、言行一致。

最后,这一重要论断还包含着一个深层的人性假设,即社会理性主义的人性假设。只有假设所有的人都有其理性并能进行理性沟通,才有讲道理和听道理的可能。当然,马克思主义的理性人假设,不是抽象的理性人,而是社会的理性人,认为人是社会的人,人的本质是社会关系的总和。在人的社会本质中,包含着理性因素在内,而且所谓理性也不只是个人理性,更是社会的理性。社会理性会随着社会发展而不断进步。在社会主义社会中,人民的根本利益是一致的,在此基础上是能够听道理、懂道理、明事理的。这是一种乐观进步的人性假设,为思想政治教育特别是思政课教育教学提供了理论支撑。

二、"要注重方式方法"

这里的方式方法是思政课教育教学的方式方法,也就是讲道理的方式方法。这就意味着讲道理是可以有多种方式方法的,而认为"讲道理"只是一种教学方式,或只有一种教学方法的观点是不正确的。

首先,这里的"讲道理"是本质性表述,而不是方法性表述。以往我们常常把"讲道理"仅仅当作一种方式方法来看待,认为它是思政课教学的一种方式或方法。这实际上是把"讲道理"窄化和表面化了,没有认识到它是思政课教学的本质要求。就像我们也曾将"灌输"仅仅看作一种思想政治教育方式一样,而没有想到"灌输"其实表述的是思想政治教育的本质规定和原则要求。

其次,思政课的"讲道理"本身也可以借助多种方式和方法。从一定意义上讲,所有的思政课教学方法都是讲道理的方法。其中有的是直接的方法,有的是间接的方法。只要是有助于把思政课的道理讲好,不论是直接还是间接,都是有益的。近年来,经过思政课教师特别是青年教师的积极探索,涌现出许多值得关注的方式方法。有的被实践证明为有效而得到推广,并逐步明确自身合理有效的限度和范围。应该鼓励思政课教师大胆探索新方法,尝试、规范每一种新的方法,使其各得其所,发挥应有的作用。而衡量和完善的标准,就是看其是否能讲好思政课的道理。我们强调思政课教学的本质是讲道理,并不否认或排斥感情熏陶法、规范约束法,以及实践锻炼法等,这些方法虽然并不是直接地"讲道理",但都围绕着讲道理而发挥着教育教学作用。

最后,"注重方式方法"从根本上说是要掌握讲道理的规律,提高讲道理的艺术。讲道理作为一种教育教学活动,也有其内在的规律。掌握了规律,就能把道理讲好,达到好的效果;而违背了规律,即使花费很大气力,也不能达到目的。比如,讲道理有其合适的时空条件,即使是在固定上课地点和时间的范围内,也有一个具体时机选择的问题。讲道理要遵循道理本身的要求,教师自己先要把道理本身弄清楚,并先相信这些道理,然后才能把道理讲给学生,让学生接受。在所讲的道理中,有大道理,也有中道理和小道理,不同层次上有不同的道理。要用大道理管小道理,从小道理开始逐步讲到大道理, 以及用中等层次的道理把大道理和小道理联系和贯通起来等,这些都有其规律和具体要求。讲道要符合学生的需要和接受程度,违背了就不能发挥好应有的作用。

三、"把道理讲深、讲透、讲活"

"讲道理"是不容易的,也有着高低不同的水平和境界。习近平总书记要求把道理讲深、讲透、讲活,揭示了讲道理水平的三个层次或境界。思政课教师要不断提升自己讲道理的水平。

首先,要把道理讲深。道理有深浅之别,如果说浅显的道理更容易为人所理解,那么深刻的道理才更有吸引力和说服力。特别是对于有较高学养的受教育者来说,更要注重把道理讲深刻。思政课的道理,主要是马克思主义理论的道理、中国特色社会主义理论的道理,以及大学生成长成才的道理等。这些道理都是相当深刻的道理,教师自己所理解和讲授的深度要与道理本身相匹配,也就是说要具有深刻性。教师自己首先要深刻理解和把握,然后才能够把这种深度和深刻性体现在教学中,传递给学生们,使学生体验到深刻思想的魅力。同时,在思政课中也有一些道理看起来比较浅显,似乎并不那么深刻。比如马克思主义中国化时代化的理论成果、党的路线方针政策,以及我们现在大力提倡的一些基本的内容,都并不难理解。但也许正是由于其浅显易懂,以及大家早已熟知而习以为常,才使其不再受到学生重视或关注,反而易于被他们忽视。因此,要能挖掘这些似乎是浅显道理背后的深刻内涵,特别是实现政治道理的学理化,用深刻的学理讲政治,以增强吸引力和说服力。当然,这里的"深"不是故作高深,更不是故弄玄虚,使人如坠五里云雾。

其次,更要把道理讲透。道理的"深"和"透"有联系也有区别,"深"有助于"透"，而且有的时候也是某种"透"，但总体来说"深"并不等于"透"。一方面，"深"有一个程度问题，只有达到相应程度才能算是"透"，如果深得不够彻底，没有完全到位，也就不能算"透"；另一方面，"透"是一种融会贯通的"通透"，它具有全面性和整体性。通常的"深"往往是在某一点或几点上"深"，是局部的，而"透"本身虽然也是一种"深"，但它是全面系统的深，把多个深刻的点联系和贯通起来，形成对事物整体的深刻把握。脱离了整体性的"深"有其弊端，容易成为一种"深刻的片面"或"片面的深刻"。另外，"透"不仅是把多个"深"连贯起来，而且也把"深"和"浅"贯通起来，能在"深"中出"浅"，能在"浅"中见"深"，使深浅相互过渡并形成有机整体。可以说，"透"是更成熟的"深"，是"深"所达到的最高境界。

最后，还要把道理讲活。在讲深讲透的基础上再把道理讲"活"，使深刻的道理生动鲜活，这是更高的要求。把道理讲"活"，一是要做到深入浅出。要能够用通俗易懂的语言来表达深刻的道理，只有这样的"深"才是可理解可接受的，只有做到深入浅出，才能体现出通透。要实现教学话语的转换，把复杂的学术语言转化为简明的学理语言，把深刻的学理语言转换成为通俗的生活化语言。二是要做到联系实际。鲜活通常来源于现实生活，如果理论脱离了实际，不论怎样深刻而通透，也难以做到鲜活可感。联系最新的实际，联系最鲜活的实际，善于运用现实生活中鲜活的事例，是把道理讲鲜活的根本途径。三是要有一定的风趣幽默。在深刻通透、深入浅出的基础上，再加上一定的风趣幽默就更好了。幽默是智慧的流淌，是话语的最好调味品。思政课教师机智风趣的话语风格，能够引起学生注意，带给学生愉悦的体验，学生爱听，易于接受，又不易感到疲劳。而有幽默感的老师也会把讲授当作一种享受，兴趣盎然。当然，这里的幽默风趣是在深刻通透基础上的，是自然而合度的，否则就只能流于浅薄和低俗。

四、"老师要用心教，学生要用心悟"

思政课教学过程是师生互动的过程，是双方共同推进的过程。习近平总书记对老师和学生都提出了要求，即两个"用心"。其实，习近平总书记常讲"用心用情"，强调人的全身心投入状态，特别是强调精神和心灵上的投入。确实，思政课能否"走心"，与是否"用心"紧密相关。

"老师要用心教"。老师作为一种职业，教书是职责所在，用心也是一种职业道德。教师的工作具有特殊性，不是普通的体力劳动，也不是简单的脑力劳动，甚至也不只是体力劳动和脑力劳动的结合，而是一种"心力劳动"，是需要投入和花费极大心力的，要求有心灵的投入、情感的投入和精神的投入。而且在我们社会主义国家，教师是人民教师，具有政治属性和荣誉，是人民自己的教师，因而在"用心"上是更应投入的。而思政课教师又更进一步，他们是专门进行心灵塑造的，是真正的"灵魂工程师"。因而更应该用心来做自己的工作。当然，作为一种职业性工作，教学时间长了，有可能心理上有所放松，成为一种工作惯性，而用心的程度就可能降低。习近平总书记要求思政课教师"用心教"似乎并不是一种很高的要求，如果一个教师能够始终都不懈怠，每次都是"用心"来教，那也是很不容易做到的。因此，老师在教书育人的过程中，要时时提醒自己，让自己的心灵始终醒着并始终在场，让自己的精神始终"在状态"。

"学生要用心悟"。习近平总书记没有讲学生要"用心学"，而是讲"用心悟",是值得我们深入思考的。学生的任务是学习,当然要认真学,这是没有问题的。但是由于思政课的特殊性,学生不能停留于"用心学"的程度上,而是有更高的要求。不但要学习,而且要思考和理解,不但要理解而且要践行,不但要践行而且要"体悟"和"领悟"。习近平总书记在给复旦大学《共产党宣言》陈列馆党员志愿服务队的回信中,要求他们"在学思践悟中坚定理想信念",明确地把坚定理想信念的过程在认识论上区分为"学—思—践—悟"四个环节和阶段,特别具有启发意义。学生学习思政课的过程,是树立和坚定正确理想信念的过程,这个过程在心理过程和认识机制上也包含着四个环节。"悟"是最后一个环节,是最高的阶段,而如果没有前面的"学""思""践",就不能达到"悟"的高度。"悟"是中华文化中很重要的一个概念,超出"思考""记忆""理解"等范畴,而具有更高的意义,是一种当下的感悟、亲身的体悟,也是一种整体性的领悟,以及一种升华性的觉悟。可见,当习近平总书记要求学生"用心悟"的时候,包含着极为丰富而深刻的内涵。

五、"达到沟通心灵、启智润心、激扬斗志"

习近平总书记这句话讲的是思政课教学应该取得的效果, 当然也是我们努力的方向和任务。从表述可以看出:一方面,习近平总书记一直在强调"心"的方面,即内在的方面;另一方面,习近平总书记用三个短语来表述这一效果,体现的是一种综合性要求。

首先,思政课教育教学要达到沟通心灵的效果。思政课是心灵的事情和心灵的事业,是心灵的唤醒、互动与交融。习近平总书记十分强调"心"

和"心灵",把"沟通心灵"作为第一要求。这表明老师与学生的沟通,不是浅层次的人际沟通,不是停留在某种私人交往和工作关系的层面,而是要深入到各自的心灵世界。这是完全没有戒心和障碍的内在沟通,是最纯洁和纯粹的关系。只有这样的深度沟通,才能真正把老师和学生紧密联系在一起,形成心灵的联盟。而且,老师和学生的沟通,其实并不只是老师和学生的关系,其所体现的乃是党和国家与当代大学生之间的关系,因为思政课教师是代表着党和国家去履行职责的。具体地说,体现的是党和国家对当代大学生的关心和爱护,其中包括严格要求和更高期待,也体现着当代大学生能够明了党的苦心和人民的期望,并自觉为不负党和人民而努力。

其次,思政课要达到启智润心的效果。在学校的德智体美诸育之中,思政课属于德育,是与智育不同的。习近平总书记强调思政课也要发挥"启智"的功能,是有深刻含义的。一方面,表明德育与智育的内在联系,德育也能够开发学生的智力,增长知识及获取知识的能力;另一方面,也表明德育的"启智"有更高的含义,不只是开发智力,更是启迪智慧。无疑,思政课的内容是前人智力创造的产物,本身表现为知识传授的形式,需要大学生发挥自己的理性思维能力来掌握,但对思政课来说更重要的是其中的人生智慧和社会智慧。同时,思政课不仅要"启智",还要"润心",用思想的智慧和真理的营养滋润学生的心田,培育其健全的人格和心灵世界。这甚至是比启智更为重要的。另外,这里的"润心"也体现出思政课育人的一种柔性特点。如果说春雨是"润物无声",那么思政课则是"润心无声"。

最后,思政课要达到激扬斗志的效果。这里讲的是意志和行为,但习近平总书记不是一般地讲志气和践行,而是强调"斗志",体现了对当代青年阳刚之气的重视,对青年人奋斗精神和斗争精神的高度重视。这里用的"激扬"一词,更凸显了一种豪迈的气概。我们可以联系习近平总书记在思政课教师座谈会上重要讲话中关于"教育之道"的论述来加深理解。他在讲话中强调"既要有惊涛拍岸的声势,也要有润物无声的效果",并说这是教育之道。这一论述体现了显性教育与隐性教育的统一、柔性关怀与激扬斗志的统一。当今的世界并不平静,而是充满着矛盾和斗争,百年不遇大变局加速演变,世界进入新的动荡变革期。在这样的情况下,我们的思政课就要体现"惊涛拍岸的声势",在时代的大风大浪中培养学生刚强品质和与恶势力斗争的精神,传承中华民族特别是中国共产党人的革命精神和斗争精神。

第三章

思政课的社会适应与创新追求

　　习近平总书记在中国人民大学考察调研时发表重要讲话，谈到怎样办好思政课，指出："思想政治理论课能否在立德树人中发挥应有作用，关键看重视不重视、适应不适应、做得好不好。"[1]这一论述明确了办好思政课的三个关键问题，对于抓好思政课建设提供了基本遵循。特别是首次明确提出思政课"适应不适应"这一问题，不仅具有重要的现实意义，而且具有突出的学术价值。这实际上是提出了思政课的社会适应性以及自我调适问题，为我们打开了一个新的学术空间。

---

　　① 《习近平在中国人民大学考察时强调 坚持党的领导传承红色基因扎根中国大地 走出一条建设中国特色世界一流大学新路》，《人民日报》，2022 年 4 月 26 日。

一、思政课的社会适应及其重要意义

对思政课的建设与发展来说，社会适应性是一个非常重要的问题。从一定意义上说，是否适应社会的需要和要求，决定性地影响着思政课是否具有价值，能否得到重视，能否得到发展。

思政课具有社会性，是一种社会现象、社会活动和社会事业。一方面，必须承担一定的社会职能，履行一定的社会职责，并为社会的发展进步做出自己的贡献；另一方面，必须适应社会的需要和要求，适应社会的变化，跟上社会的发展步伐。这后一个方面，就是思政课的社会适应问题。思政课是一门推动人的全面社会化的重要课程，也是一种社会性的思想实践活动，始终是在一定的历史条件下和社会环境中进行的，受历史条件和社会环境的制约。由于社会始终处于动态的发展之中，各种社会因素的变化推动着人的思想不断产生变化，这就必然要求思政课主动适应社会，不断推进自身的社会化、时代化，以跟上社会的发展及人的思想变化的步伐。

思政课的社会适应是非常重要的。只有适应社会需要和要求，才能发挥自身在立德树人中的关键性作用。如果思政课的课程设置、建设举措、教育教学不能适应社会的要求，或不能适应社会发展的需要，即使有领导的重视和教师的配合，也难以发挥自身应有的功能和作用。因此，在思政课建设和教育教学过程中,我们要经常反思和追问"适应不适应"的问题。要始终把适应社会需要和要求当作自身建设与发展的方向指引,同时要密切关注社会需要和社会条件的变化发展,把握社会对思政课的最新需要,把握党和国家对思政课的最新要求。

思政课要做到始终适应社会需要和要求,就必须自觉进行自我调适。思政课要主动适应社会,摒弃那种自我封闭、自我欣赏,漠视社会发展和变革,闭门造车的心态与做法,要把自身的发展与社会的发展和变革联系起来,积极适应国情和国家发展的需要。自我调适可以从多方面进行,包括课程设置、教材建设、教师队伍建设,以及思政课教育教学等方面,都应该根据新的需要加以调整。以课程设置为例,应随着我国社会发展的需要而更新和完善课程方案。现有思政课程设置主要基于"05 方案"即 2005 年确定的思政课程体系方案,该方案适应了我国进入 21 世纪特别是 21 世纪初的社会发展的需要,并在一定程度上吸取了进入 21 世纪以来的新要求,但从设立以来到现在已有 18 年的时间,特别是新时代已经过去了 10 多年,而我国也已开启了全面建设社会主义国家的新征程。而且具有深远意义的党的二十大已经召开,对国家发展战略作出了重大部署。在这样的情况下,根据党的二十大精神,调整高校思政课程体系,是十分必要的。

思政课的社会适应是多方面的,概括地说有两个基本方面:一是适应社会需要及其发展,二是适应人的变化,特别是当今大学生的变化和需要。而社会的需要及其发展,又包括国内和国外两个方面。因此总体上,我们可以重点从国际局势变化、国内发展需要、学生成长需要三个方面来考察思政课的社会适应和自我调适。

二、思政课社会适应的基本内涵与要求

（一）思政课要适应国际局势的变化

思政课虽然是具有中国特色的政治理论课，但不应忘记，历史的发展趋势和世界的宏观形势是思政课开设的大环境，是思政课开设的时代背景，时代的主题和特征对思政课必然会产生多方面的影响。因此，思政课建设必须密切关注并积极适应国际局势的变化。

进入 21 世纪以来，人类社会发生了很大变化，特别是中国特色社会主义进入新时代以来，我国面临的国际形势发生了巨大的变化。科技的发展和信息时代的到来对人类的社会生产和生活方式产生了革命性的影响，人类的交往空间急剧扩大，突破了时空的界限，实现了信息的海量交换，移动互联的时代将每一个社会的个体与世界紧密联系在一起。与此同时，世界格局发生深刻变化，百年未有之大变局加速演进，世界经济格局和政治安全形势发生了深刻变化。发达国家发展变缓，一大批新兴市场国家和发展中国家的发展呈现上升趋势，国际力量对比正在发生近代以来最具革命性的变化，各种战略力量加快分化组合，国际格局正在发生深刻调整，全球治理体系正在发生深刻变革。特别是近年来，世界进入加速调整变革期，国际形势深刻变化，国际格局动荡调整。经济全球化遭遇逆流，单边主义和保护主义抬头，国际局势呈现出动荡不安的特征。2020 年以来，在全球新冠肺炎疫情的叠加影响之下，国际局势愈发变化莫测，俄乌冲突更是给区域和全球安全形势笼罩重重阴霾。

在这样百年未有的调整、变化、动荡的时代，中国发展的内部和外部

环境日趋复杂。要适应这样深刻变化的时代和激荡的国际局势,思政课首先需要具备大视野,要放眼世界,把握时代脉搏,回应时代关切,回答时代之问;要密切观察国际局势,关注国际热点问题;要看清中国在历史大势和世界大势中的地位,意识到在新时代,中国将在一个更加不稳定和不确定的国际环境中谋求国家发展和民族复兴。思政课要适应国际局势的变化,意味着要思考新形势、回答新问题。世界怎么了?我们怎么办?世界百年未有之大变局给思政课立德树人的任务和使命带来了更加艰巨的挑战,它带来的新变化、产生的新问题,亟须思想解惑、理论答疑、凝聚共识。国际局势愈是动荡变化,思政课愈需要深刻把握世界发展形势,准确分析我国外部环境的基本特征,引导人们冷静客观地看待现实,看清趋势,坚定信心。

对于思政课来说,适应国际局势的变化就要更加关注关键领域、聚焦重点问题。受国际局势的影响,意识形态领域面临更为严峻的形势。尤其是当前全球经济面临下行压力,俄乌冲突持续发酵,世界一些地方政治混乱、社会动荡。一些西方国家为了遏制中国发展,转嫁国内危机,对我国的疫情防控、国家发展、国际交往等方面的政策和实践肆意攻击抹黑,意识形态领域的斗争复杂尖锐。思政课应当围绕这些受国际局势影响而出现的国内意识形态领域的复杂状况,与时俱进地规划课程建设重点,提升教师的政治和理论素质,优化教学设计,凸显维护国家意识形态安全的重要方向,努力引导学生抵御各种错误和腐朽思想的侵蚀,提高政治敏锐度,主动维护国家意识形态安全。

思政课要以深厚的马克思主义理论功底、宽阔的国际视野和高度的政治定力,来应对风云变幻的国际局势和复杂尖锐的意识形态斗争。要善用国际比较,广泛联系,从不同视角切入同一问题,在比较中解答学生的疑惑,把中国进步同世界发展、中国命运同国际形势紧密结合起来,既不封闭保守,也不崇洋媚外,科学回答一系列重大问题,引导学生客观认识当代中国、正确对待外部世界。

(二)思政课要适应国内发展的需要

对于思政课来说,国际局势是其面临的外部大环境,而真正影响其建设和发展的是当前国内的发展阶段和发展情况。思政课要适应当下社会发展的需要,及时调适,不断丰富与发展自己,更好地实现自身的功能和价值。

当前,我们已经开启了实现全面建设社会主义现代化强国的第二个百年奋斗目标新征程,改革发展进入关键时期,经济体制深刻变革,社会结构深刻变动,利益格局深刻调整,思想观念深刻变化。这种空前的社会发展与变革使得思政课的社会基础与环境等都发生了重大变化,必然要求思政课进行适应性调整,力求与社会形势发展保持一致,以便更好地为社会发展服务。国内发展的调整与国际格局的变动相遇,这意味着思政课要从"两个大局"的战略高度把握课程建设和发展,高瞻远瞩、统揽全局,全面贯彻党的教育方针,解决好在新时代"培养什么人、怎样培养人、为谁培养人"这个根本问题。要把这种大视野和战略思维贯穿于思政课教育教学的全过程,从党和国家事业发展全局的战略高度办好思政课。

要适应国内发展的需要,推进思政课改革创新,推进思政课内涵式、高质量发展。思政课在教学内容方面,要紧跟发展形势,密切联系实际,重视价值引导,在观察和解答现实中讲好道理。党的十八大以来,美丽中国、健康中国、精准扶贫、抗疫斗争、举办冬奥会等新时代中国特色社会主义建设事业的伟大实践,是中国共产党艰苦奋斗、勇于创新的意志品质的生动诠释,也是中国特色社会主义道路正确性的体现。中华民族和中国人民一系列生动的社会实践构成了丰富的社会大课堂,为思政小课堂提供了无数鲜活的素材。思政课要引导学生感悟这些发展、了解这些成就。当然,思政课不光要直言成绩,还要直面问题。习近平总书记指出:"思政课上学生会提一些尖锐敏感的问题,往往涉及深层次理论和实践问题,把这些问题讲清楚讲透彻并不容易。"①思政课教师要坚持因事而变、因时而进、因势而新,及时把国家政治盛事、经济社会大事、民生幸福要事等热点话题转化为鲜活的教学素材,积极回应学生关切的问题,真正让思政课与时代同行、与现实同频、与实践共进、与学生思想共振。

要树立"大思政课"观念。思政课不仅应该在课堂上讲,也应该在社会生活中来讲。思政课要推进社会大课堂,善用各类历史文化和社会资源,讲好马克思主义信仰、讲好中国故事,解决学生思想上的问题。"大思政课"是课堂理论讲授与社会实践锻炼的有机统一,思政课的场域应从学校小课堂延伸至社会大舞台,有计划地组织学生走出校门、走向社会,深入基层、深入生活,通过丰富多彩的顶岗支教、社会调查、志愿服务、理论宣讲等社会实践,实现理论和实践的"融圈破壁",让青年学生在具体可感的

---

① 习近平:《论党的宣传思想工作》,中央文献出版社,2020年,第379页。

实践中认识社会、锤炼意志、积累经验，深刻感悟"社会主义是干出来的""奋斗的青春最美丽"，从而自觉把爱国情、强国志、报国行融入实现中华民族伟大复兴的奋斗之中。只有这样，才能真正落实新时代立德树人的根本任务。

(三)思政课要适应学生成长的特点

作为立德树人的一项社会实践活动，思政课归根到底要落实到人的培养上。思政课的本质要求我们去关注思政课与受教育群体之间的关系。思政课的对象是现实具体的人，思政课和思想政治教育实现其社会目标是通过人的实践来实现的。

思政课要适应学生成长的特点，首先就要从思政课的本质出发，遵循基本的教育教学规律，关注和掌握教育对象的成长特点，从教学理念、教学方式、教学手段等方面改革创新，提升思政课的科学性和针对性。青少年阶段是人生的"拔节孕穗期"，最需要精心引导和栽培。对于思政课而言，虽然关注的是青少年精神方面的成长和价值观的塑造，但是学生生理和心理的发展特点是精神成长的基础。思政课面对的学生群体，从小学到中学再到大学，基本上贯穿了学生从儿童到青少年再到青年这一人生快速成长阶段。因此，思政课要关注和研究学生在"拔节孕穗"的不同时期成长发育的特点，特别是精神成长的过程和特点，增强课程的科学性和针对性，更好地促进和引领学生的心灵塑造和精神成长。青少年思想政治教育是一个接续的过程，要针对青少年成长的不同阶段，有针对性地开展思想政治教育。为了循序渐进、螺旋上升地教好思政课，就需要适应学生的成长特别是精神成长的过程和特点，把"拔节孕穗期"具体化，增强不同学段思政课的科学性和针对性。

思政课要关注重点群体的发展和特征，提升实效性。当前，"00后"已经成为大学校园的主体，只有充分了解这一代青年的代际特征，了解他们的情感、思想和行为，才能真正找到思政课改革创新的发力点。习近平总书记在庆祝中国共产主义青年团成立100周年大会上的讲话指出："新时代的中国青年，更加自信自强、富于思辨精神，同时也面临各种社会思潮的现实影响，不可避免会在理想和现实、主义和问题、利己和利他、小我和大我、民族和世界等方面遇到思想困惑，更加需要深入细致的教育和引导，用敏锐的眼光观察社会，用清醒的头脑思考人生，用智慧的力量创造未来。"① 这为我们如何给新时代的中国青年上好思政课提供了重要指导和启示。

"95后""00后"是"平视世界"的一代人。国家经过多年发展积累的较为丰裕的物质条件和开放的社会环境塑造了这一代青年独特的代际特征：他们在物质观上崇尚个性，在社会观上包容多元，在人生观上追求自我价值，在价值观上更加追求平等公正。他们思维活跃、兴趣广泛、追求个性、不喜欢生硬的说教，更不接受单方面的灌输。面对这样的一代青年，思政课要主动适应他们的特征，做好"平视一代"的价值引领与塑造。既要用学术话语讲政治，用学理的深度震撼他们的心灵，引导他们领会马克思主义理论这个大道理的真谛；又要用生活话语讲理论，用现实的力量启发他

---

① 习近平：《在庆祝中国共产主义青年团成立100周年大会上的讲话》，《人民日报》，2022年5月11日。

们的思考,鼓励他们理论联系实际;还要有温度、有情感,传递开放的思想,激发他们客观地平视自己,开放地平视世界,理性包容,积极向上,奋发有为。

要主动适应青年一代的思维模式和学习习惯,增强思政课的时代感和吸引力。全媒体时代的到来为思政课提供了新的场域。新时代的学生是"互联网的公民",互联网已经成为他们生活和学习的不可分割的一部分。依托互联网平台,他们兴趣涉猎更加广泛,内容更加多样,并且形成了不同的社交圈层,成为他们与社会连接的主要载体。思政课要重视和适应这种全媒体快速发展的时代特征,对全程媒体、全息媒体、全员媒体、全效媒体下舆论生态、媒体格局、传播方式发生的深刻变化高度重视,适应这种新媒体技术带来的深刻变化,注重和新媒体新技术结合起来,积极革新教育教学方式。

思政课教育教学方式要积极革新,要运用新媒体新技术使工作活起来,推动思想政治工作传统优势同信息技术高度融合,增强时代感和吸引力。思政课要把握学生身心特点,注重运用新技术新手段,用学生喜闻乐见的方式让严肃的理论体现在生动的故事中,让静态的教材绽放在动态的图画、音频、视频中,让思政课教学实现移动化、场景化、可视化。以方法创新吸引受众,以内容创新丰富内涵。同时革新教学方式,开展案例式、互动式、体验式、沉浸式教学,让学生充分参与到教学过程之中,让感性的共鸣走向理性的认同。

三、新时代思政课要有新时代的精气神

当前,融入和体现党的二十大精神,是高校思政课最重要的任务。特别需要注意的是,这不仅指思政课要体现党的二十大报告的思想内容,体现习近平新时代中国特色社会主义思想,还指思政课必须体现党的二十大所展现出来的自信、昂扬、豪迈的精神状态,体现由此所昭示出来的中国特色社会主义新时代应该有的精神风貌。新时代的思政课,就应该有新时代的精气神。

(一)改变思政课教师不够自信的心态,以坚定的信念和强大的底气向学生传播正能量

不可否认,对于许多思政课教师来说,存在着不够自信的问题。这种不自信主要表现在两个方面:一是对自己所从事的这项工作不够自信,对思政课本身的意义和魅力信心不足;二是对自己的学识能力不够自信,对自己能否上好思政课心中没底。这两种不自信状态是相互影响的。其中,首要地是第一个方面的不自信,这是一种根本上的不自信,是一种关系全局的不够自信的状态。而第二个方面的不自信,虽然主要是自我信心不足,但也会对第一个方面产生影响。

由于内心里有这样的不自信,因此当他们走进教室、站上讲台的时候,神情神态就不是那样充满自信,当他们开展教学的时候就不那么理直气壮。教师不自信的神态自然而然就会对学生产生影响,学生无意中就会对教师信心不足,并进而对老师向他们传播的思想和道理信心不足。事实

上,在教育教学过程中,知识与信念是结合在一起的,一位对知识充分信念的教师,当他向学生传授知识的时候,他发出的信息就带有信念的力量,就更能打动学生,更能够使学生以更大的信心接受和认同他所传播的思想理论和道理。对于有的教师来说,他们缺少的可能不只是知识方面的素养,更重要的是对思想政治知识的内在信念和心理能量。

之所以有的思政课教师缺少自信,原因是多方面的。从主观方面来说,与他们的理想信念不够坚定和强大有关。不只是理想信念的有无问题,也是理想信念的程度和水平的问题。如果思政课教师有坚定的马克思主义理论信仰,有坚定的共产主义远大理想和中国特色社会主义共同理想,有坚定的对党和国家事业发展的信心,那就一定会对自己所从事的这一育人事业充满自信和自豪。从总体上说,广大思政课教师都是具有这些理想信念的,这是他们与其他教师相比的突出优势,但同时也要看到,许多思政课教师的理想信念还存在着坚定性和自觉性不足的问题,还有较大的进一步加强理想信念坚定性和提升理想信念自觉性的空间。从客观方面来说,思政课教师的信心不足,更与社会环境的影响,特别是校内环境和氛围有关。有许多学校,长期以来对思政课不重视,思政课教师在自身发展和职业声誉方面存在诸多不利因素,造成他们长期处于心理压抑和苦闷状态,这在相当程度上使其产生自卑心理。

中国特色社会主义进入新时代后,就要从根本上改变这种不自信的状态,焕发出新的精神状态。从客观上来说,现在已经具备非常有利的环境和条件。在国际上,中国特色社会主义事业繁荣昌盛,中国大步走近世界舞台中心,中国人的自信心和自豪感大幅提升。从国内来说,党的十八大以来我们社会发展呈现崭新的面貌,一些过去想解决而没有得到解决,甚至被认为根本没法解决的重大问题,现在得到了解决或基本解决,增强了人们对党和国家的信念。特别是党的二十大描绘出新的发展蓝图,空前提振了民族信心。从高校来说,马克思主义学院的发展遇到了极好的机遇,马克思主义理论学科呈现出初步的繁荣景象,思政课在改进中不断加强,广大思政课教师也有了更好的发展平台。在这样的情况下,思政课教师应该进一步增强使命感,从内心深处振作起来,并不断提高自己的教育教学水平,以自信的心态和神态面对学生,向当代大学生传递正能量。

(二)改变自我辩解式的说理格局和说理方式,理直气壮地述说和宣扬我们的思想理论

思政课是一个"说理"的课,注重的不是知识的积累,而是思想的说服。说理也像做人一样,有一个格局大小的问题,而且也总是格局决定结局。如果说理者有大的格局,则他的说理就在整体上处在优势地位,具有巨大的传播势能。在这种情况下,即使在某些局部上说理不够透彻或者完善,但由于总体格局大气,也不会有太大的问题。但如果说理格局狭小,没有站在说理的制高点上,那么说理者从一开始就处在总体不利的地位,尽管他可能在某些局部上有出彩的地方,但总体格局决定了其不能说服大部分的对象。

说理格局的大小及因素是有多方面内容的,但从说理者所处地位及其"气场"而言,主要有三种不同的格局:一是自我辩解式说理,二是坦然述说式说理,三是引领潮流式说理。其中,自我辩解式说理是自信度最低的说理方式,也是最小气的说理格局。说理者屈从于世界范围内对我不利的舆论,把自己的大道理降低为局部性的小道理,只是做一些自我辩解式的解释,希望别人理解自己的特殊情况和困难处境。这明显是弱者的说理方式,是不自信的说理方式。这样的说理,是从来不可能真正成功的。

随着中国的迅猛发展和国际地位不断提升,现在我们已经开始摆脱被动地位,在国际上发出自己的声音,并得到多数国家的响应。在这样的情况下,自我辩解式说理已经过时而没有必要了。我们现在就要坦然大方地讲述自己的道理,而且还要进一步向世界展示中国的成绩和经验,逐步实现在一些问题上的话语引领。国家层面的这种变化,也必须要体现在高校思政课教育教学中,使我们的思政课教师更加自信地讲述马克思主义的道理,讲述中国特色社会主义发展的道理。

党的二十大之后的思政课教材修订,不仅要融入党的十九大、二十大的重要思想内容,而且要在语言风格上和说理方式上,改变过去那种沉闷的氛围和不自信的状态。

(三)改变过分依赖西方话语的阐释方式,用中国人的语言来阐释中国大地上产生的新思想

长期以来,在我国学界已经形成了一种依赖西方话语来阐释我们自己道理的习惯。这是我们在西方学术的强势影响下不自觉地形成的,而且逐步视之为理所当然,甚至天经地义。不论是在讲课时还是在写论文时,特别是在撰写科研论著时,如果我们不用西方话语,不把中国问题转移成西方式问题,不用西式的方式来写作,就会被当作"不学术"而受到排斥。

这样一种学术环境也对马克思主义理论学科和思想政治理论课产生了不利的影响。马克思主义、中国特色社会主义有理说不出，或者说出传不开，没有形成自己的话语权。思政课教师为此感到苦恼和困惑，有的对我们自己的话语产生怀疑和轻视，开始去模仿西方式表达方式。其实，西方式话语是表达和阐释西方社会所遇到问题的话语，是适应西方学术界研究需要的。它们不是没有积极的价值，我们也完全可以学习借鉴，但这并不意味着我们不能有自己的学术话题和学术话语，也不意味着我们只能去谈论西方已经谈论过的那些问题，更不意味着我们在谈论自己特有的问题时也只能用西方的方式来进行研究，甚至当中国土地上已经产生了我们自己的新思想时，也还必须用西方话语来加以表达。

现在，中国特色社会主义已经进入了新时代，我们不仅形成了中国特色社会主义道路、理论体系、制度和文化，而且创立了马克思主义中国化时代化最新理论成果——习近平新时代中国特色社会主义思想，这是当代中国马克思主义、21世纪马克思主义。这一最新的科学理论，不仅有独特的来自中国大地的思想，而且本身就具有来自中国人民的独特语言。它的思想与话语是高度统一而不可分割的。我们要深入阐释习近平新时代中国特色社会主义思想，就必须深度掌握和运用这一思想本身具有的话语系统，学习习近平总书记的语言风格。因此，面对中国特色社会主义新时代，面对习近平新时代中国特色社会主义思想，我们的思政课必须改变那种唯西方话语马首是瞻的习惯，用我们自己的语言来表达和阐释我们自己的思想。

四、思政课建设的"高、精、尖"理念与追求

在全国热火朝天的高校思政课建设中，大家都知道在中国人民大学有一个"北京高校思想政治理论课'高、精、尖'创新中心"。这个中心因为做了大量创新性工作而产生了较大社会反响，引起广大思政课教师的关注。关注的结果是进一步思考：高校的思政课为什么要与"高、精、尖"联系起来？思政课的"高、精、尖"意味着什么？对我国高校思政课的建设和改革，对思政课效果的提升带来什么影响？这些问题需要从理论上加以思考和回答。

（一）问题的提出

在我们以往对高校思政课的认识中，从来没有与"高、精、尖"联系起来。这个问题的提出源于2015年北京市在中国人民大学设立"北京高校思想政治理论课'高、精、尖'创新中心"。这个中心是源于北京市科技创新的高精尖项目的设立。这些项目本来是面向高端科技和前沿产业领域的，因而是"高、精、尖"，同时也具有大量经费投入。由于北京的领导同志具有政治意识，因而就把高校思政课建设纳入这个项目，于是就有了"北京高校思想政治理论课'高、精、尖'创新中心"。而这个中心的设立，就把高校思政课与"高、精、尖"联系起来，从实践中提出了高校思政课的"高、精、尖"问题。

从这个问题的提出来看，具有一定的偶然性和外在性，因为这个问题并不是沿着我们以往的思政课建设思路提出来的。甚至可以说，按照我们

以往从事思政课建设的思路，是不可能提出"高、精、尖"问题的。这是因为，按照传统的建设思路，思政课建设绝对不可能有上千万元甚至上亿元经费的创新项目。正因为如此，当这一项目落户中国人民大学时，在全国思政课领域产生了极大的冲击和震动，直接颠覆了人们在这个问题上的传统认知。在教学研究中，长期没有科研项目可以申请，后来虽然有思政课专项科研项目，但经费规模不过几万元或十几万元。而几十万元的资助，在老师们看来已经是"天文数字"。大家对此习以为常，也没有觉得有什么不对。但当北京市的"高、精、尖"创新项目落户中国人民大学时，特别是当大家听说它每年投入 5000 万，5 年投入 2.5 亿进行建设的时候，大家都震惊了。当人们从震惊中清醒过来后，才开始思考：这也应该是正常的吧？既然高校思政课具有那么高的政治意义，关系到培养中国特色社会主义建设者和接班人的大业，那么多投入一些经费难道不是应该的吗？而且正是这样大张旗鼓地投入和建设，才真正符合我国思政课的使命和要求呀！

此事引起的思考再进一步，就是关于高校思政课与"高、精、尖"的关系问题。当思政课与"高、精、尖"联系起来时，意味着什么？我们能否说"高、精、尖"也是我们思政课建设和改革所追求的重要目标？能否说"高、精、尖"也是我们思政课建设所应遵循的重要理念？答案应该是肯定的。说到思政课，人们就觉得那是一个大众化的问题，是面向广大对象的普遍性的课程。这样的课程似乎应该是低起点、低定位、低要求的，是重复性而非创新性教学，与"高、精、尖"的科技前沿属性是相反的。这种对思政课的认识虽然是有原因的，但无疑是错误的。思政课固然有其基础性和广泛性的一面，但同时也具有尖端性和创新性的一面，而正是这一方面决定着思政课的作用所达到的高度。因此，如果说最初我们把思政课与"高、精、尖"联系起来具有一定的外在性和偶然性，现在我们更应该深刻地认识到，这是合理的，具有内在的必然性。

为此，我们需要对"高、精、尖"这一目标和理念作出理论分析，揭示出它的内涵和要求。我们将会看到，"高、精、尖"具体地说，就是"高点定位、精准发力、尖端突破"。

（二）"高"：高点定位

在"高、精、尖"的序列中，"高"具有前提和基础性意义，讲的是立场和站位的问题。如果立场不正确，站位缺少高度，就不可能实现后面的"精"和"尖"。从内容上说，这里的"高"指的就是"高点定位"，具体地体现为三个方面：政治站位高、目标要求高、资源投入高。

首先是政治站位高。就是说，对于高校思政课的认识要提高，要从政治上深刻认识加强和改进高校思政课的极端重要性。这里的"政治站位"非常重要，只有从政治的高度、战略的高度，才能真正认识到高校思政课的重要性。表面看来只是几门课的问题，而且是人们通常并不重视和看好的政治课，但对育人来说恰恰是最重要的课程，关系到青年一代的培养，关系到祖国的未来，关系到中国特色社会主义事业是否后继有人的大问题。不仅党政部门的同志要这样看问题，而且学校的领导、广大教育工作者，也都要这样看问题。特别是直接从事思政课教学工作的广大教师，更要从这样的政治高度来认识自己所从事的工作。只有形成了这样的思想认识，才能真正全身心投入这项神圣的工作，全社会也才能真心实意地全力支持这个事业。

其次是目标要求高。对于思政课教学,应该提出怎样的目标?是高目标高要求,还是低目标低要求?在这个问题上是有一些争议的。一般来说,面向最广泛受众的教学活动,其目标就不可能是最高的。因为我们不可能要求所有的人都达到最高的要求。相比之下,如果是面向特定受教育者,比如各院系面向自己的学生所开的专业课程,当然应该有更高的要求。如果目标要求过高,就会使思政课教师承受过大的压力,事实上他们是顶着这样过大的压力在工作。大学生中一旦出点什么事情,就会有人说:"思政课是怎样教的?"意思是让思政课教师对每一个学生的思想品德负责。这样的要求显然是过分的。正因为如此,作为思政课教师应该倾向于实事求是地确定思政课的目标和要求,不要定得太高。这是有一定合理性的。但是在我们从教育工作者的角度理解这种合理性的同时,更应该看到思政课的政治属性。从政治上来说,当然要高目标高要求,因为我们培养的是社会主义的可靠接班人和合格建设者,如果培养的人才不够可靠或不合格,就不能担当起民族复兴的大任,担当起推进社会主义事业的大任。教育部明确提出,让高校思政课成为广大学生"真心喜爱、终身受用"的课程。这样的要求当然是高的,也是正确的。广大思政课教师要把认识统一到这种高目标和高要求上来。

最后是资源投入高。任何建设都需要投入,没有投入就没有产出。而且一般来说,投入与产出是呈正比例关系的。高校思政课的建设也需要相当的投入。这个投入,首先是国家和学校的投入。以前在这个方面欠账太多,近年来已大有改善,投入的增长已经开始见效。同时,整体看来还很不够,还应该有更大的、持续的投入。只有这样,才能把目前良好的势头保持下去,并取得更大的成果。在这方面,北京市作出了榜样,也给全国的思政课教师提振了信心和自信。许多省市已经从中受到启发,结合自身的实际,实行了增加思政课建设投入的举措。这样的投入不仅在物质上极大地支持了思政课建设,而且也在精神上提供了很大的支持。有助于使思政课教师成为受人尊敬和羡慕的职业。当然,对思政课建设的投入还包括思政课教师本人的投入,尤其是在身心方面的高投入。不仅要投入正常的工作时间,而且要投入工作外的时间;不仅投入自己的专业知识和技能,而且要投入自身的个人感情和私人关系。他们的高投入状态,他们的奉献精神,应该得到社会的充分肯定。

(三)"精":精准发力

"高、精、尖"的"精",是指"精准发力"。资源的高投入,本身就是在发力。但是这种发力应该是精准的,有针对性的。具体地说,"精准发力"包括三个方面:教学内容精当、教学对象精准、教学过程精细。

首先是教学内容精当。思政课教学内容是极为丰富的,这不仅是因为马克思主义理论的博大精深,也在于我国近现代历史发展和马克思主义中国化时代化进程的丰富性,以及党的路线方针政策的丰富性。但是教学时间是有限的。尽管国家已经为思政课规定了较为充足的教学课时要求,但教学内容的丰富性与教学时间的有限性的矛盾仍然存在,因而从教学内容来说仍然是需要精减的。对此,我们要从正面和积极意义上去加以理解和处理。我们不能依赖更多的课时来实现教学目标,而是要在有限的时间内,做好教学,提高教学的实效性。为此,就需要对教学内容实现某种程度的减量化。而减量的目的并不是为了"减",而是为了"精"。邓小平说过,"学马列要精,要管用"。这是一个非常重要的原则性指示,告诉我们:精当的教学内容同样可以起到非常好的作用。而且,如果没有精当的选择,采用盲目的大水漫灌,不仅浪费资源,而且难以产生好的效果。为了做到内容选择的精当,必须精通马克思主义,做到心中有数。

其次是教学对象精准。思政课教师不仅要精通马克思主义,准确把握马克思主义理论的内容,而且要精准把握教育对象的特点和需要,并根据教学需要实现二者的对接。用毛泽东的话说,就是"有的放矢"。他提倡把马克思主义普遍真理运用于指导中国革命的具体实际,而这个对接的过程,必须有的放矢。用马克思主义之"矢",去射中国革命之"的"。这样比喻非常精彩,最突出的一点就是强调了二者对接的精准性。这对于我们做到精准教学,有重要的指导作用。表面看来,我们的教育对象就是当今的大学生,他们就在我们面前,并不需要我们特意去寻找。但是我们真正了解他们吗?恐怕很难完全肯定这一点。因为他们的生长环境与我们不同,特别是我国社会发展这样快,不同年代的生活环境很不一样。这就使当今的大学生在心理素质、思维方式、思想观念以及情感情绪等方面,都有其独有的特征,而且这些特征还在不断改变着。在这样的情况下,我们要做好教学,提高学生的接受力,就必须精准地把握学生的特征和需要,并实施精准的教学。

最后就是教学过程精细。教学过程不应是粗放型的,而应是一个精耕细作的精细化过程。能否做到精细化,是专业与非专业的区别。任何专业人员的专业性操作,都必然是精细的,他们不忽视和放弃任何细节,而是尽可能地把所有细节都处理好。在大的方面容易做到的情况下,细节就成为决定成败的关键。精细与否,不仅具有技术层面的意义,具有工作成效方面的意义,而且首先就具有态度的意义,是工作认真与不认真的区别。毛泽东说过,世界上怕就怕认真二字,共产党就最讲认真。"认真"不仅是成功的法宝,而且对于周围的人也具有感染和教育作用。教师的认真态度本身可以传递给学生,帮助他们形成认真学习的态度。这两种认真态度的结合,就可以保证教学过程的顺利进行。因此,思政课教学要避免和防止粗枝大叶的做法,更不能草草了事。凡是教学中的环节,都应该精心设计,精心实施。不同教学环节之间的联系和过程,也要精心地加以设计,实现自然的过渡和转折,真正使自己的思政课成为精品。这样的教学,在教学内容的精当和教学对象精准的基础上,就一定会取得成功。

(四)"尖":尖端突破

"高、精、尖"的"尖"是在"高"和"精"的基础上实现的,既是一个过程,也是达到的结果。"尖",就是"尖端突破"。具体来说包括三个方面:掌握尖端技术、养成尖锐眼光、勇做创新尖兵。

首先是掌握尖端技术。思政课也需要技术,这里的技术包括两个方面。一是科学技术提供的教学手段,比如多媒体技术在教学过程中的运用。这些技术对于改进教学,提高教学效果是很必要的。虽然在过去的年代里,没有这些技术时,优秀的教师也能实现好的教学。即使在现在,也有个别优秀教师采用传统的教学方式,取得很好的效果。但多数情况来看,运用当代的先进技术服务于教学,是有前途的。在这方面,特别是有些尖端的技术,掌握起来有相当的难度,也不能放弃,掌握之后会节省许多时间,也会带来意想不到的成果。二是指教学艺术。"教学艺术"可意会不可言传,谁也说不清这种艺术究竟是怎样一回事。但是我们也可以从技术的角度去看,看作是一种"尖端技术"或技能。事实上,我们可以把这种教学艺术作为一种综合性的技术,把它们逐项分解开来,就会发现它是一系列处理教学问题的技术,特别是处理细节问题的技术。这些技术不仅来源于自然科学或技术领域,而且来自教师的教学实践,是在教学工作中逐渐积累起来的。年轻的思政课教师通常在掌握现代科技辅助教学上有优势,而年长的教师通常在教学经验和教学艺术方面有积累。双方应该相互学习,取长补短。

其次是养成尖锐眼光。"眼光""眼界"表面看似乎不是那么重要,其实不然。一个人有无尖锐犀利的眼光,有无开阔广大的眼界,是事业成败的关键性因素。不论是教学还是研究,都应该有"问题意识"和"问题导向"。为此,就需要有能够发现问题的眼睛。尖锐的眼光很重要,能够发现问题,特别是能在别人看不出问题的地方发现问题。而发现问题是解决问题的前提和基础。这种锐利的目光能够透过事物的表面而深入到本质,让人抓住事物的根本。思政课本身就需要这种眼光。马克思主义是有鲜明政治立场的科学理论,是能够透过现象看本质的理论,特别是在看待社会现象的时候,能够不为现象所迷,不为流言所惑,紧紧抓住人们的最根本的利益问题,找到事情的症结。当然,犀利目光与开阔的视野是相辅相成的。思政课教师还要有广阔的视野,利用各种机会,不断打开自己的眼界,只有这样,尖锐犀利的目光才有用武之地并发挥精准的作用。

最后是勇做创新尖兵。创新是一个探索的过程,是一项冒险的事情。在思政课的创新与探索过程中,需要有一些人做尖兵。他们要走在别人前面,尝试别人没有尝试过的事情,要做第一个"吃螃蟹的人"。当然,尖兵需要配备最好的装备,需要得到大家的支持。"北京高校思想政治理论课'高、精、尖'创新中心"就是如此,设备非常先进,具备强大的技术支持力量。现在,创新中心也已经做出了许多成绩,得到了大家的认可。同时,也希望有更多的人来支持这种创新的事业,大家齐心协力把我国高校的思政课程建设好。

第四章

思政课的课程属性与教学难度

在思政课教育教学研究中，有一些前提性的基本问题表面看来似乎很浅显，甚至根本算不上什么问题，不大值得从学术上去深入探索。比如，思政课究竟是一种什么性质的课程，它有哪些重要的特点？大家都说它很重要，那么它究竟重要在哪里？思政课教学是一种怎样的教学？都说思政课难教，那么它为什么难，有怎样的难度？大家都说要提高思政课教学的实效性，那么怎么才算是有实效？实效的标准是什么，它的提升有没有限度？等等。这些问题其实是非常重要的，不仅对于思政课教育教学十分重要，而且对于思政课教育教学研究同样重要。本章只探讨其中的一个问题，即思政课教学固有的难度问题。

一、思政课教学难度：一个被忽视的学术问题

在党和国家对高校思政课高度重视的形势下，思政课教学研究广泛开展起来，学术成果大量涌现，呈现喜人的景象。但在这些教学研究中，有一个基础性问题却被忽略了，这就是思政课教学的特有难度问题。

谈到思政课教学，许多人都感叹这类课程很不好教，也就是说很有难度。不仅许多思政课教师本身有此感叹，其他专业课教师甚至一些社会人士，都有相似的看法。可见，这是一个需要关注的普遍性现象，并有可能触及其背后的一些深层次问题。但是这个现象并未进入思政课教学的学术研究视野。尽管有大量的教学研究成果，却很少见到对思政课本身教学难度的理论分析。

当然，也有许多关于思政课教学"难点"的研究，但这里的"难点"与本章所说的"难度"不是一回事。前者属于局部的技术问题，比如思政课教学中某些内容过于艰深，教学难度相对较大，成为教学难点；而后者，则属于总体的性质问题，指由思政课的属性所带来的特有的教学难度。它并不是某些知识点上存在的教学难度，而是课程本身的总体难度，是由思政课本身的特殊性所带来的难度。对思政课所特有的这种难度的把握，是我们提高教学实效性的基础和前提。大家都很关注思政课怎样提高实效性的问

题,可是需要事先想一想,我们是在什么基础上和什么前提下来谈提高实效性的?实效性提高的目标和要求是什么,有无某种限度及能否持续?这些问题都涉及思政课本身的性质,以及由此带来的特有教学难度问题。

学界之所以对思政课教学难度问题有所忽略,有多方面原因:一是人们往往认为这只是一些生活中的抱怨,没有什么积极意义,也没有什么值得注意的重要问题。即使这里确实存在思政课特有的难度问题,也只是一个有待解决的实际问题,并不是一个值得深入研究的学术问题。二是人们觉得之所以有人抱怨思政课难上,是因为他本人教学水平不够,或是学术水平不够。特别是有一些教学效果好的优秀教师,以及一些学术水平较高的专家往往持有这样的看法。三是人们认为思政课有难度是正常的,任何课程都有难度,这没有什么好奇怪的,也不值得从学术上去分析。四是人们有一种隐约的担心,觉得如果强调了思政课的难度,就显得思政课教师没有信心和担当,而且也容易让大家没有信心,因此是一种负面的、不应开展的研究。

上述理由都是不充分的。虽然思政课教师的抱怨并不值得提倡,但既然是许多人抱怨,背后很可能有着真实的困难或问题,应该透过这种抱怨去考察背后的东西。固然,教师的水平是关键,我们可以,也应该通过提高思政课教师的水平来提高教学效果,但不意味着我们可以回避思政课本身的难度问题。正确的态度和方法是:当遇到问题和困难时,首先应把客观情况和困难弄清楚,加以合理评估,做到心中有数,然后再从主观方面去努力加以克服。如果对思政课所特有困难没有认识到位,那么在提升思政课教师水平方面也会缺少针对性,在应该达到怎样的教学实效性上也会心中无数。最后，研究清楚思政课所特有的难度，并不是为思政课效果不佳作辩护，并不意味着我们因此就会丧失信心。事实上，在不知道问题和症结所在的情况下，也很难保持所谓的信心。

因此，我们应该真正弄清楚思政课教学究竟为什么难，难在什么地方。由此可以使我们对思政课的性质有更深入的认识，有助于社会公众形成对思政课教师职业的认知，有助于确定实事求是的教学目标和要求，也有助于思政课教师有的放矢地加强和改进教育教学。

二、思政课难度根源于思政课本身的性质

思政课的难度来自许多方面，但从根本上说是由它本身的性质或属性所决定的。弄清了思政课本身的性质，也就能够弄清它的教学难度究竟有多大。

（一）思政课是政治课，学生的学习动力不够强

思政课是政治性课程，具有强烈的政治属性，与普通学生的学习兴趣和心理期待有一定距离。虽然从根本上讲，政治是众人之事，作为社会的公共领域是社会经济的集中体现，本身是与每个人都有关系的，是每个人都应该关注和感兴趣的，但在实际生活中并非如此，并非所有的人都关心政治，更不是所有的人都对政治有兴趣，甚至可以说，真正对政治特别是政治理论感兴趣从而主动去关心和学习的只是少数。

在许多人的心中，总觉得政治离自己的生活太远，甚至与己无关。一些学生也觉得思政课太"高大上"，有些陌生感，并抱着敬而远之的态度。

甚至在某些家长和学生看来,上大学是为了学专业知识和技能,而不是来提高政治素质的,因而上专业课是为自己长本事,而上思政课则是为应付党和国家的要求。此外,有的学生还受社会上一些不良影响,对思政课有一定偏见。长期以来,社会上有些人对现在的思政课并不了解,但又自以为了解,抱着一种很过时的看法,认为思政课是假大空的说教。更有一些所谓网络大V,不遗余力丑化和污化思政课,把它说成是"洗脑"。这些无疑对部分学生产生了不良影响。所有这些,都导致学生学习思政课的动力不够强。

正因为如此,思政课教师在学期开始时往往不是一上来就讲内容,而是先讲思政课的重要性,讲思政课对于学生们成长成才的意义,以激发他们的学习动机。而专业课教师则基本上不必这样,直接讲内容就行了,学生甚至已经急不可待了。可见,思政课教师与专业课教师一开始就不是站在同一条起跑线上的。

思政课内容广、变化快,许多教师和学生觉得跟不上。思政课虽然门数有限,但它们比较全面地再现了马克思主义的世界观、历史观、政治观、法治观、人生观、价值观等各种知识,涵盖了经济、政治、文化、社会、生态文明等各个方面,包括了党治国理政各个领域及其路线方针政策。不论教师还是学生,不论讲授还是学习这么多知识,都是不容易的。不仅如此,思政课具有很强的现实性,必须迅速体现党中央的最新精神和习近平总书记的最新论述。因此,教材必须经常修订,教案必须时时更新,课堂教学必须使用最新的话语。在思政课教学中,不可能像有的专业课程那样,多年使用一个固定的讲稿。这就使许多教师疲于应付,从而影响到教学效果。

(二)思政课是公共课,面临着众口难调的困境

思政课作为公共课,是面向全体学生的,是所有学生都必须上的课,并不像专业课那样主要面向选读该专业的学生,因而缺少那种一开始就有的专业性认同。思政课的课程体系和内容要求是全国统一的,这是一种最大的统一性或共同性,但学生则是人人不同,具有最大的多样性。可以说,思政课是在以最大的统一性来面对最大的多样性。这样就难以避免俗话所说的众口难调问题。任何一个食堂的大师傅,不论其技艺多么高超,都不敢说自己做的饭菜人人都喜欢,因为每个人的口味都不一样,对于不合乎自己口味的饭菜,即使它非常有营养,也并不能保证人人都想吃。甚至可以说得直白一些:即使向每人免费发一包糖,也不是所有人都想要,甚至可能还有人认为这是在害他、让他发胖呢!

全校的共同课相对于特定院系的专业课而言,听课对象有很大不同。这不只是受众多少的问题,更是受众有无选择意向的问题。专业课是学生选择的,但公共课则不是,这便产生了不同的心理基础。在不同的心理基础上,学生们对课程难度的感受程度和接受程度是不一样的。专业课固然也有它特有的难度,但由于是面向选取这个专业的学生,因而不存在特殊的问题。比如数学很难学,特别是高等数学,是很烧脑的,但是当它作为专业课时,所面对都是数学系的学生,而这些学生就是专门选择来学习数学的,所以学科的难度并不会让人特别痛苦。但是如果让那些没有选择或不想选择数学的人来学数学,那就是很大痛苦了。当数学作为公共课时,许多文科学生就觉得难度极大,而且十分痛苦。同样,如果思政课只是让那些愿意学的人来选学,那么情形和效果就肯定好得多。比如对马克思主义理论专业的学生来说就是如此,但这就不是思政课了,而成了专业课。事实上,思政课作为公共课,是所有人都必须上的课程,而并不只是愿意选学的人所上的课程。它产生难度的原因也就在这里。

现在,在思政课程体系的完善过程中,增加了选修的课程或学分,这就将选择性引入了思政课学习,是十分有利于提高学生学习兴趣的。不过这种选择是有限的,思政课从整体上和根本性质上讲并不是选修课程,而是必修课程。因此,众口难调的问题可以说在一定程度上始终存在。

(三)思政课是理论课,讲授和学习难度都较大

思政课,特别是高校的思政课,具有很强的理论性。马克思主义理论教育,特别是党的创新理论教育,是其基础性和核心性内容。这些内容直接地具有很强的理论性。此外,还有历史性内容、现实性内容等,也间接地具有一定的理论属性,是服务于一定理论观点的。显然,这样的课程,不论是对于教师的讲授来说,还是对于学生学习而言,都是有相当难度的。

首先,理论课具有抽象性,不易形象化教学,也不易学习掌握。任何理论都具有抽象性,所谓理论或理论体系本身就是由一系列抽象性的原理构成的。理论来源于现实,是对现实的升华和抽象。特别是马克思主义理论,是完整的世界观,致力于揭示世界发展的一般规律,因而具有很强的抽象性,体现为宏大叙事。其中许多概念特别是哲学概念,都是高度抽象的,许多基本原理也是如此,这样的课程对学生来说难度较大。现在的大学生年龄尚小,缺少社会经验,理论思维没有受过训练,因而对于学习和把握思政课的内容,特别是理论性较强的内容有较大困难。同样,对教师实施教学来说,抽象性也是一种难度。教师一方面需要深入掌握抽象理论,这本身就不容易,另一方面又需要把抽象的理论通俗化和形象化,这也是很不容易的。并不是所有的理论工作者都擅长于理论的通俗化,也并不是所有的教师都善于把抽象道理形象化。

其次,理论课具有系统性,全面掌握起来有困难。马克思主义基本原理和党的创新理论是一整套思想体系,并不是掌握几个观点就可以的,必须系统学习和掌握,这是相当困难的。马克思主义理论博大精深,经典作家的著作和党的重要文献浩如烟海。理论工作者和思政课教师倾其一生,读完从马克思到习近平总书记的所有论述并不容易,更不用说再把内容如实地讲授出来了。当然,思政课讲授不必面面俱到,必须抓住理论的精华和主要观点。但如果不能全面了解马克思主义,透彻地理解马克思主义,又怎能把握精华呢? 至少对于教师而言,他们是需要全面系统地掌握马克思主义理论的,尽管这是一项基础要求,但并不是很容易就能做到。对教师而言是如此,对学生而言就更是如此了;而且理论又是发展的,必须联系历史发展的过程才能得到阐明,并与各国国情相结合才能得到运用。这样,既要懂理论,又要懂历史,还要懂现实,并培养一种综合的能力,这对于教师和学生都是很大的挑战。

最后,理论课必须联系实际和对接现实,这是更为困难的。理论与现实有复杂的关系,理论并不等同于现实,甚至有时与现实之间有明显的距离。如果理论与现实的对接不力,也会弱化学生对思政课的接受。有时候,理论与现实的对接是容易的,也不易出错,比如我们在理论上讲生产力的决定作用,在现实中致力于发展生产力;我们在理论上讲社会基本矛盾的运动,在现实中讲改革的必要性等,这些都比较容易。但理论中还有一些内容,比如剩余价值理论、阶级斗争学说等,并不能简单地与当下的现实相对接。如果思政课教师不善于创造性地理论联系实际,不善于打通基本原理与当前现实的联系,就会让学生觉得理论脱离了实际。脱离实际的理论不论多么完美,都是苍白无力的。其实,这些理论与现实不是不能对接,而是需要经过一些中间环节并加以转化才能讲清楚。党的理论创新成果虽然为马克思主义基本原理与当下中国现实的对接提供了中介支撑,但即使有了党的理论创新成果,也并不能代替思政课教师实现理论联系实际的创造性教学。

(四)思政课是信仰课,是更高的要求和更难的任务

思政课教学是知识传授与价值塑造的统一,是知识课与信仰课的统一。如果说其他课程,比如专业课程,特别是哲学社会科学类专业课程,也肩负着一定的思想政治教育职责,体现了这种统一,那么思政课则更直接更突出地体现出这种统一。

思政课中当然也必须有知识传授,在这点上与其他课程有共同之处。如果说知识传播需要教师掌握和运用知识传授规律,那么对思政课教师而言,这种困难虽然存在并需要努力去克服,但这并不是他们所面临的最大困难。毕竟,知识传授是人类教育事业特别是学校教育千百年来的主要工作,已经积累起丰富的教育经验,而且教育科学已经在很大程度上总结出了这些规律,因而只要去学习和遵循这些规律,就比较容易做到。但对思政课教师而言,仅仅做到这一点还是远远不够的,因为在思政课中知识只是信念的载体,知识传授只是价值观塑造的途径。教师不仅要遵循知识传授的规律,还要遵循价值观塑造和信仰形成的规律。虽然价值观和信仰的形成必然有其自身规律, 虽然千百年来人类也在这方面有一些经验积累, 但是毕竟还没有直接把这方面的规律系统地总结出来, 供人们去学习、掌握和遵循。在这样的情况下,思政课既要传授知识,又要传递价值观、树立理想信念,这就更加困难了。

总之,一个人的信仰或理想信念的形成和确立是一个复杂的过程,也是一个系统工程,其中包含着多种因素的影响,是一个人长期生活、学习和工作的结果。虽然思政课能够在青少年的价值观和理想信念形成中起到重要的引领作用,但是我们要明白:青少年特别是大学生世界观、人生观、价值观的确立,科学而崇高的理想信念的形成,绝不是几门思政课能够包打天下的。如果把这一重大任务都交给思政课去完成,那是它无法承受的繁重任务。

三、思政课的难度给我们的启示

把思政课固有的难度摆出来、讲清楚,并不是为了自宽自解和自我辩护,更不是要知难而退,而是要下定决心、坚定信心、多想办法,一定要把思政课办好、讲好。

首先,各级领导对思政课建设、特别是思政课教学的重视支持要一以贯之。从上述分析可以看到,思政课的教育教学天然具有很大的难度。这是其他专业课程所不能简单相比的。它的特殊重要性是和它特有的困难性联系在一起的。只有真正认识到这类课程的难度,才能真正去重视它、支持它。党和国家对思政课建设的高度重视和大力支持,是因为它的极端重要性,因为它在国家人才培养特别是大学生正确三观塑造中具有不可替代的重要作用;同时,也是因为思政课本身特有的难度超出了许多人的想象和认识,而且思政课在许多学校课程生态中处于弱势地位,思政课教师在工作环境和个人发展上处于边缘地位,迫切需要党和国家的扶持。如果思政课本身很强势,不用国家特殊扶持就能在高校生态中占据应有的重要位置;如果思政课教学本身相对简单,能够比较容易地取得好的教学效果,那么它就不再这么需要党和国家的大力支持了。正是思政课的极端重要性和相对脆弱性,思政课教学的极端重要性与它的天然难度,才使思政课形势显得如此严峻。因此,为了提高思政课的教学效果,必须一以贯之地高度重视思政课建设,特别是重视和支持思政课教育教学。

其次,社会对于思政课教师的工作要有深刻认知和正确评价。任何工作都不容易,但思政课教师尤为不易。社会公众要深刻理解思政课的重要性和特有的教学难处,深刻认识思政课教师作出的牺牲和奉献。长期以来,他们的工作难度不为人们所知。社会上也有人对思政课教师缺乏应有的了解和认同。只有社会上的人们对思政课和思政课教师多一分理解,才能为思政课教学营造更好的社会氛围。

再次,教育主管部门和学校在制定思政课教学目标和效果评价的标准时要更加实事求是。由于思政课在政治上的特殊重要性、党和国家对思政课建设的高度重视,近年来思政课教学有明显的进步和提高,人们对其进一步的效果有着很高的期望。这当然是应该的,符合政治上的要求,也是一种必要的督促和鞭策。这一点在教育教学的目标要求上得到集中的体现。党和国家相关文件中有许多表述，都是很高的要求，比如培养社会主义合格建设者和可靠接班人，使学生树立正确的世界观、人生观、价值观，成为中国特色社会主义的信仰者、践行者，等等。特别是要求思政课成为学生们"终身受益，毕生难忘"的课程。这些高要求当然是正当的，特别是从政治上看是必须的，为我们的教育教学提供了正确方向和最高目标，但是追求和实现这样的目标是一个长期的过程，在一定时期的具体教学过程中，不宜简单直接地套用这种最高级的标准去衡量和要求思政课的当下效果。如果把思政课教学看得很容易，轻易地用一些超高的目标当作现下的标准去衡量课堂效果，就很容易使思政课教师们成为失败者。因此，无论是制定思政课教学的目标要求，还是测评思政课教学的效果，都要从实际出发，实事求是。

最后，思政课教师要知难而进、不断提升教学效果。把思政课教学难度估计足，并不是要浇冷水，更不是放弃自己的责任和追求，而是要真正地增强信心，把工作做好。事业的追求并不是一帆风顺的，而且往往是逆水行舟，逆风飞扬。这一点在思政课教学中得到突出体现。正因为有难度，我们才要下大决心去做；正因为有难度，我们才要多从自身做起，提高教学水平。我们不能指望课程本身难度会自行消失，要迎接挑战，不断克服困难，夺取成功和胜利。事实上，只要我们真正下大决心和力量去建设思政课，去提高教学水平，就一定能不断提高教学效果。近年来的努力和取得的成效已经证明了这一点。悲观论者是错误的，因为只要我们实事求是地考察和评估实际的思政课教学工作，就一定会发现教学效果在变好，而且能够越来越好。

四、有信心有能力把思政课讲得更好

2019年3月18日，我有幸参加了习近平总书记主持的学校思想政治理论课教师座谈会，聆听总书记的重要讲话，深切感受党中央对思政课的高度重视和对思政课教师的亲切关怀，受到很大教育和鼓舞。作为新时代的思政课教师，我们有信心、有能力把思政课讲得越来越好。

思政课是落实立德树人根本任务的关键课程，对培养担当民族复兴大任的时代新人，培养德智体美劳全面发展的社会主义建设者和接班人有着不可替代的重要作用。习近平总书记强调指出：我们办中国特色社会主义教育，就是要理直气壮开好思政课，用新时代中国特色社会主义思想铸魂育人，引导学生增强中国特色社会主义道路自信、理论自信、制度自信、文化自信，厚植爱国主义情怀，把爱国情、强国志、报国行自觉融入坚持和发展中国特色社会主义事业、建设社会主义现代化强国、实现中华民族伟大复兴的奋斗之中。党和国家对思政课的高度重视，特别是习近平总书记的重要讲话精神，为我们进一步讲好思政课坚定了信念、指明了方向。

我们国家的迅猛发展，中国特色社会主义事业的繁荣昌盛，为我们讲好思政课提供了坚实的现实支撑。新中国成立七十多年来，特别是改革开放四十多年来，我们在党的领导下，把我国从一个贫穷落后农业国家发展成为一个中等发达的现代化国家。改革开放为我国发展注入强大动力，社会面貌发生了巨大变化。我国经济迅猛发展，已经成为世界第二大经济体；科技飞速进步，一些领域处在国际前列；人民生活明显改善，全面小康

已经建成;国家实力整体提升,国际影响力大幅度提高。所有这一切,都改变着人们的心态,影响着人们的思想。使思政课教学有了强有力的实际支撑。与改革开放之初相比,中国人更加自信,思政课教师更加自信,学生们对我们道路和制度正确性的认同越来越强。

现在的大学生都是出生在改革开放的年代,成长在中国富起来、强起来的过程中,他们是对国家有自豪感的一代人,是可爱可信的年轻人。我们对他们这一代人有信心,也就是对我们的思政课有信心。他们虽然有自己的个性和特点,喜爱感性的生活化的东西,对理论性、政治性的东西有一定陌生感,但对思政课并不天然排斥。他们也愿意了解马克思主义,了解中国特色社会主义,希望教师们提供人生的指导和经验。只要讲得好,他们是喜爱和认同思政课的。许多教师都有这样的体会,当我们把抽象的理论用形象化的形式展现出来时,他们是很有参与意识和认同感的。决不能因为个别学生或个别现象,而对年轻一代失去信心。只要我们对学生有信心,学生对教师有信心,思政课就有希望讲好。

近年来,思政课教学围绕更加贴近学生的特点和需要,而对教学方式做了很大的改进。有的采用专题式教学,有的采用互动式教学,有的采用实践性教学等,而大多数教师们都采用了多媒体教学的方式。多媒体教学,用PPT等教学手段,将图像和视频运用于教学,改变了课堂内容的呈现方式,活跃了课堂氛围,受到同学们的喜爱。特别是年轻的思政课教师,精通多媒体和网络技术,擅长与学生互动,用多种个性化的方式,调动起学生参与的热情,获得了很好的效果。现在,在全国高校中,已经涌现出多种多样的教学方式。尽管这些还都处在探索过程中,但这种百花齐放的探索,本身就体现了思政课的新气象。完全可以相信,经过一个时期的探索,一定能形成一些比较完善有用的教学方式方法。

思政课教学不仅需要形式创新,更需要内容的深化和学理的支撑。而马克思主义理论学科的设立和发展,学术研究和学科建设的推进,为改进思政课教学,特别是攻克教学难点,起到了学科支撑和学理支持的作用。思政教师根据教学需要,围绕教学重点和难点开展科学研究,研究上的进展有效地辅助了教学。比如树立马克思主义科学信仰,既是一个教学重点,又是一个教学难点。我在这个问题上长期进行深入思考和研究,取得了较丰富的研究成果。比如,我概括出马克思主义信仰的五大优势:它是具有漫长信仰前史的历史性信仰,因而具有巨大的传统力量;它是具有深层潜意识支撑的精神性信仰,因而具有强大的心理力量;它是具有坚实理论论证的科学性信仰,因而具有强大的真理力量;它是具有深厚群众基础的人民性信仰,因而具有强大的道义力量;它是具有强烈的现实追求的实践性信仰,因而具有强大的行动力量。并用考古学、生物学、心理学等多学科知识对这五个优势加以阐述,得到了相当好的教学效果。这就说明,再困难的理论问题,只要经过深入的研究,就可以讲解得比过去更加深入和透彻,从而提高了理论的说服力。

学术研究之所以能够展现理论的魅力,是因为马克思主义理论本身就有魅力;之所以能够提升理论的说服力,是因为马克思主义本身就具有说服力。对马克思主义的真理性和说服力有信心,才能对思政课有信心。马克思、恩格斯是伟大的思想家,一流的学者,他们在继承前人的基础上,创立马克思主义这一崭新世界观,犹如壮丽的日出,照亮了人类探索历史规律和寻求自身解放的道路。列宁、毛泽东等后世的马克思主义者,进一步发展了马克思主义。特别是中国特色社会主义理论,把马克思主义基本原理与当代中国实际和时代特征相结合,展现出非凡的理论魅力和现实指导力。这样的思想和理论是经过实践检验的科学真理,具有真理的魅力。当然,由于马克思主义理论博大精深,由于社会生活发生了变化,并继续发生着变化,现在的大学生接受马克思主义,树立起科学的世界观、人生观和价值观,还有一个努力学习的过程。而高校思政课,就是要承担起科学阐释马克思主义,展现科学理论魅力的责任。

思政课教学需要的不只是教师的理论水平和教学能力,更是教师的坚定信仰和美好心灵。习近平总书记指出:要让有信仰的人教信仰。这就清楚地表明,为了让当代大学生树立马克思主义的科学信仰,思政课教师自身必须有马克思主义信仰。亲其师,才能信其道。在这里,真理的魅力是与人格的魅力结合在一起的。而坚定的信仰是人格魅力的核心内容。教师有了科学信仰,他们在讲授马克思主义时,才能向学生们传递信心,学生也在教师身上见证科学信仰的价值和力量。相反,如果连教师本人都不相信马克思主义,怎么能说服学生去相信呢?马克思主义是科学的信仰,能够树立起这样的信仰并不容易,要把信仰建立在科学和规律的基础上。广大思政课教师,都受过马克思主义理论教育,相信马克思主义及其中国化、时代化理论成果的科学性,并身体力行马克思主义信仰,发挥了感召力量。坚定马克思主义信仰是与坚定讲好思政课的信心联在一起的。

思政课教师不仅要有马克思主义科学信仰,而且要有新时代的精神状态。新时代的昂扬精神和豪迈气概,使思政课具有了新时代的精气神,展现出生机勃勃的活力。新时代是我国强起来的时代，是我们走向中华民族伟大复兴的时代，具有昂扬奋进的时代精神，要求我们具有坚定、自信、奋斗、担当的精神状态。由于多种原因，有的思政课教师还没有焕发出这种新时代的精神，表现出一定的倦怠、无奈、不够自信的情绪，这是不符合时代要求的。如果没有振奋的精神状态，即使满腹经纶，精通教学艺术，也未必能取得好的教学效果。我有意识在调整自己的精神状态，用新时代的奋进精神来武装自己，因而时时能够感到一种内在的力量，推动着我去奋斗。我周围的思政课教师们，也都是以这样饱满的热情、抖擞的精神，走进思政课堂。只要有了这样的精神状态，思政课教师就一定能够把氛围带动起来，把学生的热情激发出来。

我们对思政课的信心和能力，是建立在对思政课教育教学规律的深刻把握基础上的。思政课有其自身的教学规律，遵循规律就一定能够取得好的效果。多年来，特别是党的十八大以来，从广大思政课教师到各部门的领导同志，都在认真积累和总结思政课教学的经验，并在总结基本经验中把握规律。这些规律性的认识，习近平总书记在学校思想政治理论课教师座谈会讲话精神中得到了概括。特别是关于坚持"八个统一"的论述，集中体现了多年来我们在思政课教育教学中得到的规律性认识。深刻理解和领会这八个统一，把这些深刻的规律性认识具体化，运用到教育教学的实践中去，就一定能极大地促进思政课教学的创新和发展。

生逢伟大的时代，思政课教师肩负着历史的责任。我们一定不辜负党和人民的重托，不辜负习近平总书记的谆谆教诲和殷切期望，进一步坚定信念、提高本领，把思政课教得越来越好。

第五章

思政课教育教学的"八个统一"

习近平总书记在学校思想政治理论课教师座谈会上，对思政课建设做了全面论述和部署，特别是对如何办好新时代思政课做了集中阐述。他指出，推动思想政治理论课改革创新，要不断增强思政课的思想性、理论性和亲和力、针对性，坚持政治性和学理性相统一，坚持价值性和知识性相统一，坚持建设性和批判性相统一，坚持理论性和实践性相统一，坚持统一性和多样性相统一，坚持主导性和主体性相统一，坚持灌输性和启发性相统一，坚持显性教育和隐性教育相统一。①这"八个统一"表述完整、内涵丰富、意义重大，需要我们从理论上加以全面分析和把握。

---

① 习近平：《在学校思想政治理论课教师座谈会上的讲话》，《人民日报》，2019年3月19日。

一、"八个统一"的定位与意义

"八个统一"的提出，具有深厚的文化底蕴和坚实的实践基础，具有突出的理论创新价值和重要的现实指导意义。

首先，"八个统一"是思政课教育教学实践经验的系统总结。"八个统一"具有形式上的完整性，是一种比较完美的理论建构，但它不是一种纯理论的推演和建构，而是来源于思政课教育教学的实践经验，因而具有坚实的实践基础。思政课教育教学是一种重要的实践活动，在我国高校存在已经有一个长期的历史过程，积累了丰富的实践经验。新中国成立以来，通过对高等教育的改造，许多高校设立了相应的思政课。特别是改革开放以来，我国高校逐步形成了完整的思政课课程体系和教学体系。1998年形成了"98"课程方案，到2005年又在思政课改革中形成了"05"方案。"05"方案的实施是一个大规模推进的过程，从领导机关和领导同志到广大思政课教师，以巨大的热情推进思政课建设各项工作。从那时以来已经过去了十几年，这是思政课建设特别是教育教学经验形成、积累的黄金时期。到今天，可以说在思政课建设特别是教学中，已经积累起十分丰富的经验。这些经验来源于实践，是十分宝贵的资源，但它还是零散的东西，许多带有教育者个人的主观成分。因此，对这些形成和积累起来的实践经验,还需要进行梳理和总结,找出共同的东西,形成基本经验。"八个统一"是对思政课教育教学实践经验的系统性概括, 可以说是思政课教育教学的基本经验。

其次,"八个统一"是思政课教育教学规律的集中表述。"八个统一"不仅是思政课教育教学的基本经验,而且是这些经验的理论升华,揭示了思政课教育教学的规律性,是一种系统的规律性认识,某种意义上甚至可以看作是思政课教育教学的基本规律。不论自然规律还是社会规律,都具有客观性、必然性和重复性,是事物本质层面的内在联系。"八个统一"体现的是思政课教育教学中的八对重大关系,它们不是现象层面的关系,而是本质层面的关系;它们是客观存在的关系,不是主观臆造的关系;它们是具有必然性的关系,而不是偶然性的关系;它们在思政课教育教学中是反复出现的关系,而不是偶尔遇到的关系。找出这八对关系,并揭示每一对关系的内在联系,就是找到并揭示了思政课教育教学的规律。可以说,"八个统一"的提出,具有思想政治教育理论的创新价值,是思政课教育教学研究的重大创新。值得注意的是,如果说在自然科学领域中,规律往往表述为一定的公式,那么在人的活动领域中,规律则往往表述为两个矛盾方面的辩证统一。这表明,在人文社会领域中,规律更具有复杂性,并不是单一单向的,往往是包括矛盾的两个方面,并体现矛盾双方的对立统一。这可以说是对立统一规律在思政课教育教学中的体现。

再次,"八个统一"是新时代思政课创新发展的科学指针。党的十八大以来,中国特色社会主义进入新时代。随着新时代的到来,高校马克思主义学院建设、马克思主义理论学科建设、思想政治理论课建设的速度和节奏都明显加快了。特别是党的二十大的召开,使党和国家各项事业站在了新的历史起点上。在这样的历史时刻,高校思政课建设不能满足于以往取得的成就,必须面对新时代的实际和要求,把教育教学提到更高水平。习近平总书记在学校思想政治理论课教师座谈会上的重要讲话,特别是关于"八个统一"的论述,为我们抓好思政课建设和搞好思政课教学,提供了理论依据和实践指导。可以说,"八个统一"是我们在新时代推进思政课建设和教育教学的科学指针和基本原则,其中蕴含着强大的精神能量,具有直接而管用的指导价值。我们要深刻认识"八个统一"的理论意义和实践价值,将其运用于我们实际的教育教学活动,充分发挥其理论和实践的指导作用,把思政课办得越来越好。

最后,"八个统一"不仅适用于思政课教育教学,而且适用于党的全部思想政治教育和意识形态工作。"八个统一"虽然是针对思政课提出来的,但它的内容和意义并不限于思政课。从其产生来源和过程看,不仅是在思政课教育教学经验的基础上,而且是在党和国家意识形态工作长期以来所积累起来的经验和规律性认识基础上形成起来的。比如,理论与实践的统一是党的思想理论工作的重要原则,是历来就十分强调的。统一性与多样性的统一,是我国思想文化领域和意识形态建设中的一个重要原则。坚持教师的主体性和学生主体性,是教育学领域中的重要观点。显性教育与隐性教育相统一,则是思想政治教育领域中近年来取得的成果。所有这些经验和成果,在思政课领域中得到汇聚并形成完整的"八个统一"。这"八个统一"不仅仅适应于思政课教育教学,还适应于党和国家全部的思想政治教育和意识形态工作,可以说是党和国家思想政治教育和意识形态工作的指导方针和重要原则。

二、把握"八个统一"的视角与方法

"八个统一"言简意赅，内涵深刻。我们怎样才能更好地理解和把握其科学内涵呢？这里有一个观察视角和认识方法的问题。

首先，要从整体上把握。习近平总书记提出的"八个统一"具有系统性，是一个完整的整体。一方面，它的内容十分丰富，分别表现为八个不同的方面；另一方面，这八个方面又构成一个有机整体。整体性是"八个统一"的题中应有之义，因为当我们讲"八个统一"的时候，已经是把习近平总书记分别讲的八个方面当作一个整体了。当其作为一个整体的时候，就具有了一种整体的质，它不是各个具体统一的简单相加，而是具有自身的整体性存在。从具体内容上来看，"八个统一"并不都是全新的东西，其中的一些具体的统一，比如"理论与实践的统一""统一与多样的统一"等都是早就提出过的，但是还没有被汇总到一起并构成一个整体。现在，它们从零散到整体，体现了认识前进的过程。而且，八个方面的统一在实践中是共同起作用的，具有整体性的功能和作用。如果我们认识不到它的整体性，不能从整体上来把握它的性质和功能，而是满足于把它们都打散而分别地加以考察，那就是认识上的倒退，也不可能取得实践上的全面进步。因此，我们要用整体性的方法去观察和研究"八个统一"。

其次，要从结构上把握。"八个统一"作为一个整体，并不是一个笼统的整体，而是有其自身内在结构的整体。只有认识了它的结构性，才能更好地把握住其整体性。因此，在把握了"八个统一"的整体性后，还必须努力把握它的结构性。八个方面的统一，并不是一个简单的罗列，相互之间也并不是一种外在的关系。正因为它是有合理的内在结构的，它才是完整的存在和有机的整体。对于"八个统一"的结构性，既可以从宏观上去把握，也可以从中观和微观上去把握。从宏观上看，八个方面的统一本身是一个逻辑结构，而且从第一个统一到最后一个统一，有一个逻辑推进的连续过程。从中观来看，前四个统一与后四个统一有比较显明的差异，因而可以看作是构成"八个统一"有机整体的两个大的部分，探讨这两个部分的关系，就是很重要的课题。从微观上看，每一个"统一"都有其内在的结构，需要我们深入到内部去加以考察。不论是哪个层次，都需要我们用结构与功能的方法去加以深入的考察，不能囫囵吞枣，大而化之。

再次，要从矛盾上把握。"八个统一"实际上是"八对矛盾"，每一个"统一"都呈现为一对矛盾。政治性与学理性是一对矛盾，价值性与知识性是一对矛盾，建设性与批判性是一对矛盾，理论性与实践性是一对矛盾，统一性与多样性、主导性与主体性、灌输性与启发性、显性教育与隐性教育都是典型的矛盾关系。思政课教育教学是一个系统工程，是一个矛盾的集合体，不只有一个方面的矛盾，而是具有多个方面的矛盾。至少可以说，思政课教育教学中的矛盾是一个八对矛盾组成的矛盾群。掌握了思政课教育教学中的这些矛盾，才能逐步解决这些矛盾。因此，要用矛盾分析的方法来辩证地把握每一对矛盾的关系。在这里就用得上许多辩证法术语，比如矛盾的统一性与斗争性，矛盾的主要方面与次要方面，坚持两点论、反对一点论等。这就表明，我们要用唯物辩证法的方法论来把握"八个统一"，特别是用矛盾分析的方法。

最后,要从属性上把握。从习近平总书记所列举的"八个统一"中可以看到,它们都是属于性质问题,比如"政治性""学理性"等。它们不是简单地讲"政治与学理"的关系,而是谈"政治性与学理性"的关系。这就涉及"实体与属性"的关系问题。如果一般地讲"政治与学理"的关系,那么"政治"和"学理"就是实体,是主体;但如果是讲"政治性与学理性"的关系,那么实体或主体就不是"政治"和"学理",而是"思政课",即讲的是思政课的政治性与学理性的关系。在这里"思政课"或"思政课教育教学"是实体,只是被忽略掉了。因此,"理论性与实践性的统一",也不能一般地从"理论与实践"的关系上去套用理解,而是必须围绕思政课的理论性与实践性来理解。我们要明白,任何一对矛盾方面的统一,讲的都是思政课教育教学自身的属性,都是为了让我们更好地认识和把握思政课的性质,因而都必须紧扣思政课来理解这八对关系和八个统一。因此,我们要运用实体和属性关系范畴,通过属性把握实体,用更注重具体性和针对性的方法来观察和研究"八个统一"。

三、"八个统一"的内涵与要求

"八个统一"具有丰富的思想内涵。这不仅因为它是由八个方面的关系所构成,还因为其中每一个方面的统一都具有特定的内涵。而把握每一个"统一"的内涵,是全面把握"八个统一"的整体内容的基础。因此,需要分别对每一个"统一"进行仔细的考察和分析。

在把握每一个"统一"的内涵时,要紧扣习近平总书记的表述,全面而精准地予以把握。这种分析,要注意三个不同的层次和侧重点:一是侧重于客观地讲述前者与后者的统一性,比如政治性和学理性,从哲学上讲它们作为矛盾的双方既是对立的,又是统一的。二是侧重"相统一","相"不是多余的,而是表明我们有意识地去实现双方的统一。因为从理论上讲政治性和学理性是有统一性,但在实际生活中切实实现二者的统一,则是需要我们去努力的。三是侧重于"坚持",强调我们要始终如一地努力去实现二者的统一。只有将这三个方面结合在一起,才能真正对每一个统一有全面的把握。

第一,坚持政治性和学理性相统一。思政课具有鲜明的政治属性,致力于培养社会主义建设者和接班人,是落实立德树人根本任务的关键课程。这是它的本质属性,如果失去了这个属性,就不称其为思政课了。因此,必须坚持思政课教育教学的政治性,不能有丝毫的动摇和含糊。但是讲政治也要讲道理,要以理服人,而不能以力服人,更不能以势压人。要以透彻的学理分析回应学生,以彻底的思想理论说服学生,用真理的强大力量引导学生。这既是由我们的政治本身所要求的,也是由我们的大学和大学生的特点所要求的。从政治本身来说,我们的政治体现的是人民的利益,是正义的道理。同时,大学是知识分子汇聚的地方,是讲理性和学理的地方。我们面对的大学生虽然还处在学习阶段,但已经有很强的理性思维能力,并注重学理的把握。因此,要坚持政治性,注重学理性,以政治来统领学理,以学理来阐释政治。

第二,坚持价值性和知识性相统一。思政课像任何课程一样,具有知识性。其教育内容主要以知识的形态呈现,同时其教学方式也往往表现为面向学生的知识传授。知识是人类认识世界取得的成果,是支撑文明的基石。知识本身具有价值,即求真的价值,科学性价值。因此,知识传授本身是有一定价值意义的,有助于培养人们的科学精神和社会成员对知识的尊重。思政课中有大量的知识,在教学过程中向学生传授这些知识是完全必要的。但是思政课与其他课程特别是专业课程有着重大区别,它主要不在于传授知识,而在于通过知识的传授来培养学生的价值观,在于帮助学生形成正确的世界观、人生观和价值观,树立科学的理想信念。如果说思政课既具有知识性又具有价值性,那么知识是载体,价值是目的。价值性是更为重要的,集中体现着思政课的性质。要寓价值引导于知识传授之中,通过发挥大学教育中知识传授的优势,实现当代大学生的正确价值观塑造。

第三,坚持建设性和批判性相统一。思政课既具有建设性,又具有批判性。所谓建设性,是指正面教育,站在党和国家立场上传导社会主义主流意识形态。改革开放以来,党鉴于"文化大革命"中所谓"大批判开路"的弊端,形成了"以正面宣传"为主的方针,着眼于主流意识形态的建设和发展,着眼于对广大人民群众的正面宣传和引领,不再搞以往的那种急风暴雨式的大批判斗争,是完全正确的。这对于引导社会舆论,维护社会稳定,营造宽松的干事创业的氛围,发挥了重要的作用。但是"正面宣传为主"和注重建设性并不是放弃意识形态斗争,并不是只讲建设而不讲批判。正面宣传如果不与反面批判相结合,就不能真正发挥正面宣传的主导性作用。其实,批判性是马克思主义的理论品格,是以马克思主义为指导的社会主义意识形态的本质属性,也是高校思想政治理论课的题中应有之义。必须直面各种错误观点和思潮,开展有理有据的理论批判,揭露其政治本质和理论错误。只有这样,才能更好地保障思政课正面教育的作用。

第四,坚持理论性和实践性相统一。理论与实践的统一是马克思主义的基本原理。这一原理贯彻和体现于党的思想理论和宣传教育工作之中,也体现在高校思想政治理论课教育教学之中。高校思政课既有理论性,又有实践性。所谓"理论性",是指思政课内容具有很强的理性属性,特别是马克思主义及其中国化、时代化理论成果作为思政课教学的核心内容有着突出的理论性。因此,思政课教育在一定意义上是一种理论教育,但不是说思政课只能单纯地讲理论,更不是空洞地就理论讲理论,而是必须贯彻党的理论联系实际的原则,高度重视教学内容和方式方法的实践性。一方面要注重理论与实践的对接,从理论与实际的统一中去讲授理论内容;另一方面要注重实践教学的方式方法,让学生走向社会,把思政小课堂同社会大课堂结合起来,教育引导学生立鸿鹄志,做奋斗者。

第五,坚持统一性和多样性相统一。在意识形态工作和思想政治教育中,我们长期以来坚持价值导向的一元性与价值取向的多样性相结合,注重统一思想与包容多样相统一。高校思政课同样具有统一性和多样性,这不仅体现在教学内容上,而且体现于教育教学的多个环节上。习近平总书记指出:"既要落实教学目标、课程设置、教材使用、教学管理等方面的统一要求,又因地制宜、因时制宜、因材施教。"[1]一方面,思政课是国家统一设置的课程,具有鲜明的政治性和主导性,因而必须坚持思政课程设置的规范性,教学目标与要求上的规定性,教材编写的权威性,以及教学管理

---

[1]　习近平:《在学校思想政治理论课教师座谈会上的讲话》,《人民日报》,2019年3月19日。

上的统一要求，这是保证思政课性质和要求的基本前提和保障。另一方面，又要充分考虑教育教学实施过程和方式方法的多样性。根据学生各个方面的特点和要求，以多样化的方式来实施教育教学，这是提高思政课教学针对性和实际效果的现实要求。思政课的重大难点之一，就是以最大的统一性来面对最大的多样性，因此如果不能把统一性和多样性有效结合起来，就很可能陷入众口难调的困境。因此，要允许并提倡广大教师对教育教学方式进行多样化的探索和创新，以满足不同学生的不同需要，切实提高教学实效性。

第六，坚持主导性和主体性相统一。思政课既具有教师的主导性，又具有学生的主体性。思政课是教师与学生互动的教学过程，教师是教学过程主导者，在教育教学中起着引导的作用；学生是教学过程的对象和意义所在，思政课的目的是提高学生的思想政治和道德素质，因而必须尊重学生的主体性。实际上，这里讲的是教育主客体的关系，即教育者与受教育者的关系。但并没有停留在传统的主客二分的认识上，而是吸取了双主体理念的合理因素，体现了教育主客体关系处理上的时代性。不论是教师的主导性，还是学生的主体性，都是主体性。同时，又没有陷入不分主次、没有区别的双主体陷阱，而是强调了教师的主导性。习近平总书记指出："思政课教学离不开教师的主导，同时要加大对学生的认知规律和接受特点的研究，发挥学生主体性作用。"①意思很清楚，就是要尊重学生的主体性，研究并遵循学生的认知规律和接受特点，更好地发挥教师的主导作用，提

---

① 习近平：《在学校思想政治理论课教师座谈会上的讲话》，《人民日报》，2019年3月19日。

高教学实效性。

第七，坚持灌输性和启发性相统一。所谓灌输性，是指思政课教育教学要有正面而系统的理论传授，向学生传授马克思主义基本理论和党的理论创新成果；而启发性，是指教师在教学过程中，要善于启发学生的思考，调动学生的学习积极性，使学生通过自己的思考得出正确的结论。这是"学"与"思"的关系，两个方面都是必要的，缺一不可。首先要肯定灌输的必要性，学生头脑中不可能自发地形成系统的科学理论，必须经过系统的学习才能形成。马克思主义理论博大精深，如果没有系统的传授，学生是难以在短时期内掌握的。不仅思政课如此，其他课程也莫不如此。当然，在教学与学习过程中，较大信息量的传授和学习，不是轻而易举的，会给学生带来很大压力。如果有的老师不懂教学艺术，搞死记硬背和"填鸭式"硬灌，就会使学生感觉痛苦。所以，思政课教学要注重启发性教育，引导学生发现问题、分析问题、思考问题，在不断启发中让学生水到渠成得出结论。这样可以调动起他们的积极性，减轻了他们在知识学习上的压力，同时也有利于提高教育效果。

第八，坚持显性教育和隐性教育相统一。我建议将之调整为"坚持显教性与隐教性相统一"。这样，一方面形式上与前面的七个统一更加一致，使"八个统一"在表述上更加完满；另一方面又没有改变原意和文字风格。思政课教育教学长期以来主要是一种显性教育，因为它本身是公开的、正式的课程，教学方式也是正规的课堂教学方式，既具有实践教学等方式，也具有明确的思政教育特点。对思政课来说，显性教育无疑是重要的，不能否认的，这是与党的思想政治教育"旗帜鲜明"的原则相适应的。我们讲思政课理直气壮,没有必要躲躲闪闪,更不能吞吞吐吐。同时,我们要认识到,思政课教育教学也具有一定的隐教性,要高度重视隐性教育的作用,并使其与显性教育相配合。隐性教育有其独特的长处,可以减少学生的逆反心理,使学生在不知不觉中受到教育。为此,就要挖掘其他课程和教学方式中蕴含的思政治教育资源,实现全员全程全方位育人。特别是要发挥其他专业课程在育人中的作用,将思想品德教育渗透在各门课程中,体现于校园文化及其他教育环节中,最终形成高校育人的合力。

上述八个方面的统一,每一个都具有十分丰富的内容,都可以进行更加系统的、深入的发掘和阐释。同时,"八个统一"排列在一起,形成一个完整的论述和理论,考察"八个统一"之间的联系,也是把握"八个统一"科学内涵的需要。

四、"八个统一"的关联与结构

习近平总书记讲的八个方面的统一,并不是随意的排列,而是有其固定的顺序。这种顺序体现着一种基本的逻辑结构,并在动态上呈现出一种大致的逻辑演进。我们既可以从宏观和微观两个层次的结合中把握"八个统一"的内在结构或内在联系,也可以从静态与动态两种状态的结合中把握"八个统一"的内在关系。我认为,还应该把层次考察与状态考察结合起来。

首先,"八个统一"从宏观上可以划分为两组。前四条一组,后四条一组。前一组,即坚持政治性和学理性相统一、坚持价值性和知识性相统一、坚持建设性和批判性相统一、坚持理论性和实践性相统一,总体上说更为基本和宏观，带有定性的特点，更多地是围绕思政课的基本性质来展开的;后一组,即坚持统一性和多样性相统一、坚持主导性和主体性相统一、坚持灌输性和启发性相统一、坚持显教性和隐教性相统一,总体上说更为具体和微观，带有过程性特点，更多地是围绕教育教学的途径方法展开的。简单地说,前者更侧重于是什么,后者更侧重于怎样做。由此可见,"八个统一"既有性质上的规定性,也有过程上的操作性。当然,这一划分只具有相对的意义,不应过分夸大。

其次,"八个统一"从中观上可以划分为四组,每两个统一为一组。第一组是"政治性与学理性相统一""价值性与知识性相统一",它们紧密承接,因为"政治性"与"价值性","学理性"与"知识性",都是紧密联系的。这两个统一主要是围绕思政课的性质或本质而展开的。不论是"政治性"还是"价值性",都是在强调性质或本质。第二组是"建设性与批判性相统一""理论性与实践性相统一",强调的是思政课的特征或品格。第三组是"统一性和多样性相统一""主导性与主体性相统一",着重讲的是思政课教育教学的过程或途径。第四组是"灌输性与启发性相统一""显教性与隐教性相统一",都是强调思政课教育教学的方式或方法。这样,从性质到特征,再到途径,最后到方法,是一个比较清晰的逻辑演进历程。

最后,"八个统一"从微观上可以区分为八对矛盾。从微观上说,每一个"统一"内部都有其结构,即前项与后项之间的关系。用矛盾的观点来说,就是矛盾的两个方面之间的关系。矛盾双方既对立又统一,共存于一个统一体中,相互依存,又相互转化。这都可以说是一种结构关系,也可以说是一种动态变化。把握这种关系或结构,看似容易,其实困难。因为当微观结构展开的时候,我们就会发现它可能比宏观结构更为复杂,甚至深不见底。我们虽不必想得那么复杂,但至少也要关注到两个问题。第一个问题是:在双方的一般关系中,前者是矛盾的主要方面,是教育教学工作必须始终坚持的工作重点。比如,在第一对矛盾中,政治性是矛盾主要方面;在第二对矛盾中,价值性是矛盾主要方面;在第三对矛盾中,建设性是矛盾主要方面;在第四对矛盾中,理论性是矛盾主要方面;在第五对矛盾中,统一性是矛盾主要方面;在第六对矛盾中,主导性是矛盾主要方面;在第七对矛盾中,灌输性是主要矛盾方面;在第八对矛盾中,显教性是矛盾主要方面。主要方面都排在第一位,它决定着矛盾的性质和方向。因此,我们不能将二者的位置加以颠倒,或随意地变动。第二个问题是:在双方一般关系的基础上,在当下的现实关系中,也就是说从实际的教育教学工作所面临的问题来说,后者又成为矛盾的主要方面。就是说,鉴于我们长期以来一直注重前一个矛盾方面,对后一方面关注不够充分。为了提升学生的学习兴趣和教学效果,就要把后一个方面作为工作重点,通过增强思政课教育教学的"学理性""知识性""批判性""实践性""多样性""主体性""启发性"和"隐教性",来增强教学亲和力和吸引力。这样看来,似乎前项是重点,后项也是重点,是相互矛盾的。其实不然,前项作为重点是战略层面的,后项作为重点则是战术层面的。正如毛泽东所阐述的社会主义建设十大关系一样,要求在以重工业为战略重点的前提下,按照"农业、轻工业、重工业"的顺序来发展经济一样。也就是说,首先是重工业优先,在此基础上是农业和轻工业优先。

　　总之,"八个统一"是一个内涵丰富、操作复杂的指导原则。把握它的丰富内涵，掌握它的运用技巧，都不是轻而易举的事情。因此，我们一方面要从理论上和学理上深入地分析和把握其科学内涵，另一方面要结合自身的教育教学实践，在工作中掌握运用的技能。这里既有理论，又有实践；既有科学，又有艺术；既有遵循，又有创造。因此，我们要从现在开始，要为真正掌握和运用好"八个统一"而长期不懈地努力。

第六章

思政课教育教学的问题意识

问题意识是积极发现有价值的问题并通过有效方法解决的自觉意识。习近平总书记在学校思想政治理论课教师座谈会上指出："学生的疑惑就是思政课要讲清楚的重点"[1]，明确要求思政课教学要具备问题意识、坚持问题导向。思政课教学的问题意识，是打破以知识灌输为主的教学痼疾，积极发现并提出有意义的真问题，运用马克思主义立场、观点、方法来分析和解决问题的主体性意识。理直气壮讲好思政课，重在紧抓思政课要解决的核心问题，把学生关注的、有困惑的问题讲清楚、讲透彻，从而把握好思政课教学的问题导向、价值旨趣和建设方向。

---

[1] 习近平：《思政课是落实立德树人根本任务的关键课程》，人民出版社，2020年，第15页。

一、坚持问题导向是马克思主义的题中应有之义

古往今来,问题意识始终是人类求索与创新的源动力。马克思说:"问题是时代的格言,是表现时代自己内心状态的最实际的呼声。"①我们强调问题意识,就是坚持以时代的问题作为我们思考、研究与行动的逻辑起点。马克思主义是关于无产阶级和人类解放的学说,发轫于鲜明的问题意识,其传承与发展也历来是以问题为中心展开的。

(一)坚持问题导向是马克思主义鲜明的理论品格

坚持问题导向、关注社会现实、探求历史规律,是马克思主义的理论品格。马克思、恩格斯针对19世纪欧洲资本主义发展的现实状况,展开了科学而透彻的分析与批判,创立了富有问题意识和批判精神的马克思主义。深入把握和理解马克思主义,不仅要掌握马克思主义的具体内容,更要紧紧抓住"马克思主义究竟要解决什么问题"这一核心。恩格斯《在马克思墓前的讲话》中,明确指出马克思主义是"以这种或那种方式参加推翻资本主义社会及其所建立的国家设施的事业,参加现代无产阶级的解放

---

① 《马克思恩格斯全集》(第1卷),人民出版社,1995年,第203页。

事业"①,也只有从这一核心定位入手,才能从"根"上理解什么是马克思主义,进而把握马克思主义的批判本性、理论特质和发展方向。马克思主义自诞生之日起,就以批判资本主义社会、寻求无产阶级解放道路为根本旨趣,马克思主义的全部工作就是提出、把握、分析和解决人类解放途中的重大问题。

坚持强烈的问题导向是镌刻在马克思主义血脉中的鲜活基因,拥有鲜明的问题意识,也是中国共产党坚持和发展马克思主义的重要法宝。毛泽东曾在《反对本本主义》一文中明确提出了有效运用马克思主义来解决实际问题的重要性:"我们说马克思主义是对的,决不是因为马克思这个人是什么'先哲',而是因为他的理论,在我们的实践中,在我们的斗争中,证明了是对的。我们的斗争需要马克思主义。"②在毛泽东看来,如果不能从中国的具体国情出发去理解和解读经典文本,就很容易产生对马克思主义的种种教条化的误解,甚至走向否定和叛离。对中国共产党人而言,比熟读经典文本更重要的是按照这些文本蕴含的基本立场、观点和方法去观照中国革命实际,并对中国问题作出正确解释。

揭露和改变当代人生存与发展的困境,实现社会的和谐有序发展是当代马克思主义根本性的问题意识。时至今日,马克思主义依然没有过时,这是因为马克思主义所提出和要解决的问题没有发生根本性的变化,资本所具有的增殖目的和内生逻辑没有改变,仍然以实现资本的高速积累和全球性扩张为基本取向。马克思主义本质上又是通过批判资本主义

---

① 《马克思恩格斯文集》(第三卷),人民出版社,2009 年,第 602 页。

② 《毛泽东选集》(第一卷),人民出版社,1991 年,第 111 页。

来寻求人的解放,所以当今人类依然处于马克思的问题域之中,也依然生活在马克思所指明的历史时代。

(二)坚持问题导向是讲好新时代思政课的本质要求

思政课是马克思主义理论教育的主渠道,是落实立德树人根本任务的关键课程。坚持新时代思政课教学的问题导向,就是要强化时代站位,秉持强烈的现实关怀,以敏锐的洞察力和高度的概括力去审度和回答新时代的一系列重大问题,针对学生的疑惑作出饱含学理性的解析、富有信服力的回应。习近平总书记在学校思想政治理论课教师座谈会上强调:在当前形势下办好思政课,要放在世界百年未有之大变局、党和事业发展全局中去看待;要从坚持和发展中国特色社会主义、建设社会主义现代化强国、实现中华民族伟大复兴的高度来对待。学校不是象牙塔、桃花源,而是意识形态工作的前沿阵地,是形形色色理论与思潮"厮杀的战场",因此学校思政课面临的使命和任务空前艰巨。

问题意识的萌生,源自对问题的精准捕捉。尽管目前思政课取得了显著的教学成效,但我们依然要对现存的若干问题保持清醒而深刻的认识,比如部分教师教书育人意识和能力有待提高,课堂仍以直接传授马克思主义的抽象概念和现成结论为主,从某种程度上说遮蔽了问题意识,导致学生难以跳脱出"背会了一千条答案,却不知问题为何"的窘境等。因此,新时代的思政课教学必须通过不断提升问题意识、强化问题导向,教会学生理解和掌握马克思主义的基本立场、观点和方法,进而形成观察当代世界与当代中国的科学视角,并在运用马克思主义分析问题的过程中树立正确的世界观、人生观和价值观。

二、思政课教学应直面学生思想困惑

直面学生的思想困惑是思政课教学坚持问题导向的直接体现，要对学生关心和困惑的问题进行分类剖析，逐一解答。习近平总书记指出："学生关注的、有疑惑的问题其实也就几大类，要把这些问题掰开了、揉碎了，深入研究解答，把事实和道理一条条讲清楚。"①思政课教师应聚焦学生关注和疑惑的问题，乐于探索学生的思想风暴与心灵图景，善于以彻底的理论解答学生思想之惑，以磅礴的真理力量引领学生的崇高信仰。

（一）善于察觉、及时回应

我们每个人每天都可能产生这样那样的困惑，但"思想困惑"往往并不是一日两日生成、短期内可以消弭的，而是长时间思考未果后淤积在内心中的思想"心结"。年轻学子的思想"心结"，既可能是"人之为人"的大问题，也可能是对日常生活展开追问的具体的、平实的、切己的小问题，但最根本的还是理想信念问题。什么才是"打开世界的正确方式"？什么才是理解世界、把握人生最可靠的入口？这是令多数学生都困惑不已的问题。

对待学生的种种思想困惑，需要思政课教师有穿透层层表象、准确洞察问题、及时"搭救"学生心灵的能力。对此，教师必须勇于直面学生真实的疑惑与困顿，使得师生之间彼此坦诚、彼此接纳。与之相反的是，一些思

---

① 习近平：《思政课是落实立德树人根本任务的关键课程》，人民出版社，2020年，第 20 页。

政课教师"既怕学生课上沉默,又怕学生课下提问",对学生现实的困惑视而不见、闻而不应,回答问题或敷衍塞责,或简略空疏,长此以往师生关系容易形成隔膜、趋向淡漠。思政课教师面对的学生数量多难以顾及周全、师生之间人生经验的异质性等固然是一方面的原因,但更重要的原因是教师对学生缺乏观察了解和思想沟通。思政课教师要听到学生的真实声音,进而在真实的交流中,促成他们坦然面对自我成长中的思想困惑,真正达成师生之间的有效对话。思政课教师在解答学生困惑的过程中,应当渗透到学生问题的全部,将之掰开揉碎,抓住主干问题,将旁支问题或相似问题进行分类合并,阐释清楚问题的来龙去脉,并给予清晰可靠的意见与建议。

(二)经受追问、见问则喜

习近平总书记要求思政课教师在经受追问中展现理论的彻底性,"马克思主义理论就是彻底的理论。思政课教师所讲的理论、观点、结论要经得起学生各种'为什么'的追问,这样效果才能好"[1]。一般而言,在课堂上学生主动讲出困惑,教师给予解释、点拨或升华,是最常见的解疑释惑的方式。但也要承认,学生群体尤其是大学生都具备一定的反思能力,有时候他们对教师给出的答案不会一股脑儿全盘接受,也不是所有教师的每次解惑都能令学生全然信服,这就需要思政课教师能够经得起追问、赢得了论辩,在"你来我往"的对话中逐渐消解学生的疑惑。与此同时,习近平

---

① 习近平:《思政课是落实立德树人根本任务的关键课程》,人民出版社,2020年,第18页。

　　总书记还要求思政课教师练就"不怕问、怕不问、见问则喜的真本领"①,这不仅需要思政课教师有扎实的专业功底,更需要有传道情怀,也即"对马克思主义理论教育事业投入真情实感,对思政课教育教学有执着追求"②。这种执着追求的体现之一就是发自内心地以解疑释惑为喜、以学生成长进步为乐,对立德树人有种抑制不住的渴望与真诚,而不是一和学生接触就厌倦、一遇到学生提问就发怵。有学者提出"课堂五重境界"之说:沉默、回答、对话、质疑、论辩。③照本宣科的思政课,多半停留在教师自说自话、学生沉默不语的地步;高质量的思政课需要在师生互动交流的基础上有质疑、有论辩。

　　习近平总书记一针见血地指出:"真理从来是在诘问和辩难中发展起来的,如果一问就问倒了,那就说明所讲的不是真理或者自己还没有掌握真理。"④因此,优秀的思政课教师是敢于接招、勇于论辩且能凭借真理的力量赢得论辩的,这样才能使学生真心信服。应当注意的是,"赢"并不是论辩的唯一目的,过于追求学理性也并不是思政课的目标,思政课教师要在回应追问、开展论辩的过程中把握学理性与政治性、价值性之间的张力,最终是通过论辩让学生领悟真理何在、真理从何而来,进而达成一定的价值共识或政治认同。

　　①④　习近平:《思政课是落实立德树人根本任务的关键课程》,人民出版社,2020 年,第 20 页。

　　②　同上,第 13 页。

　　③　吴岩:《建设中国"金课"》,《中国大学教学》,2018 年第 12 期。

(三)挖掘潜在困惑、激活理论渴求

当青年学生的人生阅历和思想觉悟没有达到一定水平时，往往很难清晰发掘自己真实的内在困惑，也很难清楚表达自己真实的内在渴求。学生的潜在困惑往往是和日常生活、社会热点等问题密切相关的，但他们常常"沉沦"于日常事务、碎片阅读和表层现象，一时难以发现自身与周围世界潜隐的问题，这就需要思政课教师对这些问题有一定的预见性和敏感性，进而启迪学生的思想活力、激活学生的理论渴求。与此同时，思政课教师应当深刻认识到，道不远人、教育不离日用伦常，因此日常生活必然应当成为思政课教学重点关注的场域。思政课教师应力图融入学生群体与学生的思想"同频"、与学生的日常生活建立联结，进而挖掘他们的潜在困惑、激活理论渴求。例如，很多学生喜欢看电影，国产科幻大片《流浪地球》上映后，他们往往只是被其中科幻的魅力、特效的魔力所震撼，但一些思政课教师在看过之后就想起了恩格斯的《自然辩证法》，早在这部著作中恩格斯就预言了人类与宇宙的未来，恩格斯讲道："物质在其一切变化中仍永远是物质，它的任何一个属性任何时候都不会丧失，因此，物质虽然必将以铁的必然性在地球上再次毁灭物质的最高的精华——思维着的精神，但在另外的地方和另一个时候又一定会以同样的铁的必然性把它重新产生出来。"[1]恩格斯以一种彻底的唯物主义精神预测了包括人类精神、地球和太阳在内的整个宇宙的未来演变。这里启示我们，思政课教师需要带着专业的目光、理论的"滤镜"去看待艺术作品与日常生活，运用马克思

---

[1]　《马克思恩格斯选集》(第三卷)，人民出版社，2012年，第864页。

主义经典作家提供的理论观点和思想方法，在生活中适时地展现出马克思主义的理论力量，而不要让广受学生瞩目的议题仅仅成为娱乐消费和过眼烟云。

三、不回避现实中的尖锐问题和重大问题

思政课具有意识形态属性，难免触碰到现实中的尖锐问题和重大问题，对此习近平总书记讲道："思政课上学生会提一些尖锐敏感的问题，往往涉及深层次理论和实践问题，把这些问题讲清楚讲透彻并不容易。"[①]思政课教师要想讲好这些问题，既要敏锐而富有前瞻性地捕捉到这些现实难题，也要时刻保持直面复杂问题的责任感和清醒意识，并引导学生对问题做出切中时弊、客观有效的判断。

（一）从容应对、迎难而上

不回避现实中的尖锐问题和重大问题，应成为思政课教学毋庸置疑的共识。所谓"尖锐问题"，是在众多问题当中最复杂、最敏感、最棘手的问题，往往触及现实问题的根本症结，甚至关系到国家制度与理论的根基等；所谓"重大问题"，则是对人类社会发展具有重大的、持久性影响的问题，其在现实与理论层面皆具有极其重要的意义。然而"有的教师怵于思

---

①　习近平：《思政课是落实立德树人根本任务的关键课程》，人民出版社，2020年，第11页。

政课的意识形态属性,担心祸从口出,总是绕开问题讲、避开难点讲"①,习近平总书记精准洞察到了思政课教学的"痛点"。的确,面对尖锐问题和重大问题,一些思政课教师经常采取回避或迂回掩饰的做法,即使偶尔涉及,语言也经常含混不清、模棱两可,缺少直面问题的从容和勇气。思政课教师回避尖锐问题和重大问题一般有这样几种理由:一是基于政治考量,思政课教师有着比其他学科教师更为坚定的政治立场,同时也具备更高的政治敏锐度,其中一些思政课教师瞻前顾后、拈轻怕重,唯恐触及敏感的"政治问题",担心把握不好讲授的分寸和尺度而"触碰底线",怕犯"政治错误";二是基于能力考量,担心自身理论素养不足以解释清楚其中复杂的内在机理,无法消除学生的疑惑。这些顾虑看似在一定程度上可以理解,但是深究起来并没有合理性。这是因为思政课教师的根本任务就是在解疑释惑中完成立德树人的使命,如果遇到尖锐问题就退缩、遇到重大问题就逃避,结果只能是加重了学生内心对这些问题的迷惑和困顿,同时也严重削弱了思政课教师的说服力和威信力。更糟糕的是,一些学生往往在"好奇心"的驱动下借助网络等途径探知"小道消息"来满足自己的好奇心,而网络上充斥着大量灰色地带与黑色地带的言论,纷繁复杂的信息流和价值多元的立场派别又会造成"乱花渐欲迷人眼"的局面,有的错误言论会误导学生产生价值冲突或精神迷失,甚至走上偏听偏信的歧路,后果贻害无穷。因此,在现实的尖锐问题和重大问题面前,思政课教师格外需

---

① 习近平:《思政课是落实立德树人根本任务的关键课程》,人民出版社,2020年,第16页。

要一种高屋建瓴的视野、坦荡豁达的气魄和明心见性的智慧,进而坦然应对、迎难而上。

(二)慎思明辨、以理服人

"遵守纪律,不意味着不能讲矛盾、碰问题","只要坚持正确政治方向,立足于引导学生坚定理想信念,全面客观看问题,就不用担心在政治上出问题"。[①]习近平总书记的这番话,给予了思政课教师充分的信任,也赋予了思政课教师敢讲矛盾、敢碰问题的强大信心和底气。事实上,越是面对尖锐问题和重大问题,越需要慎思明辨、以理服人。既不能因"遵守纪律"而缄默不言,也不能仅凭一腔孤勇而任意回应。真正的慎思明辨、以理服人,在态度上是认真诚恳的,而非主观的、专断的自说自话;在内容上是实事求是的,注重严肃的、深刻的学理剖析,而非"顾左右而言他"的躲闪。

首先,要实事求是,既要讲清楚中国特色社会主义实践的成绩,也要坦然承认存在的问题。习近平总书记明确告诉我们:"任何时代任何社会都会有各种问题存在,要教育引导学生正确看待、辩证认识、理性分析现实问题。"[②]因此,思政课教师要启迪学生的主人翁意识,既要对中国的未来发展充满信心,也要以建设性的态度应对现实问题、提出有效建议,不能只做"键盘侠"和"吐槽党"。

---

① 习近平:《思政课是落实立德树人根本任务的关键课程》,人民出版社,2020年,第16页。

② 同上,第19页。

其次，要拓宽视野，讲清楚中国特色与国际的比较。随着中国的不断开放，年轻人具备了一定的国际视野，"经常会把国外的事情同国内的情况联系起来"[①]，有些学生热衷于不顾国情的国际比较，甚至会认为"国外的月亮比较圆"。这时候就要引导学生客观地比较中西方的优势与劣势，既不封闭保守，也不崇洋媚外，立足中国特色、借鉴西方经验，在纵横比较中明辨大是大非、坚定理想信念。

最后，还应当意识到有些问题既是重大问题，又是尖锐问题，需要思政课教师长期关注与钻研、反复斟酌与推敲，做好充分的思想理论准备。例如，一些学生有这样的疑问：思政课是不是中国特色"洗脑课"？答案固然是否定的，但是彻底讲清楚思想教育与"洗脑"的区别并不简单，需要真正理解思想教育内容与形式、手段与目的等具体问题。思政课教师要态度坚定地讲清楚，所谓"洗脑"是从外部强行灌输一套虚假的观念给受教育者，带有强迫性、欺骗性和严重的危害性；而思想教育则不同，其教育内容是兼具科学性、道义性与信仰性的马克思主义真理，教育方式则是人性化的、平等多样的，总之二者有着本质上的重大差别，必须彻底廓清，绝不能混为一谈。

四、深入研究、深层解答重点难点问题

教学是立业之本，科研是强身之基。强化思政课教学的问题意识、提升思政课教师解决问题的能力，离不开深入研究和深层解答重点难点问

---

① 习近平：《思政课是落实立德树人根本任务的关键课程》，人民出版社，2020年，第15页。

题。习近平总书记强调:"教师是释疑解惑的,自己都疑惑重重,讲出来的东西不会是充分坚定、富有感染力的。"①以其昏昏,使人昭昭,要想有效回应学生的困惑,思政课教师应该做到学识扎实、胸有成竹。

(一)深入研究重点难点问题,实现问题意识与理论意识的互动

深入研究指的是把教学中遇到的重点难点问题凝练、提升为学术问题,运用马克思主义理论作审视与思考,形成问题研究的理论自觉,得出清晰合理的结论。思政课教师应当对思政课教学有着认真严谨、孜孜以求的研究态度,而非仅仅从事为少数学术同侪所认可的"知识生产";而如果没有对重点难点问题的深入研究,课程就容易成为飘荡无根的讲授,找不到坚实的思想和理论支撑,难以赢得学生信服。思政课教学的重点难点问题,往往又是重大的现实问题或理论问题,比如马克思主义的中国化、时代化、新时代中国特色社会主义的实践成就、学生关注的社会热点议题、思政课的实效性等。这些问题是思想政治理论的核心和前沿问题,往往也是问题最多、争议最大的地方,思政课教师应当将此作为深入研究的一个重要领域,在研究过程中要坚持问题导向、有的放矢。对于重点问题要深刻思索、多角度论证,对于难点问题要敢于迎难而上、集中攻破。

深入研究教学重点难点的前提是理论基础扎实,能够实现问题意识与理论意识的互动。如果理论意识匮乏、理论修养浅薄,研究问题就容易流于表面,突破重点难点就更是捉襟见肘了。读原著学原文悟原理是提升

---

① 习近平:《思政课是落实立德树人根本任务的关键课程》,人民出版社,2020年,第13页。

马克思主义理论水平的根本途径,更是思政课教师的"看家本领",需要潜心下大气力、下大功夫去系统地钻研。习近平总书记非常重视对经典著作的学习和钻研:"对马克思主义的学习和研究,不能采取浅尝辄止、蜻蜓点水的态度。有的人马克思主义经典著作没读几本,一知半解就哇啦哇啦发表意见,这是一种不负责任的态度,也有悖于科学精神。"①也就是说,读经典、悟原理绝不是一个口号、一句空话,而应当成为思政课教师的一种探本求源、返本开新的治学态度,也应当成为一种精神追求与生活习惯。如果没有这样一种态度和追求,思政课是很难做到"有理讲理"的;而如果没有理、不讲理,就无法吸引学生、说服学生、引领学生。例如,很多学生都熟知马克思的经典名言:"哲学家们只是用不同的方式解释世界,问题在于改变世界。"②只要我们深入一步思考,就容易产生这样的疑问:为什么以往哲学家们只是解释世界?难道他们不想改变世界吗?马克思主义致力于改变世界,是否就不注重解释世界呢?这个问题直接关系到马克思所实现的现代哲学革命,也关系到如何理解马克思主义哲学的实践特质。这就需要思政课教师逐条地、认真地去钻研《关于费尔巴哈的提纲》,从而真正建立起辩证唯物主义、历史唯物主义的世界观。

(二)深层解答重点难点问题,注重学术话语与教学话语的转换

深入研究是把问题想清楚,深层解答则是把道理讲明白。怎样才能把道理讲明白?习近平总书记指出:"实际上,有时候不一定讲得那么高大

---

① 习近平:《在哲学社会科学工作座谈会上的讲话》,人民出版社,2016年,第12页。
② 《马克思恩格斯文集》(第一卷),人民出版社,2009年,第502页。

全,从一个问题切入,把一个问题讲深,最后触类旁通,可以带动很多关联问题,有可能是一通百通,提纲挈领。"①习近平总书记的见解不仅深刻独到,而且具有很强的操作性,应当成为思政课教师深层解答重点难点问题的具体指南。首先,思政课的许多"大问题"都可以采取"小切口"导入,摒弃一开始就建构"宏大叙事"的讲法,而是尝试先从与学生密切相关的小事情、小问题讲起,拉近学生的心理距离、增强感性认知,逐步过渡到对社会和国家大局的理性关切和思考。其次,注重触类旁通、"牵一发而动全身"的教学效应。思想政治理论的重点难点问题,往往是相互联系、内在统一的,教师要引导学生从"一个问题"出发,举一反三、环环相扣,逐渐串联起对"所有问题"的深层观照与理解。

深入研究和深层解答不完全是一回事,二者的间距主要来源于学术话语与教学话语的转换。学生不仅希望听老师解答疑难问题,更希望老师能把问题中包含的道理讲得有逻辑、有趣味,而不是仅仅使用学术话语,将其变成抽象的名词和枯燥的条文。思政课教学话语,应当是贴近学生生活实际与思想实际的话语,因此思政课教师必须还要洞察、了解并进入学生的话语系统。如果细心观察,就会发现学生往往有"两套话语系统",在各种网络社群或同辈群体中,他们总能熟练使用各式网络词汇且彼此心领神会,且他们倾向于使用一些"暗号""密语"来分享困惑、表达想法、宣泄情绪;一旦进入课堂、"班群"或者与教师交流的语境中,他们总能立刻切换到另一套话语系统,这套话语系统则是与老师、父辈所共享的,他们

① 习近平:《思政课是落实立德树人根本任务的关键课程》,人民出版社,2020年,第20页。

真实的困惑与情绪往往因为有所顾忌而不会在这套话语系统中直白表露。"两套话语系统"的独立与割裂，无形中阻挠着思政课教师"进入"学生思想世界的门径。因而，真正了解学生的问题与情绪，需要参与学生课外的日常生活，关注学生的生活方式尤其是网络生活样态，由此熟悉学生的话语特点并进入学生的话语系统，除此之外，还应采取说服而非"压服"的方式，与学生开展互相尊重、坦诚、平等的对话，弥合"两套话语系统"的裂隙，进一步达成思想共识、形成精神引领。

五、培养学生独立提出和解决问题的能力

思政课教师问题意识的"鲜明"，不仅在于自身清晰的问题导向、强大的理论思辨力，也在于有针对性地培养学生的问题意识，正如习近平总书记所言："要注重启发式教育，引导学生发现问题、分析问题、思考问题，在不断启发中让学生水到渠成得出结论。"[1]这就要求思政课教师重视并调动学生在课堂中的独立性和主体性，使他们通过独立提出和解决问题，主动地参与甚至改变教学进程，从而提升学生的理想信念与使命担当。

(一)激发学生发现与提出问题的内驱力

年轻人对未知事物都有好奇心和求知欲，且具备一定的独立思维能力，但好奇心需要发掘和保护、独立思维需要锻炼和提升，经由教师的适当引导可以转换为发现与提出真问题的强大动力。思政课教师的职责之

---

[1] 习近平:《思政课是落实立德树人根本任务的关键课程》，人民出版社，2020年，第 22 页。

一就在于激发学生的内驱力、帮助发展学生的思维独立性。《中庸》开篇有言:天命之谓性,率性之谓道,修道之谓教。①指的是上天给予人的禀赋是天性,遵循天性而行叫作道,修明此道而加以推广就是教育。这就启示我们,有深度的思政课教学应该发掘并依循学生的"性"、尊重个体的理想与追求、拓宽个体思想的边界。思政课教师有责任在教学中让学生明白,思想理论的大道理并不是在个体之外的遥远、抽象的道理,而是与自身成长与命运切实相关的道理。在这个意义上,思政课教师不仅仅是说服学生,而是调动学生的内驱力、启发学生主动发现并体悟"属于自己的道理",这既是中国古典意义上的"教化",也是现代思想政治教育"内化"的深层意蕴。

在现实教学与生活中,激发学生的内驱力并非易事。我们经常发现很多学生虽然脑袋里装满了知识和框架,却难以提出真正有价值的问题。这既与他们没有彻底摆脱应试教育与知识论主导的思维模式、缺乏怀疑精神和批判能力有关,也与他们压根不清楚"问题从何而来"有关。这就启发思政课教师,引导学生密切关注问题的来源、思考问题产生的根源极为重要。一般而言,真问题的来源主要有:其一,问题来源现实生活世界。恰如歌德名言所示:理论是灰色的,而生活之树常青。较之于理论,生活世界更有声有色、丰富多姿,也更容易触碰到真实而鲜活的现实问题。只有那些体悟与热爱生活、关心"无穷的远方与无数的人们"的有心人,才能源源不断地拥有问题意识。其二,问题来源经典文本。现代人的大多数知识来源都是间接知识,尤其是经典著作居多,这是因为经典是人类文明史上历

---

① 王文锦:《大学中庸译注》,中华书局,2019年。

经时间检验的精粹,是凝结着人类最高精神和智慧的文化遗产。这就需要引导学生把读经典、悟原理当作生活习惯和精神追求,用以"涵养正气、淬炼思想、升华境界、指导实践"①。

(二)锻炼学生解决问题的理论思维力

习近平总书记指出:"恩格斯说过:'一个民族想要站在科学的最高峰,就一刻也离不开理论思维。'中华民族要实现自己的伟大复兴,也同样不能离开理论思维。"②人是"会思考的芦苇",是能"按照任何一个种的尺度来进行生产"③的理性存在。学生作为真理的学习者,内心深处有着天然的对理论的渴求、对真理的憧憬。了解学生心灵的这一内在规定,就会明白提升学生理论思维力的重要性。理论思维力,既包括穿透现实表象和问题迷雾的理论洞察力,也包括概括、分析、解决问题的理论思辨力和理论想象力。我们有着怎样的思维方式,决定着我们怎样去思考问题;我们有着何种程度的理论思维力,决定着我们解决问题与改变世界的现实力量。

首先,引导学生改变陈旧保守的、不合时宜的思维方式,尤其是改变过去那种非此即彼的、直观反映论的、线性因果论的思维方式,专注于提升学生科学认识问题的辩证思维、把握问题的理论洞察力、解释问题的理论概括力、研究问题的理论思辨力,真正地显示出马克思主义思想方法的

---

① 习近平:《在纪念马克思诞辰 200 周年大会上的讲话》,人民出版社,2018 年,第 26 页。

② 同上,第 15 页。

③ 《马克思恩格斯选集》(第一卷),人民出版社,2012 年,第 57 页。

吸引力。

其次,注重理论联系实际,同时揭示出蕴含在实际现象之中的本质,也即思政课教师既要通过理论讲授的方式让学生"知其然",又要通过有理讲理、阐幽发微的方式让学生"知其所以然",最后还要升华到"知其所必然"。

最后,思政课教师还应力图让学生学会从政治上看问题、立足"两个大局"思考问题,以引导学生对中国特色社会主义的光明前景有信心、对中国共产党的领导有信念、对共产主义有信仰。同时也要在思政课上激发学生的理论思考兴趣,并尽可能在有限的课堂讲授或讨论中,激活学生对时代的感知、对自身使命的认识。

总之,包括思政课在内的全部教育,尤其是高等教育,不应只是传授知识,更重要的是改变学生的思维方式,使他们能够建立一种问题导向的科学思维态度和思想习惯,锻铸自己的理论思维品格,逐渐成长为担当民族复兴大任的创新性人才。

第七章

思政课要解决学生的理想信念问题

　　党的十八大以来，习近平总书记从关系党和国家前途命运的高度，一再强调必须加强理想信念教育。其中，对党员干部和青少年学生的理想信念教育又尤为重视。关于青少年理想信念教育，习近平总书记在多个场合、从不同方面作了全面论述。2019年3月18日，在学校思想政治理论课教师座谈会上，习近平总书记结合思政课教育教学，对理想信念教育作了集中论述。这些论述内容丰富、思想深刻，对于我们更好把握思政课的性质和要求，提高思政课立德树人、铸魂育人的自觉性和实效性，具有重要指导意义。

一、思政课为什么要解决学生的理想信念问题

习近平总书记在思政课教师座谈会上的讲话中，从理想信念教育的角度强调了思政课的职责和任务，明确提出："思政课要解决学生理想信念问题。"[①]这一论断言简意赅，内涵丰富，我们可以从三个层次去把握。首先，从学生理想信念教育的多种途径来说，思政课是关键性课程和途径，承担着青少年理想信念教育的重要责任。对广大青少年进行理念信念教育，可以通过校内外多种途径进行，就学校来讲也有多种课程和育人渠道共同发挥作用，其中思政课是对青少年进行理想信念教育的关键课程，可以说是铸魂育人的主渠道和主阵地。其次，从文化知识教育与理想信念教育的关系上说，思政课要更加着力于正确价值观的塑造，特别是理想信念的养成。思政课虽然也对学生进行文化知识和相应技能的教育，但最重要和根本的是进行理想信念教育。可以说，知识技能教育是载体，而理想信念教育是目的。最后，从理想信念教育的方式上说，思政课要更加注意围绕学生的理想信念问题进行有针对性的教育。就是说，要增强理想信念教

---

① 习近平:《思政课是落实立德树人根本任务的关键课程》，人民出版社，2020年，第12页。

育的问题意识和问题导向,不仅要进行正面的系统性的理想信念教育,更要紧密联系学生的思想、信仰困惑,帮助他们解决理想信念方面存在的问题。

那么思政课为什么必须承担起理想信念教育的重任,致力于解决学生的理想信念问题呢?

首先,这是由我国教育事业的社会主义性质所决定的,是由我国学校立德树人的根本任务所要求的。习近平总书记指出:"我们党立志于中华民族的千秋伟业,必须培养一代又一代拥护中国共产党领导和我国社会主义制度、立志为中国特色社会主义事业奋斗终身的有用人才。"[1]这就要求我们把下一代教育好、培育好,因此在大中小学循序渐进、螺旋上升地开设思政课非常必要,是培养一代又一代社会主义建设者和接班人的重要保障。他明确提出:"我们培养人的目标是什么要搞清楚,现在非常明确坚定地提出要培养社会主义建设者和接班人。"[2]而要实现这样的育人目标,就必须对他们进行社会主义的理想信念教育,使他们树立起坚定正确的理想信念。

其次,这是由理想信念对于学生成长的意义所决定的。在青少年成长过程中,正确的世界观、人生观、价值观的形成,特别是正确理想信念的确立具有至关重要的作用。正确的理想信念就像内心的一盏灯塔,为人生提供远大的奋斗目标、强大的前进动力和坚定的精神支柱,最终成就高尚充

---

[1] 《习近平谈治国理政》(第三卷),外文出版社,2020年,第328~329页。

[2] 习近平:《思政课是落实立德树人根本任务的关键课程》,人民出版社,2020年,第5~6页。

实的人生。青少年学生心智逐渐健全,思维进入最活跃状态,是世界观、人生观、价值观和理想信念逐渐形成的关键时期。这个时期也是容易产生各种疑惑和困惑的时期。他们具有强烈的好奇心,对新知识和新观念有着热切的愿望,内心世界具有细致的敏感性。特别是高中和大学阶段,学生的理性思维高度发展,使他们更关注社会政治问题和思想理论问题。而学校也不是象牙塔和桃花源,社会生活中的各种问题和流行思潮也会在校园里产生影响。在这样的情况下,他们会在理论与现实的关系上进行反思,产生各种疑惑和思想困惑。他们困惑迷茫,把求助的目光转向思政课老师。

最后,这也是由思政课的性质和使命所决定的。思政课不是普通的课程,而是特殊的课程,是具有高度政治性和价值引导作用的课程,集中体现着社会主义办学方向,体现着党的教育方针,体现着马克思主义的指导地位,具有鲜明而突出的意识形态功能。思政课不是通识课,不是着重向学生传递一般的人文常识,培育学生的人文精神,而是向学生传递正确的价值观;也不是专业课程,不是为了向学生传授某些专业知识和培养某些专业技能,而是为了铸魂育人,引导学生形成科学的世界观、人生观、价值观,树立正确的理想信念,成为社会主义建设者和接班人。如果离开了这种政治属性,离开了所承担的理想信念教育的责任,思政课就不是思政课了。

习近平总书记关于思政课要解决学生理想信念问题的论断,彰显了思政课的特殊重要性,也凸显了思政课教育教学的特有难度。引导和帮助青少年树立正确的理想信念,这是最重要的任务,也是最艰巨的任务。那么,思政课能够承担起这样的重任,完成好这样艰巨的任务吗?

回答应该是肯定的。习近平总书记在讲话中专门论述了办好思政课的信心问题,认为党中央高度重视、大力支持,还提供了根本保证,中国特色社会主义的伟大成就提供了有力支撑,中华优秀传统文化、中国革命文化和社会主义先进文化提供了深厚力量,思政课建设积累的经验和可靠的思政课教师队伍提供了重要基础。所有这些方面,既是我们办好思政课的信心所在,也是思政课承担起青少年理想信念教育重任的信心所在。

除了这些基础性支撑条件,还有一些更加具体直接的条件,使思政课能够解决学生的理想信念问题:从理论上看,思政课所进行的主要是马克思主义理论教育以及党的路线方针政策教育,而马克思主义的真理性和党的路线方针政策的正确性,是引导学生树立正确理想信念的根本保证。从历史上看,我们党在不同时期开设的思政课,已经在帮助人们树立社会主义理想信念方面发挥了有效作用。习近平总书记在讲话中以亲身经历表明了这一点,他亲切指出:"我上中学时,学的政治课本叫《做革命的接班人》,书上讲的'热爱生产劳动,艰苦奋斗,用自己的双手建设富强的社会主义祖国','立雄心壮志,做革命的接班人'等,影响了我们这一代人的理想信念和人生选择。"[1]从现实中看,我们在改革开放和发展社会主义市场经济的条件下进行理想信念教育,虽然比以往有了更大的难度,但从总体上看我们的思政课教育教学是成功的,为引导学生树立正确的理想信

---

[1] 习近平:《思政课是落实立德树人根本任务的关键课程》,人民出版社,2020年,第3页。

念、成长为党和国家所需要的人才做出了贡献,也得到了党和国家的肯定。

　　需要注意的是,对于"思政课要解决学生的理想信念问题"应有一个正确的理解。这一论断是在强调思政课要在理想信念教育上下大气力并做出自己应有的贡献,并不是说思政课可以在理想信念教育方面包打天下,更不是说可以不需要其他理想信念教育的渠道,仅凭思政课一己之力就能够解决学生所有的理想信念问题。青少年理想信念的形成是一个复杂的过程,受到家庭、学校和社会多方面的影响,也受到国际环境和国外文化的影响。青少年正确理想信念的确立是一个系统工程,不仅需要学校思政课发挥自己的重要作用,其他课程也要发挥自己的作用;不仅学校要进行理想信念教育,家庭和全社会都要协同发力。那种把青少年理想信念教育的任务全部推给思政课,甚至让思政课教师来承担理想信念教育方面出现的所有问题的责任的想法和做法是完全错误的。

二、思政课教师自己要有坚定的理想信念

　　习近平总书记强调办好思政课的关键在教师,并向他们提出了政治强、情怀深、思维新、视野广、自律严、人格正的要求。其中,政治素质是第一位的,对于其他素质起着统领作用;在政治素质中,具有坚定正确的理想信念又是第一位的。早在 2016 年 12 月召开的全国高校思想政治工作会议上,习近平总书记就指出,讲思想政治理论课,要让信仰坚定、学识渊博、理论功底深厚的教师来讲,让学生真心喜爱、终身受益。①在学校思政

---

　　①　《习近平在全国高校思想政治工作会议上强调 把思想政治工作贯穿教育教学全过程 开创我国高等教育事业发展新局面》,《人民日报》,2016 年 12 月 9 日。

课教师座谈会上再次强调:"要让有信仰的人讲信仰。对马克思主义的信仰,对社会主义和共产主义的信念,只有首先在思政课教师心中扎下根,才能在学生心中开花结果。"①这就明确了思政课教师自己必须有坚定的理想信念。

为什么思政课教师自己必须首先树立坚定正确的理想信念呢?

首先,这是由人民教师特别是思政课教师的政治素质所要求的。在人类社会中,教师肩负着传道授业和培育社会所需人才的神圣职责,因而对他们本来就应该有更高的素质要求。我国是社会主义国家,人民教师有着崇高的政治地位和社会声望,也有着更高的政治素质要求。其中第一位的政治要求,就是要有坚定正确的理想信念。在人民教师这个群体中,思政课教师又是必须具有更强政治素质的一群人,他们应该具有坚定的马克思主义理论信仰,具有坚定的社会主义和共产主义政治信仰,具有培育社会主义建设者和接班人的教育信仰。如果没有理想信念,就不是合格的人民教师,更不是合格的思政课教师。

其次,这是由思政课教师发挥以身作则示范作用所要求的。在思想政治教育过程中,教师要以身作则,发挥示范作用。要求学生学会的,自己首先要学会;要求学生做到的,自己首先要做到。思政课教师既要言传,又要身教,为学生做出榜样。既然思政课的目标和要求是让学生树立正确的理想信念,那么教师首先就要树立起这样的理想信念。只要思政课教师在学生面前自然地展现出马克思主义信仰者的风采,展现出一种坚定、自信、

---

① 习近平:《思政课是落实立德树人根本任务的关键课程》,人民出版社,2020年,第12页。

理智而充满工作热情和奉献精神的主体状态，就一定能对学生产生感召作用。

最后，这是由提高思政课教学效果的需要决定的。教师的信仰状态并不在教育教学过程之外，而是教学过程的一个重要因素，渗透性地附着或包含在教学内容和教学方式中，发挥着潜移默化而又十分显著的作用。思政课教师只有自身信仰坚定，才能真正使自己的教学具有吸引力和感染力，从而产生好的效果。习近平总书记指出："思政课教师只有自己信仰坚定，对所讲内容高度认同，做学习和实践马克思主义的典范，才能讲得有底气，讲深讲透，才能有效引导学生真学、真懂、真信、真用。"[1]这一论述的内涵是十分深刻的。

教师讲课是一种全身心的投入，也是一种全信息的输出。教师不是机械地传授书本上的知识，冷漠地复述讲过多遍的内容，而是在传授知识和价值的时候投入了自己的感情，加上了自己的精气神。教师坚定的态度、认真的神情、充足的底气，以及不经意间的眼神和动作，都在配合和强化着讲授的内容而传递出丰富的信息，使教学话语更有力量。

特别是有信仰的人在讲述与自己的信仰相关的内容时，体现出的真情是最能打动人的。习近平总书记指出："真信才有真情，真情才能感染人。"[2]思政课教师"要有传道情怀，对马克思主义理论教育事业投入真情

---

① 习近平：《思政课是落实立德树人根本任务的关键课程》，人民出版社，2020年，第12页。

② 同上，第13页。

实感,对思政课教育教学有执着追求"①。确实,真理与真情是联系在一起的,真理的魅力是与真情的魅力联系在一起的。真正有信仰的人,不仅对自己的所信有理论根基,而且对自己的信仰有感情。这是发自内心的真实感情,是来自信仰的深厚感情。这种人间真情使学生对老师产生亲近和信赖之情,也使学生对老师讲的道理产生亲切和信赖的感情,从而产生思想情感的认同。正所谓亲其师而信其道。

习近平总书记还从反面进一步论证了这个道理,指出:"'欲人勿疑,必先自信。'思政课教师本身都不信,还怎么教学生?"②还说:"教师是释疑解惑的,自己都疑惑重重,讲出来的东西不会是充分坚定、富有感染力的。"③这就表明,教师如果自身没有坚定的信仰,就无法承担起"讲信仰"的责任,也不会收到讲好信仰的效果。可以说,在影响和阻碍学生树立正确理想信念的问题上,对学生影响最大的不是老师课讲得不够好,而是老师本人没有信仰。这对学生的信仰形成是最有破坏力的。因此在学生眼中,老师本身的坚信,就是对他所讲的信仰的一种证明,而且是最直观的证明,也是最有力的证明。可以说,老师以自身的信仰及对信仰的遵循,在学生面前为自己的信仰作了见证。而如果老师本身没有信仰,也就是对自己所讲的信仰进行了一次"证伪"。如果老师没有信仰而又假装有信仰,那就是虚伪,破坏性就更大了。

因此,思政课教师一定要坚定自己的理想信念,不断克服自己有可能

---

① ③ 习近平:《思政课是落实立德树人根本任务的关键课程》,人民出版社,2020年,第13页。

② 同上,第8页。

产生的疑惑。不可否认，思政课教师也是人，也是生活在复杂的社会环境中，也不可避免地会受到外来的影响，因而谁也不能保证思政课教师天生就是在坚定理想信念上毫无缺点的完人。但是思政课教师毕竟不是普通的教师，更不是普通个人，而是肩负着理想信念教育使命的人。思想偶有波动并不可怕，甚至在某些问题上产生一定的疑惑也不可怕，但作为思政课教师，应该有深厚的信仰力量和深刻的理性力量，来克服自己可能的疑惑，捍卫和坚固自己的真理信仰。思政课教师要细心呵护自己的信仰，并使自己的信仰心态和方式不断走向成熟。信仰心态和信仰方式越成熟，也就越能够应对复杂环境的影响，从而就越能自觉坚定自己的信仰。

思政课教师不仅内心要有坚定的信仰，而且要在行动上积极践行自己的信仰。马克思主义作为一种科学的世界观和方法论，对其真正的信仰不应该仅仅体现在思想认识和思想感情上，更要体现在实际行动和实践活动中。思政课教师要在工作和生活中积极践行信仰，自觉做马克思主义理论和社会主义核心价值观的坚定信仰者和忠实实践者。特别是在教育教学工作中，要将理想信念教育融入立德树人的全过程，真正做到教书育人、为人师表。并且，还要勇于捍卫马克思主义，抵制和反对各种错误思潮，真正做到理直气壮地讲好思政课，向学生传播正能量。

三、引导学生树立正确的理想信念

学校和思政课教师要从多方面入手，对青少年学生进行深入细致的理想信念教育，引导学生树立正确的理想信念。

首先，要进一步增强政治意识，更加注重理想信念教育。一些学校领导,在开学典礼、毕业典礼上发表的一些讲话,虽然也产生了较好的影响,但有意无意地淡化了理想信念教育。"从现实情况看,有的讲话一般性的品德要求多,理想信念强调得少;个性化表达多,党的教育主张强调得少;同国际接轨讲得多,中国特色强调得少。这要引起重视。大学领导是教育者,但更应该是政治家。"①这种批评虽然只是面向一部分人,但要当政治家的要求对所有的学校领导和思政课教师都是适用的。要善于从政治上看问题,从战略高度看待思政课进行理想信念教育的意义,改变只讲人文精神不讲政治意识、只讲一般品德不讲理想信念的状况。

其次,要引导学生学习马克思主义经典著作及中华优秀传统文化的典籍。每一种文化都有自己的经典,每一种理想信念也会有自己的经典。引导学生树立正确的理想信念,就要引导和带领学生学习马克思主义经典著作,把理想信念建立在科学理论的基础上,建立在对历史规律的深刻把握基础上。同时,还要研读中华优秀传统文化的典籍,从中吸取涵养理想信念的养料。习近平总书记提出:"要教育引导学生多读马克思主义经典著作、当代中国马克思主义理论著作、中华优秀传统文化典籍等。要开出书单、指出重点,让学生正确理解经典著作,掌握马克思主义精髓,感知中国传统文化魅力,避免教条主义、本本主义,避免一知半解误读马克思主义。"②读原著不是目的,要通过读原著来悟原理,认同马克思主义基本原理,掌握马克思主义的立场、观点和方法。

---

① 习近平:《思政课是落实立德树人根本任务的关键课程》,人民出版社,2020年,第25页。

② 同上,第22页。

最后，要在为学生解疑释惑中增强学生对社会主义道路和党的领导的信念和信心。习近平总书记强调，思政课教学要有问题意识，坚持问题导向，教师不应该回避矛盾和问题，他指出："有的教师怵于思政课的意识形态属性，担心祸从口出，总是绕开问题讲、避开难点讲。"①这是不必要的，其实"只要坚持正确政治方向，立足于引导学生坚定理想信念，全面客观看问题，就不用担心在政治上出问题。要给教师充分的信任，不抓辫子、不扣帽子、不打棍子。""学生的疑惑就是思政课要讲清楚的重点。要善于利用国内外的事实、案例、素材，在比较中回答学生的疑惑，既不封闭保守，也不崇洋媚外，引导学生全面客观认识当代中国、看待外部世界，善于在批判鉴别中明辨是非"。②因此，教师不仅不应回避重大现实和理论问题及学生所困惑的问题，而且要以这些问题为讲解的重点，运用多种教学手段和方式把问题讲解清楚。

在辨析问题时要有明确的导向，在释疑解惑时要有正面的引导，目的是增强学生的信念和信心。习近平总书记指出："在教学中可以讨论问题，更要讲清楚成绩；可以批评不良社会现象，更要引导学生正面思考；可以讲社会主义建设的复杂性和艰巨性，更要引导学生对社会主义前景充满信心。无论怎么讲，最终都要落到引导学生树立正确的理想信念、学会正确的思维方法上来。"③在谈到党在历史上犯的错误时，习近平总书记指出："对这个问题的认识要把握住，像《国际歌》中唱的那样，我们党也不是

---

①　习近平：《思政课是落实立德树人根本任务的关键课程》，人民出版社，2020年，第16页。

②　同上，第16页、15页。

③　同上，第14页。

神仙皇帝,在摸索中前进肯定会有失误,不要因为有这些失误就丧失对党的信念,动摇对我们所秉持的理想信念的坚定性。"①

四、努力做到真学、真懂、真信、真用

习近平总书记在关于理想信念及其教育的系列论述中,多次强调要"真学、真懂、真信、真用"。可以说,这"四真"是坚定理想信念的基本要求。在学校思政课教师座谈会上,习近平总书记再次强调,思政课教师只有自己坚定了理想信念,"才能有效引导学生真学、真懂、真信、真用"②。这一论述既是对教师的要求,也是对学生的要求;既是基本的要求,也是更高的要求。需要我们从学理上加以分析和把握。

坚定理想信念的"四真"要求,包括四个环节和一根主线。其中,四个环节就是学、懂、信、用,而贯穿四个环节始终的一根红线就是"真"。在中国语境中,所谓"真"指的是"真实",它一方面与"假"相对,另一方面又与"虚"相对。它不仅反对"作假",而且反对"弄虚"。因此,这里的"真"不仅是认识论意义上的,也是实践论意义上的;不仅是质的概念,也是量的要求。在实际的理想信念教育中,"弄虚作假"的现象是可能会有的,但真正完全的"假"并不多见,而更多存在的倒是形式主义等"弄虚"现象,并不是没有"真",甚至可以说大部分是"真",但还有许多不真实存在。反对"弄虚作假",就是要真心实意、不打折扣地去学、懂、信、用。

---

① 习近平:《思政课是落实立德树人根本任务的关键课程》,人民出版社,2020年,第11~12页。

② 同上,第12页。

　　首先要"真学"。"学"是"懂""信""用"的前提和基础。理想信念教育要从学习开始。这里的"学"不是指一般的学习，而主要是指马克思主义理论的学习，以及"四史"的学习。对于坚定正确理想信念来说，学习理论和学习历史是非常重要的两大支柱。其中，学习理论既包括对马克思主义经典著作和基本原理的学习，也包括对马克思主义中国化、时代化经典著作和理论成果的学习，特别是对习近平新时代中国特色社会主义思想这一最新成果的学习。学习历史主要包括四个方面，即对党史、新中国史、改革开放史、社会主义发展史的学习。在学习态度上，要全心投入地学，而不是三心二意地学，更不是装模作样地学。只有这样的学习态度，才能配得上所学的内容。在学习方法上，要原原本本地学、融会贯通地学、联系实际地学。让理论学习脱假向真，脱虚向实，真正发挥学习在坚定理想信念中的作用。

　　其次要"真懂"。"懂"是"学"的收获，也是"信"的基础。真懂当然就不是假懂，更不是不懂装懂。这里讲的是学习效果，意思是说通过学习而达到真实的效果。学习效果当然可以体现在若干个方面，但最核心最重要的还是"懂不懂"的问题。虽然在不懂的情况下，也可以做一些模仿性学习和重复性练习，而且也会有一定的学习效果，但真正自觉有效的学习是必须建立在"真懂"基础上的。"懂"作为学习主体的状态，具有一定客观性，是不能假装的。"真懂"表现在许多方面，一是要懂名词术语，懂得理论性的语言表述。在马克思主义理论中，有许多抽象的或历史性的名词术语并不是很容易懂得和掌握的。要从一点一滴开始，掌握这些基本的概念术语。二是要懂得概念术语和理论命题所表达的思想观点，特别是那些构成马克思主义基本原理的思想观点。要懂得这些原理的内容，还要懂得这些原理的来源和更深刻的内涵。三是要懂得由若干基本原理所构成的马克思主义理论体系，要能够从整体上把握马克思主义科学体系，自觉避免断章取义和片面性。四是要懂得马克思主义的立场、观点、方法和精神，能够融会贯通地掌握马克思主义。对马克思主义基本原理的学习是如此，对马克思主义中国化、时代化理论成果、特别是最新理论成果的学习也应该如此。

再次要"真信"。在"真学""真懂"之后，还要做到"真信"。"信"或"相信"是一种心理状态和态度，是否"真信"不取决于其自我表白和外在表现，而取决于内心是否真正认同和确信。有的人自我表白有坚定的理想信念，但内心未必有真信；有的人有意做出某些举动以表明自己具有坚定的理想信念，其内心也未必真有其信。"真信"总是发自内心的，总是真心实意的。要想做到这一点，很大程度上取决于马克思主义理论的真理魅力和党员干部以及思政课教师的人格魅力。一方面，"真信"可以由真理魅力转化而来。只要真正懂得了马克思主义的真谛，感受到了马克思主义的真理魅力，就一定会认同和相信马克思主义；另一方面，"真信"也可以由人格魅力转化而来。只要我们的党员干部和思政课教师，真正体现出马克思主义者和共产党人的崇高品格，就一定会吸引学生的情感认同。在真理魅力和人格魅力的塑造下，在社会生活的正面影响下，学生的理想信念就一定会树立起来，而教师的理想信念也会更加坚定。

最后还要"真用"。理想信念不是一种封闭的精神状态，而是一种全身心的投入和外化，总要表现在行动上。离开了追求理想的实际行动，理想信念也就不成其为理想信念了。因此，"真用"的基础和前提，就是把内心的信仰转化为实际行动。在此基础上,"真用"的要求主要表现在两个方面:一方面要遵循马克思主义的要求。信仰马克思主义,就要遵循马克思主义,用马克思主义来指导自己行动的方向,按照共产主义信仰的要求来做。马克思主义对于信奉者是有要求的,既有推动性的要求,使信奉者去追求一定的目标,又有约束性要求,使信奉者克服自己的欲望和狭隘的利益追求。一个共产党员,一个共产主义者,要自觉遵循这些要求。另一方面要运用马克思主义的方法。马克思主义既是世界观又是方法论,作为世界观是我们的目的和遵循,作为方法论是我们的手段和运用。不论是教师还是学生,都要自觉掌握和运用马克思主义的立场、观点和方法,观察和分析社会问题以及人生问题,在学习、生活和职业工作中坚定理想信念,自觉而有效地认识和改造世界。

第八章

坚持师德建设的"四个统一"

　　在 2016 年 12 月全国高校思想政治工作会议上，习近平总书记对人民教师的神圣使命担当和师德师风建设作了精辟的论述。他指出："人民教师是人类灵魂的工程师，承担着神圣使命。传道者自己首先要明道、信道。高校教师要坚持教育者先受教育，努力成为先进思想文化的传播者、党执政的坚定支持者，更好担起学生健康成长指导者和引路人的责任。要加强师德师风建设，坚持教书和育人相统一，坚持言传和身教相统一，坚持潜心问道和关注社会相统一，坚持学术自由和学术规范相统一，引导广大教师以德立身、以德立学、以德施教。"[①]这些论述包含着十分丰富的思想内涵，特别是其中关于"四个统一"的思想，是我们开展师德师风建设的指导原则，我们要深入学习、悉心领会，并认真贯彻落实到立身、立学和施教的全过程中。

---

① 《习近平在全国高校思想政治工作会议上强调 把思想政治工作贯穿教育教学全过程 开创我国高等教育事业发展新局面》，《人民日报》，2016 年 12 月 9 日。

一、人民教师的神圣使命与师德师风的重大意义

习近平总书记明确提出了人民教师的"神圣使命"，这既是对教师在人类历史上重要贡献的肯定，又是对教师在社会主义中国的崇高职责的强调。教师是古老的职业，它本身就担负着传承文明、培育人才的神圣职责，而在社会主义中国，教师又被尊称为"人民教师"，这就更加突出了其使命和责任的神圣性。因为在社会主义国家，"人民"是最神圣的存在，凡是带有"人民"的称呼，比如人民政府、人民领袖、人民军队、人民警察等，都具有这种神圣的属性。可见，"人民教师"的叫法本身，就体现了教师来源于人民和服务于人民的崇高职责和神圣使命。

人民教师的神圣使命是通过其角色定位和职责担当体现出来的。因为所谓"使命"不是别的，乃是承担一定社会角色和职责的社会主体的追求目标和主要任务。因此，为了深入理解人民教师神圣使命的内涵，就必须明确人民教师的角色定位。习近平总书记在讲话中从四个方面界定了人民教师的角色定位，从而阐明了其神圣职责。

首先，人民教师是人类灵魂的工程师。苏联无产阶级革命家、教育家加里宁首次用"人类灵魂工程师"称呼教师。从此，这一说法在社会主义国家流行起来，成为社会给予教师的崇高赞誉。所谓"人类灵魂工程师"是指

教师在塑造人的美好心灵、构建人的精神世界中承担的重要作用。"灵魂"是一种古老的说法，本是古代宗教文化中的神秘性概念，后来随着社会进步和科学文化的发展而失去宗教含义，成为一种比喻性说法，指人们的内心世界或心灵世界。灵魂是人格的核心，也是人的精神家园。人的心灵世界不是先天具有和一成不变的，而是需要在人生实践和社会生活中加以塑造和建构的，而人类的教育活动在这种塑造和建构中起着十分关键且不可替代的作用。教育不仅是传授经验和知识，以及规约人的外在行为，更重要的是塑造人的内在精神世界，培育健康健全的人格。教育者通过对受教育者进行文化熏陶，使他们形成丰富、美好、文明的内心世界。当然，正像"灵魂"是一种比喻性说法一样，"工程师"也是一种比喻性说法。人不同于物，是一种高级生命的存在，人的心灵世界和精神家园是无形无象的，它的形成也有自身微妙的规律性，比工程师的工作要复杂得多。因此，教师对学生心灵世界的塑造不是简单的，更不可以是粗暴的，也必须是温柔的亲和的，必须遵循精神活动的规律，遵循大学生成长的内在规律。

其次，人民教师是先进思想文化的传播者。这是从人类先进的思想文化的传承和传播的角度来界定的。人是文化的动物，不仅能够创造文化，而且也能够传承和发展文化，从而使人类文明不断进步。文化当然是十分广泛的，不仅包括器物层面，而且包括制度层面和观念层面的内容。总之，举凡人类创造的一切，都可以说是"文化"。但是在文化的总体中，观念层次的文化，即思想文化是更集中地体现着文化性质的部分。因此，我们通常讲到文化传播时主要指思想文化的传播。教师就是思想文化的传播者。同时，作为人民教师，作为社会主义国家的教师，就不仅应当是思想文化

的传播者,而且更要做先进思想文化的传播者。因为思想文化本身也会有
先进与落后之分,先进的思想文化的传播有利于人的发展和社会进步,而
落后的甚至腐朽的思想文化则对人生和社会有害无益。高校的人民教师,
作为较高学养的人群更应该具有辨别是非、美丑和善恶的能力,努力传播
先进思想文化,抵制和反对落后和腐朽的思想文化,坚持教育教学的正确
方向,促进大学生健康成长。

再次,人民教师是党执政的坚定支持者。这是习近平总书记新提出并
加以强调的一个角色定位,体现了我国高等教育的政治属性和人民教师
在政治上应有的觉悟和要求。习近平总书记在讲话中明确提出高等教育要
"为中国共产党治国理政服务",并要求人民教师要成为党执政的坚定支持
者。这是从教师与党的关系上来界定人民教师的神圣使命和职责。对此,
不能从政党与教师的一般关系来抽象地理解,而是要站在社会主义中国
高等教育的立场上,从党领导我国人民实现中华民族复兴和发展中国特
色社会主义事业的高度来把握。我国高校的教师,要有明确的政治立场,
坚持中国特色社会主义,坚持党的领导,坚持教育教学的社会主义方向。

最后,人民教师是学生健康成长的指导者和引路人。在人民教师的角
色定位中这一条是落脚点和归宿。不论人民教师承担着怎样高大上的社
会职责,最终都是落实在学生的培养上。这是教师最基本的职责,也是最
崇高的使命。学校和教育事业主要是由教师和学生构成的,师生关系是教
育事业中最基本、最核心的关系。教师的职责和使命也应该在师生关系中
得到界定和确认。在学校里,教师直接面对学生,对学生的健康成长负有
最直接而重要的责任。一方面教师要充分信任学生,相信他们向上向善的

本性,相信他们能够成长为对国家有用的人才。同时要真正负起指导者和引路人的责任。由于大学生毕竟还处在世界观、人生观、价值观形成过程中,而且现代社会又存在这样那样的风险和诱惑,因此教师的守护人、指导者和引路人的责任十分重大。

既然人民教师承担着如此神圣而崇高的使命和职责,那么师德师风的重要性就不言而喻了。如果没有好的师德师风,就不配"人民教师"的称号,不配"灵魂工程师"的称号,也就不可能成为学生健康成长的指导者和引路人。教师当然也是人,既不是神也不是天然的圣人,而是活生生的人,也会像所有的人一样具有人性的弱点和这样那样的缺点。但是教师对自身的定位不能仅限于当一个普通人,而应该有更高的要求。这不仅是"教师"这一特定社会角色所要求的,而且也是"人民教师"的本质所规定的。谁都可以选择做一个普通的人,但如果仅仅这样还不是一个合格的人民教师。人民教师是有神圣使命的,相应地就要有与之相配的崇高人格。因此,必须大力开展师德师风建设,要严格人民教师的从业门槛,把好入门关;要把良好的师德师风作为一票否决的重要考核指标,把滥竽充数者清除出人民教师队伍;要加强对现有教师的教育和管理,特别是师德师风的教育和管理,不断提高教师自我修养的自觉性,引导广大教师以德立身、以德立学、以德施教。

二、坚持教书和育人相统一

在师德师风建设的"四个统一"中,处在第一位的就是教书和育人相统一。之所以摆在第一位,当然因为它特别重要,在教育事业中最具有代表性,能够从总体上体现出教育事业的特点。"教书"和"育人"代表着教育领域的两个方面,而这两个方面是有机统一的。我们甚至可以说,"教育"正是"教书育人"的简称。因此,如果要从"四个统一"中选出一个作为整体的代表,那么很显然一定就是"教书和育人相统一"。这一点长期以来已经成为人们的共识。

"教书育人"是我们常说的一句话。我们通常把它当作不言而喻的事情,而对其缺少学理上、语义上的分析。仔细考察就会发现,这种统一具有丰富的含义。

首先,教书与育人的统一是教育主客体的统一。"教育"是人类社会中一种重要的对象性活动,是主体和客体即教育者和受教育者相互作用的过程和结果。从学校来看,教育主体是教师,客体或对象是学生,实际的教育过程就是二者的联结和互动。"教书"指的是教师方面,指教师是实施教育教学行为的主体;"育人"则体现的是学生方面,指的是学生的健康成长。这里的"人"不是泛指,而是特指学生,学生才是老师教书育人的对象。这一点当然不会有人怀疑,之所以特意指出这一点,是因为在"教书育人"的字面表达中,似乎涉及两个对象或客体,一是"书",二是"人"。所谓"教书",当然教的首先是书,是教师与知识的关系。教师当然要与知识打交道,他不仅要掌握知识,而且要传播知识。知识是他打交道的对象,当然可以说是客体。但是教师与知识的关系并不是教育活动的最根本的关系。教育主客体的关系是人与人的关系,而不是人与物的关系。教育的对象和客体,只能是学生。用思想政治教育学的术语来说,"知识"或"书"属于"介体"的范畴,它是为育人即培养学生服务的。

其次，教书与育人的统一是职业与责任的统一。教书是教师的职业行为，是他的主要工作内容和方式。从前，人们经常将教师称为"教书先生"，教师自己也称自己是"教书匠"。可见，"教书"这样一种活动最能体现教师的工作类型和性质。"教"在汉语中既是一个动词，又是一个名词。尽管声调有所不同，但其实本身就是同一个字。所谓"教书"，从字面上看，就是把书本上的知识教给学生。当然知识在广义上也不限于书本知识。如果说"教书"是一项职业和工作，那么"育人"则是"教书"的功能和作用，是"教书"所承担的社会责任。"教书"的目的是"育人"，教师教书的职责也是育人。教师当然也是千百种职业中的一个普通的职业，但承担着重要的社会责任，这就是"育人"。教书的目的是育人，功能是育人，评价标准是育人。教书的效果怎样，要看育人的效果。作为高校教师，育人又必须是高标准。这就更体现了高校教师的社会责任。

最后，教书与育人的统一是知识传授与人格培育的统一。在这里，"教书"简单地说就是传播知识和技能；而"育人"则指培育学生的人格，特别是培育他们正确的世界观、人生观和价值观。从这个意义上可以说，教书与育人的统一就是教会学生"做事"和"做人"的统一，也就是智育和德育的统一。在教育活动中，一个是思想道德方面，一个是科学文化方面，这两个方面的关系是始终存在的问题。二者的统一则是古往今来一切教育活动的总原则。我国的教育思想自古以来就非常强调二者的统一。甚至从汉字"教"的构成本身都可以看到这一点：它一边是"孝"，体现的是品德素质，因为古人认为"百善孝为先"，这是最根本的道德要求；它另一边是"文"，当然是文化素质。可见，我们祖先在造字时，就已经把二者的统一融入其中了。习近平总书记再次强调教书与育人相统一，是对我国传统教育思想的继承和发展。

当然，习近平总书记讲"教书和育人相统一"并不是一般地讲二者的关系，而是在此基础上更加强调教师在教书育人中的责任。因为他是在谈师德师风建设时提出和阐述教书和育人相统一的问题的。因此，人民教师不仅要把书教好，在职业能力上不断提高，而且要从为社会"育人"的高度来认识和从事教书工作，担负起培养学生正确"三观"和健康人格的责任。

三、坚持言传和身教相统一

教师在教书育人过程中，既要有言传和言教，又要重视身教和行教。所谓"言传"或"言教"就是通过言语，把教育内容和要求传递给受教育者；而身教或行教，就是通过教育者本人的行为表现，向学生传递教育内容。从学理上讲，身教不只是行教，它还可以包括身体语言，比如表情、体形、姿态等。在某些类型的教育，比如体育健美和舞蹈的教学中，身体语言是比口头语言更为重要的。但是在师德师风建设的语境下，"身教"其实讲的主要是"行教"。讲的就是人民教师的言行关系问题，意思是不仅要说而且要做；不仅要说得好而且要做得到。

在教育教学中，言教与身教都是非常重要的。但相对于不同的教育教学类型，二者各自的重要性会有所不同。对知识传播来说，言教更为重要，而对人格培养来说，特别是在德育方面，则身教更为重要。人类的知识积累和传递离不开语言的运用，缺少了语言就无法建构知识，无法领悟知识，无法传递知识。因此，知识的传播，更多地依靠老师的言教。当然，这里的语言不仅是言语行为，还包括图画等教学语言。在言传的过程中辅之以身教，可以增加学生对知识的理解和掌握。在德育活动中，教师的身教更为重要。在人的品德培育中当然也包括一定的知识，但其本身不能简单地归结为某种知识。如果仅仅从知识上去认识品德、从知识传播上去进行品德培养，那就没有把握住品德培养的本质特点，也不可能收到德育的良好成效。因此，从人格培养和思想品德的培养来说，身教的意义就更加突出。可以说，教师的身教或行教，是对其言教的验证和强化，如果缺少了身教这一环，言教的作用就大打折扣了。

对教师来说，言传与身教的统一其实就是言行一致的问题。在学校德育和思想政治工作中，教育工作者特别是教师，必须做到言行一致。

首先，言行一致是健全人格的重要体现。对任何一个人来说，他的言论和行为当然会有一定的差异，这是必然的，也无可厚非。有的人说的多些，做的少些；或者相反，都是常见的。这种言行差异只要在合理的区间内，就不会导致心理学意义上的人格失调，这也算是一种最低程度的言行一致。如果言行之间反差太大，而且始终都不能达成某种一致，或者二者的方向是相反的，那么就会形成双重人格，人格上是不健全的。作为教师，当然一定要心理健康，人格健全。因此，这种心理健康意义上的言行一致是作为教师必须坚持的底线。

其次，言行一致是高尚思想品德的必然要求。不论是思想还是品德，都必然会表现在言论和行动两个方面。他的言论应该反映其真实的思想，而他的行动又要符合自己的言论。这里的言行一致实质上是思想与行为的一致、品德与行为的一致。在言语上表白自己具有高尚的思想道德并不难，难的是真正在行为上体现出高尚的思想道德。没有相应的行为体现，就不能说具有高尚的思想品德。因此，看一个人的思想品德如何，主要不是看他说了什么，而是看他做了什么。特别是当一个人在言辞上说得特别好的时候，我们就要用他的行动去加以比较，看其做得是否同样好。我们要求言行一致的时候，指的是好的言与好的行相符合。教师在课堂上讲的当然都是好的言语，他们要求于学生的也是好的思想品德，他们的这些言论要与自己的行为相一致，他们所传授和倡导的思想品德应该得到他们自己行为上的佐证。这说明，言行一致是教师职业的应有之义。

最后，言行一致是德育过程的内在要求。教师能否做到言行一致，他的行为是否符合他讲的道理，是高校德育过程和思想政治教育过程的内在因素，它们直接影响到学生对教学内容的接受，影响到学生思想品德的形成。如果教师在课堂上讲的或要求于学生的，他们自己首先做到，那就会对学生的思想品德形成正面的积极的影响，学生就乐于接受老师所教的内容；相反，如果教师课堂上讲的是一套，要求于学生的是一套，在课下生活中教师自己做的又是另一套，那么学生对老师讲的东西就会失去信任并难以接受教师所提出的要求。因此，从德育过程来看，也要求老师做到言语与行为一致、言传与身教相符合。

可以看到，这里的德育过程是一种扩大了的教育教学过程。它不限于教师在课堂上的教学，而且也把他课后的工作，甚至纯粹个人的生活都包括了进来。这是德育过程与专业课教学过程的重大区别，也是德育教师与其他专业课教师在生存境遇上的重大区别。一般来说，专业课教师在课堂上传播的知识与其在课后的个人生活没有关系，学生也不会拿一位专业课教师的个人生活表现与他传播的科学知识之间进行比对，并由此决定自己对科学知识的态度。但是对于思想道德教育和思想政治工作来说则完全不同，他们的教育教学过程几乎扩展到了工作和生活的一切方面。德育教师的言行统一是课堂表现与课后表现的统一，是工作与生活的打通。"言"主要体现的是教学活动，是课堂和工作场合的表现，而"行"则通常是指教师本身在直接的教学活动之外的生活空间。如果教师在个人生活中的表现违背了他在课堂上讲授的内容，那么他在课堂上教学的效果就会大打折扣，甚至其教师形象也会全然崩塌。

从教学内容与教师行为规范的关系上看，一般来说教学内容有其相对独立性，它并不是对教师行为的直接要求。因为教师传播的知识，并不是教师私人的东西，而是社会积累起来的文明成果，教师不过是承担着把社会需要传递给学生的知识和要求传递给学生的客观职责。传递教学内容并不是教师的私人意志，它代表的是国家和社会。从这个意义上说，教师本身与教学内容是有分界的，并不能一开始就混为一谈。有的教师在生活上一团糟，但在教学业务上很强。这样的情况也是存在的。但是从更高的层面来说，教师由于受社会委托而承担着人类先进思想文化传递者的责任，那么他就应该成为文明的守护者和践行者，他与教育内容就有了一种比普通人更直接也更内在的联系。传递给学生的知识，教师自己必须懂得并认同；要求学生的思想品德，教师自己必须认同并在行为上体现出来。

四、坚持潜心问道和关注社会相统一

在"四个统一"中，如果说前两个统一主要指的是高校教师的教学方面,那么后两个统一则主要是从科研角度来讲的。"潜心问道"指的是专心从事学术研究,探索规律和真理。对高校教师来说,他们不但承担着教学任务,也承担着科学研究的任务。教学与科研犹如车之两轮、鸟之两翼,缺一不可。

对高校教师,特别是对综合性研究型大学的教师来说,科学研究工作是十分重要的。这一方面是由现代社会对大学的要求所决定的。在现代社会中,大学不仅承担着培养专门人才的任务,而且也承担着知识生产和学术发展的任务。一个国家的科学研究队伍很大一部分来自高校系统,一个国家的知识创新很大一部分来自高校科研成果的创新。这种情况是由现代社会的发展和需要所决定的, 正是这种需要造成了现代大学区别于以往大学的特点,也决定了大学之区别于中小学的特点。中小学教师为了做好教学工作当然也会进行一定的研究,但这是直接服务于教育教学的,社会和国家并不会一般地向中小学教师提出科研的要求, 但是大学教师不能回避这样的任务。另一方面,大学教师的科研工作也是教育教学本身所要求的。大学教育具有专业性,它不仅是向学生传授普通的知识,而且要培养学生从事科学研究的能力。这就需要高校教师同时也是学者和科学家,必须具备科学研究的能力。他们不仅能吸取和运用人类已经积累起来的知识,而且还要向未知领域探索,形成新的知识。因此,高校教师不能满足于一般的"闻道在先",而且要"潜心问道",从事科研工作。

高校教师的科学研究工作具有两重属性:一方面它直接服务于经济发展、国家治理和社会进步,另一方面又直接服务于教育教学,服务于立德树人的目标。无疑,这两个方面都是很重要的,但是相对来说,服务于育人更为重要。不论是从教育的本质和要求来说,还是从思想政治工作的角度来说,以科研服务于教育教学是更为根本的。习近平总书记在讲话中强调的也正是这一方面。"潜心问道",是与教师的"传道者"身份和使命连在一起的。习近平总书记在谈到人民教师神圣使命时指出,"传道者自己首先要明道、信道。"而在"明道""信道"之前,首先要"问道",因为只有经过自己的探索和追问的道理,自己才有更深入的理解,也才能建立起坚定的信念。因此,当习近平总书记要求高校教师"潜心问道"的时候,所问之道正是所明之道、所信之道和所传之道。

从事科学研究,钻研教育教学规律,必须潜心向学、专心一致。这既是学术研究的必然要求, 也是当前现实的迫切需要。学术研究要求扎扎实实、老老实实,来不得半点虚伪和骄傲,必须全神贯注、艰苦探索才能有所收获。这本来是十分普通的道理,但在今天成了一件很困难的事情。因为社会的急剧发展以及多样性变化,人心容易变得浮躁。可以说这种浮躁已经成为我们社会中相当普遍的一种社会心理。高校本身似乎好一些,但也不能完全避免。受各种诱惑或压力的影响,许多教师也坐不下来、静不下来,无法潜心问学。这是当前教师队伍建设必须解决的重大问题。习近平总书记提出"潜心问道"的问题,具有现实针对性,对于教师和教育管理者都具有指导意义。一方面,教师要在市场经济的躁动面前保持定力,潜心向学,静心求道;另一方面,教育管理部门和学校要为教师"潜心问道"创造条件,使他们免受各种不必要的打扰。

但是"潜心问道"并不是不关心社会,不关心现实。潜心问道与关注社会是一致的。这首先是由"道"本身的性质所决定的。这里的道不是别的,而是客观世界发展的本质和规律,特别是人类社会发展的规律,也包括人生道理。在这些道理之中,关于社会的道理处在核心位置,它将宇宙和人生联系起来。马克思主义致力于揭示物质世界的普遍规律,而其中特别致力于揭示人类社会发展的规律,并由此说明人生发展的规律。可见,研究社会之道是"问道"的根本。而研究社会之道当然不能脱离社会,尤其是不能脱离当下的社会。社会的发展是一个延续过程,我们不能只是从历史上研究社会,也应该从现实中研究社会。因此,关注社会也是揭示社会之道的内在要求。

同时,关注社会也是由"问道"的社会责任所决定的。学者治学是一项复杂的事情,其中既有个人兴趣和好奇心的问题,也具有社会责任的问题。我们并不否认学者个人兴趣的意义,因为这不仅是客观事实,而且是学术研究的很强的主观动力。但是作为人民教师,他的学者身份也包含着很强的社会责任。不论他的治学是直接服务于教育教学,还是服务于社会经济发展,都有很强的社会责任。"立学为民,治学报国"应该成为高校教师的科研信念。

尽管潜心问道和关注社会在本质上是统一的,我们也能够从理论上深刻把握这种统一。但在实际工作中把二者很好地结合起来则并非易事。无论是"潜心"还是"关注"都是一种专注的状态,都要求专一。潜心治学,面向文本进行研究,又与关注现实有一定矛盾。为此,还需要广大教师正确处理二者的关系,合理安排时间和分配精力,找到自己兼顾二者的方式。

五、坚持学术自由和学术规范相统一

从事学术研究,当然就需要有学术自由。所谓"学术自由"就是学者有自由地从事学术活动的空间,而不受外在的强制。无疑,学术自由是非常重要的。

首先,学术自由是保证学术研究正常开展的前提条件。所谓学术研究,就是通过探索那些没有定论和未知的领域而得到一些人们所预料不到的结论,这需要一个自由的空间。如果没有一定的研究空间,学术活动就不可能开展,也不可能正常进行。特别是近现代以来,学术研究日益成为社会中相对独立的行业和职业,并在社会进步和发展中起着越来越重要的作用。对于日益正规化且规模不断扩大的学术领域,应该有其存在的自由空间。

其次,学术自由并不是资本主义的专利,而是人类文明的共同成果。学术自由在历史上的产生与资产阶级反封建有关,但它并不是资本主义特有的东西。不能认为只有资本主义国家的大学里可以搞学术自由,而社会主义的大学就不能有学术自由。其实,只要是现代的大学,就要有现代的科学精神,而学术自由是其中应有之义。

再次,社会主义应该比资本主义能为学术探索提供更多的自由空间。社会主义社会是比资本主义更高级的社会形态,而社会形态所在的历史阶梯越高,就越能为社会个体提供更大的自由度。马克思以人的自由发展来衡量社会形态发展的水平,并由此提出社会发展"三大形态"的理论。因此,从理论上讲,社会主义社会中的大学应该有更多的自由空间让学者们探索世界的秘密。当然,我们看待任何问题都不能只从一般原则上和理论可能性上去探索,而要联系并结合当时的具体条件具体地加以讨论。谈到我国大学的学术自由,一方面要充分肯定学术自由的正当性,尽最大的可能来拓展和保持学术自由的实现,并以此来促进我国高校学术的迅速推进和走向世界;另一方面,又要联系我国处于社会主义初级阶段的国情,以及我国目前处于社会转型发展的重大关头的实际,特别是要考察我们在意识形态领域所面临的巨大挑战,既不能因为强调当前的条件限制而人为地过多地限制学术自由,也不能抽象地谈论和追求不受任何限制的学术自由。

最后,在我国以改革创新为核心的时代背景下,在万众创业、大众创新的新形势下,我们要推进学术创新,必须大力促进和保证高校和科学机构的学术自由。自由探索正是创新的基本条件,如果没有一定的自由空间,就不可能有学术的创新。当前,中国经济社会的发展对创新有着更高的期望,而更多的创新是建立在一定的客观条件基础上的。一方面,社会需要加大财力物力投入,对学术事业提供更多的条件支持,尽可能不使学术活动受限于经济条件和物质技术的限制;另一方面,也需要社会给学术活动更大的活动空间,给学术更大的自由度。而且,这里所说的学术,不仅是自然科学和技术科学方面的学术研究和开发,也包括哲学社会科学和人文学科的研究和探讨。

学术自由是一种原则,我们在充分肯定这一原则的同时,也应该深刻地理解这种原则的内涵和实现的条件。正像任何自由都不是无限的一样,学术自由也是如此。现实世界中的自由总会受到一定限制,一方面是客观规律和客观条件的限制,另一方面是主观认识和人为造成的限制。一个国家,一定时期的学术自由所可能受到的限制,也无非是这两个方面。客观规律本身对人的活动自由的限制是必然的,从根本上来说是无法避免和打破的,我们应该加以承认和遵循。但是在不可避免的客观条件的限制面前人并不是完全无能为力的。人们可以改善条件并创造条件拓展自由空间。至于由于人们认识不到位,或者因为利益原因而造成的人为限制,则应该通过提高认识和调整利益而不断消除。在当前中国高校学术活动中受到的制约,有的是客观物质条件和技术条件的制约,有的是社会需求不强或社会关注不高的制约,有的是科研体制和科研管理不合理的制约,有的是哲学社会科学研究中意识形态风险而带来的制约,有的是学术规范和学术道德的制约,有的是学者自身物质欲望过强或浮躁心理的制约,等等。所有这些制约,有些是必然的必要的应该遵循的,而有的则需要我们通过提高认识和改革创新来加以消除。

习近平总书记强调的坚持学术自由与学术规范相统一具有重要现实意义。学术自由不是不要学术规范。学术研究作为一个规模化的社会行业,应该有自己的规范和规则。这些规范是从活动中产生出来的,同时又保护和保证学术活动的正常开展。学术规范并不是对学术自由的限制,而是有力的保证。只有大家都遵守学术规范,社会的学术活动才能有序地进行。否则,只会造成学术混乱,也影响学者的成长和进步。恩格斯在《反杜林论》中就批评过当时德国大学中随意创造体系的现象:"最不起眼的哲学博士,甚至大学生,动辄就要创造一个完整的'体系'。"① "所谓科学自由,就是人们可以著书立说来谈论自己从未学过的各种东西,而且标榜这是唯一的严格科学的方法。"②这显然是对学术自由的扭曲。

　　遵循学术规范包括两个方面。一是学术伦理和学术道德。这是学术共同体内部为了正常开展学术活动和促进学术进展而形成的一种社会关系规范。这种规范不仅包括学者之间的人际关系,而且也包括学术与社会的关系,包括学术研究的基本价值观。它要求学者的学术活动要有利于探索真理,有利于社会的进步和发展,有利于人本身的成长进步。同时要求每个学者都要尊重彼此的劳动权利和成果,不能剽窃他人劳动成果,侵犯他人学术权益。二是学术各领域的技术性规定。这是根据每一种不同的学术而形成的技术规范和相关要求。本领域中的学者只有遵守这些技术约定,才能形成相互交流的共同语言,才能减少不必要的精力浪费。在这方面,由于不同领域和学科的学术研究的特殊性,各自的技术规则可能有所不同。特别是不同学科的学术研究的起点和进度不同,各自技术规范的完善性也不相同。新发展起来的学科,其学术活动应该遵循的技术规范还需要不断地探索、总结和完善。总之,在当前的学术活动中,这两个方面的学术规范都存在不少问题,需要我们高度重视并努力加以改进和解决。

---

① 《马克思恩格斯文集》(第九卷),人民出版社,2009 年,第 8 页。
② 同上,第 8~9 页。

第九章

思政课教师要做有深广情怀的人

习近平总书记高度重视思政课建设，深切关怀思政课教师，并对他们提出期望和要求。在学校思政课教师座谈会上，习近平总书记指出，办好思想政治理论课关键在教师，关键在发挥教师的积极性、主动性、创造性。思政课教师，要在学生心灵埋下真善美的种子，引导学生扣好人生第一粒扣子。要用高尚的人格感染学生，用真理的力量感召学生，以深厚的理论功底赢得学生，自觉做为学为人的表率，做让学生喜爱的人。这些论述语重心长、言近旨远，为思政课教师做好本职工作、实现自身价值明了方向。

一、习近平总书记对思政课教师的关怀

作为一名高校思政课教师，有幸在人民大会堂参加习近平总书记主持的学校思政课教师座谈会，并有幸向习近平总书记汇报自己的体会，我内心十分激动，同时又有些紧张。但是当座谈会开始后，习近平总书记亲切的笑容和话语使大家如沐春风，我绷紧的心弦也逐渐放松下来。

这次座谈会自始至终都体现着习近平总书记和党中央对思政课教师的亲切关怀。来自全国各地的一线思政课教师，都被安排在了靠前和显眼的位置，而国家机关和高校的领导则坐在了侧面和后排。习近平总书记首先向全国的思政课教师致以衷心问候，讲了思政课的重要性和党中央对思政课的高度重视，接着从容主持和认真听取了8位大中小学思政课教师的汇报发言，并偶尔询问互动。教师发言结束后，习近平总书记就办好学校思政课发表了重要讲话。讲话不仅全面深刻地论述了学校思政课建设的意义、要求和部署，而且多次脱稿论述，向老师们讲了许多知心话，极大地拉近了与思政课教师的心理距离，使我们受到深刻教育。

习近平总书记说：办好思想政治理论课是我非常关心的一件事。他回顾了党的十八大以来自己多次走进大中小学与师生座谈的过程，并重申了许多他讲过的话，比如学校要着力培养社会主义事业的建设者和接班

人，青年要自觉践行社会主义核心价值观，培育和践行社会主义核心价值观要落细落小落实，高校思政课要在改进中加强、在创新中提高等。这些都充分表明了习近平总书记对思政课的高度重视，表明了思政课的极端重要性。

习近平总书记结合自己读书时的人生经历，强调了思政课的重要性。他谈到自己从小到大在成长过程中受思政课影响很大，并深情回忆了自己在八一中学就读时，当时的思政课老师讲解焦裕禄事迹的情景。那位平素不太善于表达内心感情的老师，在讲到焦裕禄忍受肝癌的折磨而顽强工作时，几度哽咽地说不出话来，令全班同学们深受感动。1990 年，任福州市委书记的习近平填写了《念奴娇·追思焦裕禄》："魂飞万里，盼归来，此水此山此地。百姓谁不爱好官？把泪焦桐成雨。生也沙丘，死也沙丘，父老生死系。暮雪朝霜，毋改英雄意气！依然月明如昔，思君夜夜，肝胆长如洗。路漫漫其修远矣，两袖清风来去。为官一任，造福一方，遂了平生意。绿我涓滴，会它千顷澄碧。"这首词展现了习近平总书记的信念。

习近平总书记还谈到了自己讲思政课的经历。那时，他还在浙江、福建做领导工作，为了促进高校思政课改革发展，他多次走进大学课堂，为大学生讲授思政课，受到师生们热烈欢迎。他还要求省里的其他领导同志，也要走上思政课讲台。并说，由此他深感作为一名思政课教师的不易，因而对于老师们长期坚守并作出成绩，表示非常敬佩。

习近平总书记还讲：思政课中有道、有学、有术，内容广，要求高，学术含金量不亚于任何一门哲学社会科学课程，因此把道理讲透彻很不容易。他女儿向他提的问题，有时也需要想一想才能解答。有些重大理论问题，党也不是一下子就能弄清楚的，而且也曾有过曲折的探索过程，在这样的情况下我们怎么能要求思政课老师一上来就讲清楚呢？习近平总书记的这番话，透着对思政课的深刻理解，透着对思政课老师们的由衷体贴，令在场的老师们十分感动。

习近平总书记对思政课教师寄予厚望，并向他们提出了六个方面的要求：政治要强、情怀要深、思维要新、视野要广、自律要严、人格要正。对这些要求，习近平总书记都作了阐述和说明，句句都贴近思政课教师的实际，体现着对思政课教师的殷切希望，我们也从中感受到总书记对我们的关心爱护和严格要求，而严格要求也是一种关心爱护。这六个方面的要求，是我国广大思政课老师在新时代加强自我修养，不断提高自己的思想政治觉悟和业务水平的指导方针。我也暗下决心，一定要照着习近平总书记的要求去做，不辜负习近平总书记的嘱托，不辜负党和人民的期待。

会议结束时，习近平总书记走下主席台，亲切地与出席座谈会的全体教师一一握手，将亲切关怀和党的温暖传递给大家。他时时停下来与大家简短交谈，倾听老师们的话语，肯定大家在教学中取得的成绩，并勉励大家继续努力。

此次座谈会，我像与会的其他老师一样，近距离地深刻感受到了习近平总书记对思政课教师的亲切关怀，感受到了党和国家对思政课的高度重视。我们将这种亲切关怀变成强大的精神动力，把自己担负的思政课教好，为培养德智体美劳全面发展的社会主义建设者和接班人做出自己的贡献。

二、思政课教师"情怀要深"

在学校思政课教师座谈会上，习近平总书记不仅对思政课建设的意义、要求和部署作了全面的论述，而且对思政课教师的作用和使命作了精辟阐述，尤其是对思政课教师提出了六个方面的要求，其中很重要的一条是"情怀要深"，就是说：思政课教师要做一个有深厚情怀的人。

什么是"情怀"？怎样才算有情怀呢？所谓"情怀"，是指超出个人利益之外的情感关切和精神追求。所谓有情怀，是指一个人有精神内涵、有宽广胸襟、有人间大爱。人民教师，特别是思政课教师，就是要做这样的人。当然，习近平总书记不只是要求大家有情怀，而且要求"情怀要深"。这是加强了情怀的程度，因而是比"有情怀"更具体、也更高的要求。

衡量"情怀"的程度可以有两个维度：一是深，二是广。"深"主要是从人的情感强度而言，指的是人的美好感情达到了很深沉的程度。"广"主要是从人的胸怀宽度而言，指的是人的胸怀打开，达到了很宽广的程度。对同一个情怀来说，深和广是融为一体的。人民教师的情怀，特别是思政课教师的情怀，不是小情调和小情趣，而是既深又广的大情怀。

首先，思政课教师要有家国情怀。中国传统文化讲究"家国一体"，要求中国人由爱家而爱国，像爱家那样爱国。正是这样的文化传承，涵养和塑造了中国人的家国情怀和爱国主义精神。在中国人的情感世界里，家是人生的起点，而国是放大了的家。爱家人是天然的情感，而爱祖国也是天经地义的要求。习近平总书记多次论述并一再强调要发扬中华民族的爱国传统，弘扬伟大的爱国主义精神。在2018年9月的全国教育大会上，他提出培养社会主义事业建设者和接班人要在六个方面下功夫,其中之一,就是要"在厚植爱国主义情怀上下功夫",并就此作了精辟阐述。在此次思政课教师座谈会上,习近平总书记再次强调,要引导学生坚定"四个自信",厚植爱国主义情怀,把爱国情、强国志、报国行自觉融入坚持和发展中国特色社会主义事业、建设社会主义现代化强国、实现中华民族伟大复兴的奋斗之中。因此,思政课教师一定要心系国家和民族,在党和人民的伟大实践中关注时代、关注社会,汲取养分,丰富自己的内心世界,以自己教书育人的实际行动报效国家和人民。

其次,思政课教师要有仁爱情怀。"仁爱"是我们中国人精神世界里一种最美好的感情,它是一种底蕴深厚的大爱,可以适应于全社会不同的人际关系之中,甚至也适用于人与自然之间的关系。思政课教师要有这样的情怀,对宇宙万物有关切,对天下苍生有同情,尤其是对自己传道授业的学生们要有一种仁爱之心。2014年9月,习近平总书记在北京师范大学师生座谈会上,提出了"好老师"的四个标准,其中之一就是"有仁爱之心"。习近平总书记指出:教育是一门"仁而爱人"的事业,爱是教育的灵魂,没有爱就没有教育;好老师应该是仁师,没有爱心的人不可能成为好老师;教育风格可以各显身手,但爱是永恒的主题。他还说,好老师要用爱培育爱、激发爱、传播爱,通过真情、真心、真诚拉近同学生的距离,滋润学生的心田,使自己成为学生的好朋友和贴心人;好老师应该把自己的温暖和情感倾注到每一个学生身上,用欣赏增强学生的信心,用信任树立学生的自尊,让每一个学生都健康成长,让每一个学生都享受成功的喜悦。习近平总书记在学校思政教师座谈会上再次提到"仁爱情怀",有了更深刻的含义。因为思政课特别是高校的思政课，面对的是人的心灵世界，致力于解开人的精神世界的深层困惑，以帮助大学生树立崇高而科学的世界观、人生观和价值观，因而有了更高的要求。

最后，思政课教师还要有传道情怀。唐代大文豪韩愈早就说过："师者，传道、授业、解惑也。"提出了为师者的传道责任，而且把它作为第一项职责。这就意味着，宇宙人生有大道，而为师者是得道之人，他要把宇宙人生的大道理传授给下一代，让下一代健康成长。习近平总书记多次提出"传道"的问题，希望人民教师担负起传道的责任，成为人民信任的传道者。他要求传道者自己首先要"明道""信道"，掌握辩证唯物主义和历史唯物主义世界观和方法论，坚信马克思主义的真理性，并善于把科学的道理传授给学生们。在此次思政课教师座谈会上，习近平总书记再次谈到传道，并要求思政课教师坚持传道情怀，是有特殊重要的意义的。如果说传道是所有为师者的责任，是人民教师都负有的使命，那么在人民教师之中，专门从事思政课教学，致力于帮助学生树立正确的世界观、人生观和价值观的老师，则更应该担负起传道的使命。在这里，传道情怀是一种高度自觉的意识，它是建立在对立德树人的使命感之上的，是建立在对思政课及其价值的高度认同之上的，是对立德树人根本任务的自觉担当。

思政课教师的情怀当然不只这几项，在习近平总书记向思政课教师提出的其他几个方面的要求中也都包含有情怀的内容。但作为思政课教师，家国情怀、仁爱情怀、传道情怀这三个方面是不可缺少的。我们要以总书记对思政课教师的要求为指针，进一步涵养自己的内心世界和精神素养，让自己的情怀更加博大。

三、思政课教师要加强自我修养

加强师德师风建设可以有多种途径，但最重要的是广大教师要加强自我修养。2014 年 9 月 9 日，习近平总书记在北京师范大学师生座谈会上，明确提出："师德是深厚的知识修养和文化品位的体现。师德需要教育培养，更需要老师自我修养。做一个高尚的人、纯粹的人、脱离了低级趣味的人，应该是每一个老师的不懈追求和行为常态。"2018 年 5 月 2 日，习近平总书记在北京大学师生座谈上又强调，"要引导教师把教书育人和自我修养结合起来，做到以德立身、以德立学、以德施教。"这些重要论述为师德师风建设指明了方向。

人民教师特别是思政课教师加强自我修养具有多方面的必要性和紧迫性。

注重自我修养是中华民族的优秀传统，也是我们党的光荣传统。中华传统文化的一个突出特点和优点，就是十分注重人格完善和道德修养，并形成了一系列自我修养的方法。"修养"一词是我们民族创造的一个很有辩证意味的词汇。黑格尔曾夸耀德意志民族的辩证思维，说德文中的"扬弃"一词是既克服又保留，生动体现了辩证法。其实，我们中华民族也有类似的词汇，"修养"一词就是如此。因为"修养"，一方面是"修"，即去除不好的东西，另一方面是"养"，即增加好的东西。可以说，"修养"就是中国人的"扬弃"。对于中华民族的这一优秀传统，我们应该继承下来、弘扬起来、传承下去。中国共产党继承中华民族优秀传统文化，把注重修养的传统带入党的建设中来。在中国革命的农村斗争环境中，毛泽东首创"思想建党"，而这其中就包含了党性修养。延安时期,刘少奇在马列学院曾作了"论共产党员的修养"的报告,产生了巨大反响,成为延安整风的重要文献。中国革命的胜利,是与党注重自身建设和党性修养紧密相关的。改革开放以来,随着市场经济体制的建立和社会生活的转变,利益驱动和法律约束的作用日益重要,在这种情况下,有人认为,自我修养的传统过时了。这是不对的。承认利益驱动和注重法律约束,并不否定自我修养的必要性,而是更需要自我修养的配合。党的十八大以来,习近平总书记多次论述党员干部、人民教师、文艺工作者等的修养问题,特别是突出强调了人民教师的"自我修养",是很有现实意义的。

加强自我修养是人民教师的崇高身份所决定的,特别是由思政课教师的崇高身份所决定的。修养的可贵就在于它是自我修养,它主要地不是由外部力量或从外部来进行修养,就像工程师修理机器那样,而是由具有自我意识的人进行自我修养。教师是一个特殊的社会群体,承担着普及文化、传承文明、提高民族素质的重任,因而它本身就应有更高的思想道德水准,有更自觉的自我修养意识。自我修养当然需要外部条件的配合,但修养本身更靠自觉,是自我主动进行的。在师德师风建设中强调自我修养的重要性,并不是因为外在约束不起作用,而是由于相信人民教师这个群体的自觉性和觉悟。这是人民教师的荣誉,也是人民教师的职责,体现了党和人民对教师的信任和期望。我们是社会主义国家,我们的教师是人民教师,他们来自人民,肩负着党和人民的重托,是应该也能够通过自觉的修养,发扬成绩,克服缺点,担负起自己的历史使命的。而在人民教师中,思政课教师尤其如此。

加强自我修养是教师自身成长发展的需要。教师作为社会的一种神圣性职业,既有奉献和牺牲的一面,也有成长和发展的一面。我们以前讲"蜡炬成灰泪始干",强调教师的牺牲奉献,这从一定意义上讲是对的。但是这绝不意味着教师这个岗位就没有自己的职业发展。如果这样,那教师岗位就只是一种消耗型职业,没有建设意义,就意味着从事这一工作的人没有自己的职业前途,这显然是不正确的。其实,教师是非常具有建设性和发展性的职业,它能够使从事这项工作的人得到自身的成长和发展,得到职业的收获和成功。现在的教师特别是青年教师,都很注意自己的成长和职业发展,这是正常的、正当的。我们强调教师要加强思想道德修养,并不是一味地让教师们作牺牲和奉献,而是与他们的成长和发展相一致的。要鼓励他们通过自我修养,不断提升思想道德境界,进一步促进和实现自身的成长和发展,实现人生的价值。

加强自我修养是履行教书育人职责的需要。教师的职责是教书育人,而教书育人与自我修养有着不可分割的内在联系,是相互依存、相互支撑的。自我修养是教书育人的基础和前提。只有持续的自我修养和自我提高,才能真正实现教书育人的目标。我们常讲"教育者自己要先受教育",而这个先受教育的过程就内在地包含着自我修养的要求。正是通过包括自我修养在内的先行受教育,才使一个人具有担任教师所必备的知识和品格。因此,每一名合格的人民教师的养成,既是党和国家培养的结果,也是自我修养的结果,都应具备自我修养的习惯和能力。自我修养不是一时一地的,而是终身的要求。每一名教师都应高度自觉地坚持和加强自我修养,在教书育人与自我修养的良性互动中,不断提升自己的思想道德境界和教育教学实效。

对党员教师来说,加强自我修养还是党性修养的需要,是一项重要的政治要求。在教师队伍中,有相当一部分是中国共产党党员。特别是在高校思政课教师中,党员占了绝大多数。这充分说明了人民教师这个群体在政治上的先进性。在这里,作为党员的党性修养与作为教师的师德修养实现了重合。对于身为党员的教师来说,加强师德修养不只是一种道德要求,更不只是一种职业发展的要求,而是一种政治要求,是一种党性修养。它体现了共产党人的理想信念,体现了正确世界观、人生观和价值观的要求。因此,广大党员教师都要做出表率,不仅要带头弘扬中华传统美德,而且要带头弘扬中国革命道德,弘扬社会主义和共产主义道德,真正做一个高尚的人、纯粹的人、有道德的人,成为学生成长成才的引路人。

四、思政课教师要幸福地生活、快乐地工作

我接触过很多高校思政课老师,总体印象是好的,但是也隐约感觉到,他们中许多人似乎有一种失败感。个人成功体验不足,心情有些压抑,胸中常有不平之气,张口就发牢骚:诸如学生素质差,不爱听思政课,教学效果不理想;学校不重视,科研不成功,以及职称不如意,等等。这些反映了相当一部分思政课教师精神状态不佳,甚至可以说是笼罩着一种失败感。

教师的精神状态问题其实是一个很重要的问题。思政课效果如何,在很大程度上取决于教师。我们对教师的素质和水平十分关注,但是对于他们的精神状态关注不够。他们对工作是否满意和有信心?是否有成功的体

验和持续工作的动力？一句话,他们工作和生活得是否快乐？这样的话似乎没有人问过。其实,据我观察,相当多思政课教师并不快乐。如果老师不快乐,怎么能感染学生们快乐呢？如果大家都不快乐,怎么能有幸福感呢？又怎么能完成教和学的任务并达到更高的要求呢？

许多思政课教师之所以不够快乐当然有各种各样的原因,但我认为,就最根本的原因来说主要是出自对思政课教学效果不够满意,出自对社会责任的担当和对党和国家未来的忧患意识。这反映了我们的教师对党和国家的高度责任感,体现出他们常怀忧国之心,是政治素质强的表现,是值得称赞的。他们深刻意识到高校思政课对学生健康成长和国家长治久安的重要性,真心实意想把思政课教好,使其成为学生真心喜爱、终生受用的课程。但他们又切实感觉到力不从心,教学的实效性与这一目标有较大差距。很多教师始终处在对教学效果不佳的纠结之中。可以说"效果不佳"成为教师心中解不开的心结,也使他们常常心情沉重,愁眉不展。忧国忧民当然是好的,比饱食终日、无所用心好得多,但如果思政课教师整日哭丧着脸工作和生活,好不好呢？也并不好。对自己不好,对学生也不见得好。

说到教学效果,其实包括两个方面的问题:一是实际效果究竟如何,二是我们如何看待和评价这一实际效果。对广大思政课教师来说,一方面,确实有一个需要进一步提高实际效果的问题,而且这也正是大家正在努力的;另一方面,也有一个如何估价自己的工作效果,如何评价效果"佳"与"不佳"的标准问题。依我之见,大家通常的评价标准偏高或过高了。而在过高的标准面前,除了少数出类拔萃的以外,大家多数都是失败的。从前我们偶尔见到一些传"法轮功"的人，他们兴高采烈，认为自己传得特别成功。其实，只要仔细看一下就会发现，真正听了他们蛊惑而跟他们走的人微乎其微。老实说，他们的效果与我们思政课的效果相比差得远了，但他们觉得自己是成功者，而我们虽能影响大多数同学，但自我认定是失败者。这是一种很不正确的自我认同，并正在对广大思政课教师造成伤害。

当然，我们的思政课特有的重要性使人们对其有很高的期待，党和国家对此也有很高的要求，文件中提出要使思政课成为学生"真心喜爱，终生受用"的课程。这是对的，应该提出这样高的要求和目标。可是，最高的目标并不应直接成为衡量多数教师工作成效的标准。大家知道，要达到这样的目标是不容易的。尽管"05 新方案"实施以来，由于采取了多方面较大力度的措施，教学效果有了较为明显的改善，但实际效果相对于"真心喜爱、终生受用"的目标还是有不小的差距。不少教师以及社会上不少人以这样的高标准来要求和评价教师的工作，对思政课实际效果忧心忡忡。其实，我们心里要明白，就任何时期的现实来说，让所有的学生都"真心喜爱"思政课是不可能的。我们所能做的就是让尽可能多的同学 "真心喜爱"。这就意味着，当现实中确实有许多同学并不"真心喜爱"时，我们要承认和接受这个现实，把这看作是合理的。只要我们尽心尽力了，我们就可以对它的效果心安理得。尽管不是所有的效果都那么圆满，作为思政课教师也不必整日愁眉苦脸。他们应该快乐地自信地工作，在这个过程中不断地改进工作，逐步改善教学的效果。我相信，只要思政课教师更快乐一些，更阳光一些，学生们会得到更好的影响。

　　思政课的特殊性,要求我们对目标和现实之间保持一个模糊度和弹性的空间。打个比方,一张画标价 10 万元(比方说),而真正出售时可能只是 7 万元。10 万元和 7 万元这两个价格都是真实的,二者之间存在的差价空间也是合理的。你不能因为卖了 7 万元就说标价只能标 7 万元,否则就贬低了书画的艺术价值;但也不能因为标了 10 万元你就真卖 10 万元,这样的话很可能是有价无市。

　　评价思政课效果也应这样来看。一方面,"真心喜爱、终生受用"的目标要求从政治上来说是正确的,是必要的,如果降低了这个目标要求,就不符合思政课作为大学生思想政治教育主渠道主阵地的性质和思政课教师的神圣职责;但另一方面,现实的教学效果并未达到这样的目标也是真实的情况,确实有不少同学并不"真心喜爱"思政课,我们不能掩盖这一事实。这样,在目标与现实之间就有了差距,我们当然要尽力缩小这个差距,但更要始终承认和面对这个差距,把这个差距的存在看作是合理的。这个差距的存在不是思政课的错,也不是广大教师的错,甚至并不是任何人的错。这是社会现实,是合理存在的现实。反过来说,假如学生们把思政课教师的话当圣旨,你说一句,他们就百分之百地相信这一句,那才是真正可怕呢! 如果是那样,老师们就谁也不敢对学生讲话了。

　　总之,我是真心希望广大的思政课教师能够快乐。而且认为这不只是他们个人的幸福问题, 也在很大程度上决定着思政课能否对学生发挥更大的影响力。我们要实事求是,要想得开,放得下,放下包袱,轻装上阵。只有这样,思政课教师才能从某种失败感和失望中解脱出来,才能更多地看到成绩和希望,才能真正快乐起来。

五、思政课教师怎样做科研

（一）科研对思政课教师的意义

首先，科研能够提升思政课的深度和水平。提高思政课实效性当然有多个方面的改进，包括教学方式方法上的改进，但从根本上说，教师对教学内容做到深入浅出地讲授是最重要的。一是深入，二是浅出。深入是基础，没有深入谈不到浅出。当然光深入也不行，还要浅出。一般来说，达到"深入"是科研的功劳，而做到"浅出"则是教学能力的体现。但是科研的功能不只在求深入，它也在求浅出。因为研究越深越透，就越容易实现通俗易懂。懂深而不懂浅的学问，是因为深入得还不够。特别是就服务于思政课教学的科研而言，目的在加深对理论的理解，使思想上更加透彻。它的功夫是花在思想上面的，而思想达到一定深度后，自然会使人的思维变得深刻，从而达到更高层次的通俗易懂。

其次，科研能够增强思政课教学的动力。这里所说的，主要不是学生学习的动力，当然这也是很重要的方面。因为科研性强、信息量大的教学便于引起学生的兴趣。但以往注意不够的是，科研的进展也是教师工作的重要动力。如果没有研究上的深化，没有新的体会和理解，那么长年累月的重复教学必定成为不堪承受的重负，教学的动力也会逐步化为乌有。人为什么有时会"好为人师"？就是因为他自以为掌握了新的知识或有了新的思想，就迫不及待地要告诉别人。所以，教师最喜欢讲的，肯定是他有研究的内容，是有心得体会的部分。当教师对一个问题有较深入研究的时候，他会讲得精彩，并调动起自己的情绪和激情。而这又会向学生传达一种自信,传达一种"这样的理论是正确的"的信念。教师经过深入研究而深信不疑的理论观点,在讲授起来的时候必定是信心十足、激情澎湃,从而能够产生最大的效果。

最后,科研能够增强思政课教师职业自尊和自信。不必否认,思政课教师在职业问题上有时处于某种矛盾纠结之中。一方面,我们的职业和工作是神圣的,对国家和社会是特别重要的。我们自己有这方面的责任感和使命感,觉得是在为育人作贡献。另一方面,在普遍重视学术和科研的情况下,有时我们显得技不如人,被人所轻视。有时不得不进行无用的抗争,有时不得不向压力妥协。所有这些,都让我们感到气愤,自尊心受到伤害。你能改变人家的观念吗?不能的。即使能改变,也不是一时半会儿的事情。因此,真正能改变的,只有我们自己。我们应该义无反顾地走上科研之路。

(二)应该确立一个明确的研究方向

笔者是思政课教师,接触到许多同行,特别是因为招收同等学力硕士生和指导论文写作,对思政课教师们的情况有大致的了解。其中自然有一些佼佼者,他们已经在科研上很有成就。同时也有很多教师,在科研方面面临一些困难。这些困难当然有的是外在的,属于科研项目和杂志用稿要求的方面,但最重要的还是我们内在的困难。其中最突出的一点,是深度不够。

很多文章都浮在表面上,深入不下去,结果造成很大的雷同。观察一下大家写的论文,会发现雷同的比较多。选题上的雷同,思路上的雷同,以及表达方式上的雷同。很难展现出学术的个性和风格。我以前在指导思政课老师写硕士论文时就感到,大家只要题目相同,在互不参考和不存在抄袭的情况下，最后做出来的论文还是一模一样。背后根本性的原因，恐怕在于不能作深入的探讨。而论文之所以不能深入，也是因为关注面太宽，题目浮泛，没有聚焦于一点。

从根本上讲，治学的要领与习武的要领是一样的，就是调动全部的力量，聚焦于一点之上，在瞬间爆发出来，以达到最强的击打效果。当然，治学是慢功夫，写文章也不是在瞬间，但是就全部力量聚焦于一点来释放而言，则是一样的。为此，研究方向不能分散，而应有一个相对专一的研究方向或主攻方向。

可能有教师想：我们的教学内容那样多，如果只研究其中一小点，虽然在科研上取得了成就，但对教学的改善意义似乎不大。而我们搞科研的目的不是为了自己发表成果，而是为了提高思政课的教学水平和效果。因此，似乎专注于一个方向也不可取。怎么看待这个问题？其实这是一个简单化的理解。科研对于教学的意义不仅在于你研究了教学内容中的某一点还是某两点，而且在于你通过这一点的研究转变了身份，从一个普通身份的教师变成了一个专家身份的教师。原来你是作为一个普通教师在讲课，而此后你则是作为一个专家来讲课了！这可是一个重大的转变，根本性的转变。当你完成这个转变后，你观察问题和思考问题的方式就发生了改变，看问题和研究问题比原来更深入更深刻了。而这一点将使你在教学上受益无穷。

获得了对问题做深入思考和研究的能力之后，特别是在形成了这样的习惯之后，就可以把这种能力用在不同的问题上了。既然你可以在一个问题上深入下去，那么你也可以在另一个问题上深入下去。而且所用的时间比在第一个问题上用得还要短些。这样,随着时间的推移,你就可以在许多问题上都成为专家,从而对教学的帮助就更大了。

(三)怎样确立研究方向

1.不必拘泥于狭隘理解的思政课教学研究

看一下近些年来思政课老师所发表的论文,大多是关于教学研究方面的,特别是关于如何提高教学实效性方面的。这些问题是否值得研究呢?当然值得研究。这种研究反映了我们的科研目的,也体现了教师对这个目的的自觉认同。但是大家的选题太过集中于这些方面,也是一个很大的弊端。它不仅造成大家选题的高度雷同,而且造成研究质量不高。表面上是对教学有责任感的表现,但实际上是思想不够解放、眼界和思维没有打开的表现。虽然我们研究的最终目的是提高教学实效性,但这并不等于要以提高教学实效性为直接的研究方向和科研选题。

我个人不是太赞同大家把提高教学实效性直接作为研究的题目。提高教学实效性当然是我们的目的和目标,但是这主要是一个实践的过程,而不是同等的理论研究过程。教学实效性的提高,虽然有赖于教学研究的推进,但主要不在于从教学研究上发现什么秘诀秘方,而在于把大家已经认识到的理念、思路和做法实际地做下去,把理论变成实践,并在实践经验的基础上不断完善。比如,中宣部、教育部关于思政课改革的文件中,已经把应有的理念、渠道、方法等讲得十分清楚了,而且教师们也已经发表了数量惊人的研究论文,提出了多种改进教学的理念和方法。所有这些,无疑是有价值的,只要在实际中切切实实地落实,去试验和探索,就一定能够使教学实效性得到明显提高。但是究竟有多少人真正这样做了呢?至少对一部分教师来说他们不是把注意力放在这里，而是放在不断地写出各种教学研究的论文上。

经过长期的教学实践,摸索出一套成功的经验,再上升为理论,就是一篇好的教学研究论文。但这篇论文的诞生是建立在长期的教学实践探索的基础上的。照此看来,这类论文不会数量太多,指望以此作为主打的科研成果是远远不够的。而且这里应是实践在先,理论是副产品。而我们很多教师是理论在先,只是凭空谈设想,为做论文而大讲实效性。总的感觉,如果不对教学内容展开深入的研究,而只是在教学过程中的某些环节上下功夫,是不行的。把科学研究局限于教学研究,又把教学研究局限于对教学实效性的研究,这是一种越走越窄的科研道路。如果真是像教育学的专家那样去做教学研究,当然也可以。但我们又不是从属于教育学科,而是属于马克思主义理论学科。

我认为,应该解放思想,提倡研究教学内容本身,提倡对教学内容本身的专业性研究。表面看来,这样的研究似乎与思政课教学关系不大,变成了一种纯专业性的学术研究。但这仅仅是一种表面现象,事实上它总是与教学有着直接或间接的联系,是息息相关的。我们把目光暂时从直接的教学过程移开,转向世界本身,转向知识世界本身,似乎是离开了教学过程,实际上是越来越走近了更高层次的教学过程。只要我们思政课教师这个身份不变,只要我们对使命的认同不变,不论研究哪个问题,不论以何种方式进行研究,都不会使我们违背初衷。我们不应害怕"专业性"研究,而是要努力向专业研究那样求得研究的深入。这样的路子才是越走越宽的。在这方面，我们要把眼光放远，"放长线，钓大鱼"。不要以为我们面对的只是学生，其实我们和学生共同面对着同一个世界。加深对这个世界的理解，才能更好地面对和解答学生的思想困惑。

2.也不必拘泥于狭隘理解的"以现实问题为中心"

理论联系实际是对的，以现实问题为中心进行研究也是对的，但对此我们要有正确的理解，不能钻牛角尖，以为最好的科学研究就是对策性研究。其实，对马克思主义理论学科来说，真正的对策性研究，真正的有助于直接提高教学水平的研究，恰恰是对理论本身的研究，是对基本理论的更深刻的理解。忽略基本理论研究，忽视对理论问题的深入理解和高端把握，而只注意教学对策的研究，对于马克思主义理论学科及其教学来说是远远不够的。而且在研究现实中的实际问题时，也应该注意把现实问题转化为学术问题，以便进行长期深入的研究。对现实问题作即时性对策研究，并不是我们的根本任务，而主要是实际工作部门特别是政策研究部门的任务。

在深入地研究马克思主义某个理论观点的时候，不要怕别人说我们理论脱离实际。我们根本不想脱离实际，而且即使想脱离也脱离不了。因为我们就生活在实际当中，时时受到实际的影响。我们之所以进行研究，就是为了实际地解释世界和改造世界。我们选择的研究方向和课题，也都是而且只能是来自现实世界的。特别是对我们这些长期受马克思主义教育的思政课教师来讲，在进行理论研究时根本就不存在理论脱离实际的问题。把基本理论研究斥之为理论脱离实际和不以现实问题为中心，是十分错误的，已经给我们的学术界造成了并继续造成着消极的影响。其实，即使是像德国古典哲学家康德、黑格尔那样不参与现实运动,而只在书斋中研究抽象哲理的人,也不可能真正脱离那个时代的实际。正因为如此,他们的思想至今仍有大的影响。

(四)研究方向确立之后怎么做

在确立学术上的主攻方向之后,不要轻易放弃和改变。要抓住不放,持之以恒。尽可能地紧紧围绕这个方向来做科研,而不要东一下西一下地打游击了。从这个意义上讲,做研究打的是阵地战。要坚守阵地,不断挖掘,努力向深处用劲。突破表层,而一层一层地深入下去。在这个过程中,会有一系列论文。这样一篇一篇地做,一篇一篇地发,数年之后,就相当可观,不知不觉间就成为这个问题上的专家了。当你成为这方面的专家后,一方面要乘胜追击,继续前进,成为更高水平的专家,另一方面就可以有资格打一点运动战甚至游击战了。而且,使二者互相补充。

由于深入的研究总比泛泛而论困难得多,所以方向确立之后的研究总会遇到一定的困难。最先的困难可能就在于,面对自己的选题,不知从何入手。原来习惯于做泛泛而论的题目,现在突然转向专一性的深入研究,可能会不习惯,不会做。虽然仅仅是一个研究方向,但当你直接面对它的时候,会发现它也是一个广大的世界。它涉及问题非常多,涉及领域也非常多。在这个时候,要注意寻找研究的突破点。

对不同的人来说,突破点可能不同。可以从核心概念的考证和辨析入手,把这看作是最基本的工作。因为任何一个研究方向,都有其核心概念和基本概念。对于这个概念我们也许已经习以为常,十分熟悉了,但是熟知并非真知。要对这个熟知的概念做陌生化处理,仿佛这个概念是自己第一次接触。于是从头开始了解这个概念,考察这个概念的历史来历,原始含义及其后来的演变,直到这个概念成为我们当前语境中的含义和内容。对核心概念和基本概念做了这些基础工作后, 就可以再接下来做进一步的工作了。

当然,这种历史的追溯,并不仅仅是考察核心概念,还可以考察相关的事实和历史材料。任何理论的出现都有其历史背景,我们深入到历史背景中去考察理论的产生,也是很重要的研究工作。

考察经典作家,特别是马克思和恩格斯的相关论述和思想,也是一个研究的突破口和基本性工作。我们所关注的许多问题,都可以从经典作家那里找到来源。从经典作家的原典中,从他们生活的历史过程中,了解他们的原初思想和发展过程,可以增强我们理论研究的历史感。这种研究工作既是一种基础性工作,又是一种为以后的研究准备后劲的工作。缺乏对经典作家相关思想的研究, 我们对许多现代的课题和问题的研究就往往缺乏后劲。

在有了研究的突破口之后,可以研究的问题就会纷至沓来。你也就不愁没有问题可研究了。对自己的研究方向要舍得下大功夫,向深处进军,向细节进军,也向理论运用的方面进军。总的来说,是先向深处进军,最后再向广度进军。

其实,对学术研究来说,有时深度其实是广度,有时又是高度。对马克思主义理论研究来说,高度也是一种"深度",而且是更为重要的"深度"。站得高,看得远,想得深,把握问题就能恰当。如果陷入狭隘的立场,钻了牛角尖,迷恋片面性,那就不是真正的"深"。因此,在这方面要磨炼哲学思维。为思政课服务的研究主要是思想性的研究,是加强理论理解的研究,以及更好地阐释理论的研究。这就需要哲学的思维,没有专门研究过哲学的老师,要看些哲学方面的书,会有好处的。

最后的问题是,我们守着一个方向进行研究,要坚持到什么时候呢?固守一生呢,还是中途再开辟新的研究方向呢?我认为都可以,根据自己的情况而定。如果一生固守一个研究方向,把它做得强而又强,大而又大,那也是十分有益的。我做信仰方面的研究,从20世纪80年代中期到现在,30多年了,我还没有放弃。就"信仰"两个字研究30年,即便是个智力障碍者,也总有所得了吧。这些年用实干积累起来的经验和功力,不是随便可以得到的。"信仰"虽然只有两个字,但涉及的范围非常广泛,内涵又极深,深入这个"大海",有时还不知所之。从这个方向延伸开去,许多方面的学科和内容都涉及了。所以,我有时觉得"信仰"这个题目太大,方向还是太宽了。一个学者将一生的精力投入其中,也如泥牛入海,无声无息。

但也不一定一生固守一个方向。在研究清楚第一个方向之后,完全可以再扩大研究范围,转移目标,确立新的研究方向。有人在人力资源研究方面发现一个规律,就是学者对问题的研究有一定的周期,大约七八年的时间。超出这个时间,创造力会出现下降。因此我们在具体课题的研究上,也应该经常有所转移。而这种转移既可能沿着原有的方向进行,也可以偏离原有的方向。但不论怎样,都是在思政课教学的内容之中,许多问题毕竟都是相通的。在这方面,应该不会有太大的困惑了吧。

第十章

大、中、小学思政课与青少年成长

习近平总书记在学校思想政治理论课教师座谈会上发表重要讲话，对办好思政课作了全面的论述。他特别强调要在大、中、小学"循序渐进、螺旋上升"地开设思政课，并指出："青少年阶段是人生的'拔节孕穗期'，最需要精心引导和栽培。"这一论述十分重要，它启示我们：学校思政课是与青少年的人生阶段相适应的，为了循序渐进、螺旋上升地开好思政课，就需要考察青少年时期的成长过程，特别是精神成长的过程和特点，把"拔节孕穗期"具体化，为不同学段的思政课提供支持，从而增强思政课的科学性和针对性。

一、思政课：观照青少年成长的三个时期

（一）青少年精神成长的三个时期

习近平总书记十分关心青少年健康成长，在不同场合有过多次论述。青少年的成长是一个综合过程，既有生理和心理的方面，也有精神的方面。因而总书记的论述通常是总体性的，涵盖生理、心理和精神三个方面，而他所突出强调的则是精神上的成长，即正确世界观、人生观、价值观的塑造。学校思政课当然要以学生的生理发育和心理成长为基础，但其主旨在于促进和引领青少年的心灵塑造和精神成长。其实青少年的成长与庄稼的生长有相似之处，同时习近平总书记曾从事农业劳动而对庄稼的生长十分熟悉，因而他常用这方面的术语来表述青少年精神成长的特点。

在全国高校思想政治工作会议上，习近平总书记就使用过"灌浆期"这一术语来形容大学生的人生阶段。在此次思政课教师座谈会上，习近平总书记又使用了"拔节孕穗期"这一引人瞩目的说法。这两个提法都是以庄稼作比方，生动地描摹出青少年精神成长的历程和特点。

"拔节孕穗期"是一个概括性、象征性的说法，从总体上提示出青少年时期成长的典型特征。从学理上科学把握这一表述的内涵，我们一方面要

注意它的总体性和概括性，深刻认识青少年时期在三观树立方面十分关键，因而需要精心栽培和引导；另一方面也需要把它具体化，以展开青少年时期的内在过程。因为青少年时期本身有相当大的跨度，包含了学生成长的不同阶段。只要了解了这些具体阶段和过程，才能更好地掌握青少年时期的总体特征。

其实，不论是"拔节""孕穗"还是"灌浆"，都是庄稼生长中的小阶段，它们之间是略有差异的。这就表明，习近平总书记的表述中已包含了对青少年时期不同阶段的关注。从儿童到少年再到青年，从小学生到中学生再到大学生，心身发育和精神成长会呈现出阶段性特征，习近平总书记对此都有过或多或少的论述。因此，我们需要将"拔节孕穗期"加以展开，分成几个小阶段，以更加具体地描摹青少年的人生发展和精神成长。

为此，我们要补上"拔节孕穗期"之前的起始阶段，即播种出苗阶段，如果没有这个初始环节就谈不到后来的"拔节""孕穗"和"灌浆"。其实，习近平总书记已有提示，比如"扣好人生第一粒扣子"。对这种说法可以从两个角度理解：一是从逻辑上讲，思想政治素质与其他素质相比是逻辑在先，是人生的第一粒扣子。如果思想品德的扣子没有扣好，"三观"有问题，那么后面的扣子也会跟着错。二是从时间上讲，人生的第一粒扣子更侧重于强调青少年的初始阶段，指的是"从娃娃抓起"。这可以说就是思想教育的最初阶段，面对的是儿童和少年时期。而且习近平总书记强调"要给学生心灵埋下真善美的种子"，也明确地提示出了人生真善美的播种时期。

我们也要把"拔节"和"孕穗"略加区分，同时把"灌浆"加进去。这样，青少年的成长就有了多个小阶段，即播种、出苗、拔节、孕穗、灌浆等。从更具体的过程来看,青少年成长也像庄稼成长一样,可以区分更多小阶段。比如小麦的生长期就有十到十二个小阶段。但我们对青少年的成长没有必要区分这么细,因为青少年的成长,特别是他们心灵的成长,是一个连续的有机过程,没有可能和必要去做过于详细的区分。而应遵循习近平总书记的做法,即从中找出几个关键性环节,并做基本的区别。例如,可以把播种和出苗合在一起,把生长和拔节放在一起,把孕穗和灌浆放在一起。

这样,青少年时期的精神成长大体可分为三个阶段:播种出苗期、生长拔节期、孕穗灌浆期。它们大致对应幼年、少年、青年三个阶段,对应小学、中学、大学三个学段,既体现了青少年心灵成长的基本历程,也体现了学校思政课的循序渐进和螺旋上升。

(二)播种出苗期:在学生心灵埋下真善美的种子

美好心灵的塑造是从播种开始的。学前教育特别是小学阶段,是青少年精神成长的第一个时期,也是青少年思想品德教育的起步阶段。家长和思政课教师在这个时期的任务,就是在学生心田播下真善美的种子,并使其发芽出苗。习近平总书记在全国教育大会上指出:"家庭是人生的第一所学校,家长是孩子的第一任老师,要给孩子讲好'人生第一课',帮助扣好人生第一粒扣子。"在此次座谈会上又进一步指出:"思政课教师,要给学生心灵埋下真善美的种子,引导学生扣好人生第一粒扣子。"

首先,要把好种子关,确保我们所要播下的是"真善美的种子"。种子问题十分重要,是庄稼生长的基点。选种、育种从来都是农业的重要环节。从育人来说,在心灵中埋下真善美的种子,是思想教育的第一步,也是非常关键的一步。这里的"种子",就是教育内容,是向学生传递的最核心思想信息。必须确保我们传授的是真理,传递的是正能量。思政课的课程设置和内容安排,必须体现马克思主义科学真理,体现中华民族优秀文化和人类文明成果,体现党的路线方针政策。

其次,做好播种工作,把真善美的种子埋进学生心田。好的种子必须埋进土里才能生根发芽。农民对土地充满敬畏,对土壤细心培养,播种时小心谨慎。同样,思政课教师也应该对孩子的心灵充满敬畏,给其滋养和爱护。习近平总书记指出:"少年儿童的心灵都是敏感的,准备接受一切美好的东西。"①孩子的心灵世界十分单纯,具有天然美好的趋向,是接纳真善美种子的肥沃土壤。小学生听老师的话,把老师当作权威。老师一定不要辜负孩子们美好的依恋和信赖,用爱心去滋养孩子的心灵,用爱心去传递真善美的种子,用爱心把美好的种子埋入他们的心田。儿童心灵十分稚嫩,教育工作必须细心谨慎,切忌生硬和粗暴。

再次,播种之后还要浇水,助其发芽。种子有发芽的天性,良种更有旺盛的生命力,这种天性和生命力使它突破自我,生根发芽。但它也需要适宜的环境加以辅助。农民在播种之后还要浇水,就是助其发芽。同样,美好的思想感情在学生心田里也有生根发芽的力量,但同时也需要老师的帮助和指导。老师不仅要向学生传递知识和思想,还要激活这些知识和思想,使其扎根于学生的心灵,体现于学生的言行。如果说"生根"是内化于心,那么"发芽"则是开始外化于言行。当然,生根发芽需要一个过程。

---

① 习近平:《从小积极培育和践行社会主义核心价值观》,人民日报,2014年5月31日。

最后，耐心等待种子发芽出苗。种子的发芽和出苗有一个酝酿和攒劲的过程，农民在做完该做的事情之后会耐心等待。心灵中的种子也是如此，思政课教师要有耐心，善于等待，在春风化雨中使孩子的心灵萌发真善美的幼苗。正如习近平总书记指出，教师要根据少年儿童的特点和成长规律，循循善诱，春风化雨，努力做到每一堂课不仅传播知识，而且传授美德，每一次活动不仅健康身心，而且陶冶性情，让同学们都得到倾心关爱和真诚帮助，让社会主义核心价值观的种子在学生们心中生根发芽。

(三)生长拔节期:精心守护好学生的成长

破土而出的小苗在阳光雨露下开始成长，并逐步进入迅速生长的"拔节"过程。可以说，从出苗到拔节，是一个逐步加快的生长发育过程，具有不同于播种出苗期的新特点。在经历了小学时期的积淀后，中学时期学生的生长加快，特别是到高中阶段，学生身心方面有快速的生长，精神需要和精神成长也进入旺盛时期。要适应学生身心迅速变化的特点，由浅入深地开设思政课，逐步加大思想政治的教育分量。

首先，要照看好幼苗，不使其受到伤害。刚刚长出的幼苗十分稚嫩，需要细心呵护。教师要守护好孩子幼小的心灵，为孩子树起一道防护墙，防止恶言恶语和丑恶现象对孩子心灵的伤害。在小学阶段，孩子们可能会接触到家庭和社会上一些不良现象，并产生心理困扰和冲突。如果不能得到疏解和引导，久而久之会造成心理矛盾和扭曲。人的心理就好比一面镜子，经过正常发育的心理是一面平整明亮的镜子，它能够正确映现外部事物，使人得到正确的认识，而扭曲的镜子则会使人产生错误的认识。守护好这面正常的心镜是思政课教师的重要职责。

其次，拿捏好教育力度，不要拔苗助长。美好心灵的生长有其过程和节奏，对此不能急功近利。要耐心观察，逐步加力。要根据幼苗生长的实际需要，为其提供必要的思想和精神营养。在尚未进入拔节、孕穗的快速生长期之前，不宜大量施肥浇水。在美好心灵塑造的过程中，前期的打基础是特别重要的。打基础的过程是一个渐进而不显著的过程，它不容易看出成绩和效果，但可以为以后的突飞猛进积聚力量。要深刻认识青少年精神成长中打基础的极端重要性，以"只问耕耘，不问收获"的精神，源源不断地向孩子的心灵世界传递营养和正能量。过多、过早地进行大量的理论知识灌输，学生不仅无法吸取，而且会因"吃伤"而导致以后对理论的厌烦。

再次，在迅速生长的拔节时期，要跟上思想营养。在经历了一定时间的积累之后，植物就开始"拔节"，快速生长期就到来了。在拔节期的庄稼地里，会听到植物拔节生长的声音，是十分神奇而令人惊叹的。这是植物强大生命力的展现，表明植物的生长正在高歌猛进。这个时期的庄稼会需要大量的水分，以及充分的肥料。农民必须及时补水供肥，满足庄稼生长的需要。思政课也是这样，进入青春期的学生发育十分迅速，向着成年人的身体形态前进。不仅生理上，而且在心理和精神上也经历着巨大的发展。因此，不仅要给学生以充足的生活营养，也要给他们以充分的精神营养。特别是到高中阶段，思政课知识性和思想性的内容、社会性和政治性的内容比过去有了较大的增加，这是符合学生成长需要的。

最后，及时应对快速生长中出现的变化和问题。正是由于身体形态和心理结构上的快速变化，使学生的心理和精神世界处在变动和动荡之中，甚至会发生一定的心理和精神的危机。同时,由于临近高考,课业负担不断增加,从而更加重了学生的心理压力。在中学阶段,特别是高中阶段,学生的心理问题已不鲜见。在心理压力加大,甚至存在一定心理困扰和精神危机的情况下,心灵的成长会遇到阻碍,使正常的思政教育变得困难。而且,青春期也是叛逆期,叛逆性使学生不易接受老师的教育和引导。在这样的情况下,思政课教师要全面关心学生的成长,关心他们的心理状况和精神状态,加强并善于与他们沟通,以他们所易于接受的方式去传递思想政治信息,并以此助力他们心理和精神的成长。

(四)孕穗灌浆期:持续为学生增加思想营养

庄稼在经历拔节的快速生长后,就进入孕穗、抽穗和灌浆的酝酿果实的时期,并向着成熟迈进。学生从中学进入大学,开始专业学习的阶段,为走向社会修学储能。就其精神成长来说,有很大的需要和发展。真善美的种子逐步结出果实,知识体系和价值体系初具轮廓和规模。高校思政课要适应这个时期的大学生的身心和精神发展的特点,以更大的信息量和更高的思想要求,为学生形成正确的世界观、人生观和价值观保驾护航。

习近平总书记对此做了精辟论述,指出:"学生在高校生活,少则三年到四年,多则九到十年,正处在人生成长的关键时期,知识体系搭建尚未完成,价值观塑造尚未成型,情感心理尚未成熟,需要加以正确引导。这好比小麦的灌浆期,这个时候阳光水分跟不上,就会耽误一季庄稼。"[①]这一

---

① 《习近平关于青少年和共青团工作论述摘编》,中央文献出版社,2017年,第37~38页。

论述为我们做好大学生思政课教育教学提供了深刻的启示。

首先，要深刻认识大学生处在人生成长和三观形成的"关键期"，高度重视高校思政课的"关键课程"地位。虽然整个青少年时期的精神成长都很重要，但大学生阶段尤为关键。因为这是三观正在形成而尚未定型的时期。这个时期迈出的任何一步，都有可能直接影响到他的精神面貌。正因为如此，大学思政课特别关键。学校领导要深刻认识思政课的特殊性与重要性，高度重视和大力支持思政课建设，思政课教师要以更大的热情和精力投入思政课教学。

其次，要精准把握大学生心理和精神发展"三个尚未"的特点，有针对性地搞好思政课教学。学生的情感和心理发育尚未成熟，还有很大的可塑余地。思政课虽然是思想理论性课程，但也必须关注学生心理和情感发展，帮助学生解决情感困扰，促进心理健康成长。学生知识体系的搭建尚未完成，对知识有着强烈的需求。加大对学生的知识传授，引导学生自觉学习，不仅有助于学生知识体系形成，也有助于学生价值观念的塑造。学生的价值观塑造将成型但又尚未成型，处在一个比较微妙和关键的环节上。高校思政课的主要任务，就是用科学的理论和正确的立场来塑造大学生的价值观，帮助当代大学生将社会主义核心价值观内化于心、外化于行。

再次，跟上阳光、水分，为学生提供充足的精神和思想营养。一般来说，庄稼在孕穗灌浆的时候，自身的快速生长逐步停止，转入为结果而努力的时期。而对大学生来说则有一个不同，即它一方面身心仍处在迅速生长的过程中，同时又在孕育和形成自己的果实。这是双重的使命和任务，从而加倍需要营养的支撑。因此，大学生教育，特别是思政课教学要为学生成长提供更全面、更充分的营养。要增加知识的营养,以合理的课程为学生传授知识,并引导学生大量阅读,自主获取知识,特别是关于正确世界观和人类社会发展规律的知识。要增强情感的营养,以更好的人文关怀和心理疏导涵养学生的情感世界,引导他们自爱爱人,爱国家爱人民,爱党爱社会主义。还要增强价值营养,以积极健康的价值观充实他们的内心世界,用社会主义核心价值观引领精神世界的塑造。

最后,及时矫正学生心灵成长中的变形和扭曲。学生心理的发展和心灵的成长是一个复杂的过程,并受到多种因素的影响。思政课引导和帮助他们树立正确的理想信念和思维方式,这是主流的方面。但也不能否认和忽视,在学生成长过程中会受到不良因素的影响。思政课要把建设性和批判性结合起来,在搞好正面教育的同时,发挥好自己的批判功能,帮助学生抵御错误思潮的影响,矫正学生中出现的偏差,帮助他们真正树立起正确的世界观、人生观和价值观。

二、历史是青少年成长的最好老师

青少年是祖国的未来,民族的希望。党和国家历来关怀青少年成长,重视青少年教育。习近平总书记多次论及青少年教育,并强调了历史的育人价值和"四史"教育的重要意义。青少年是"四史"教育的重点群体之一,要将"四史"教育融入国民教育全过程,对青少年进行生动有效的历史教育。

(一)青少年为什么需要学历史

习近平总书记关于学习历史,特别是"四史"的论述,主要是面向党员和干部的,但在一定意义上讲也是面向全社会的,特别是面向青少年的。不仅党员、干部和社会公众要学习历史,而且青少年特别是学生也应该学习历史。

1.青少年学习历史首先是由历史本身的育人作用决定的

青少年大体上还处在读书学习的阶段,社会角色主要是学生。接受社会和学校的教育,成长为合格的社会成员,特别是社会所需要的人才,是他们的人生使命。他们所受的教育当然是具有多方面来源的,而这里需要突出强调的是历史的育人作用。习近平总书记高度重视历史的育人功能,并作过许多重要论述,其中关于历史是最好的老师和教科书的论述,关于历史是最好的营养剂和清醒剂的论述,十分精彩而生动地体现了历史的育人功能。

历史是最好的老师和教科书。这一表述本身十分清楚地表明了历史对青少年的教育价值。中国古人历来重视历史的借鉴价值,俗话说得好,前事不忘,后事之师。历史是一面镜子,它能够照出人的面貌,是人自我认识不可缺少的途径。因为历史就是人们自己生活、工作和创造的历史过程,就是人类成长发展的过程和记录。正是在以往人类自己的历史记录中,有着对于现在和未来的启示。鲁迅先生说过,从历史看未来,洞若观火。而历史是最好的老师和教科书的说法,更直接地点出了学习历史对于青少年成长的教育意义。历史好比一个富有人生阅历和智慧的老人,好比一个拥有科学知识和理念的教师。他把累积多年的知识和智慧传授给成长中的一代,告诉人们前人在探索中付出的代价得到的教训,使人们引以为戒。历史这位老师任何时候都在这里,随时准备不厌其烦地向人们讲述过往的启示。而历史作为"教科书",充分体现了历史教育在青少年教育中不可缺少的意义。对于学习阶段的人来说,学习当然不限于教科书,但首要地是教科书。它是最准确的知识,是最精练的表述,是经过教育家们精心编写而成的最有教育效率的直接的教育手段。当人们在现实中遇到困惑的时候,如果把目光转向过去,并着力从中吸取智慧的借鉴,那么就会从历史经验中得到最好的建议和忠告。

历史也是最好的营养剂和清醒剂。历史是人类的奋斗史,中华民族的奋斗史,特别是中国共产党带领人民奋斗的历史,充满着民族精神、革命精神和时代精神,充满着正能量,是最好的营养剂。同时,历史中也有曲折、迷误和痛苦的一面,当我们被胜利冲昏头脑,头脑发热而不够理智之时,历史就是最好的清醒剂。它能让人们恢复清醒,用理智的眼光来看待自己和世界。

2.青少年学习历史是由青少年成长的需要所决定的

学习历史的动力不是来自外部的要求,而是来自内在的需要和自觉。一般来说,尽管青少年更关注的是未来而不是过去,而这也正是这个群体的可贵品格,但这并不意味着青少年对历史不感兴趣,更不意味着成长中的青少年没有对历史营养的内在需要。事实上,处在"孕穗灌浆期"的青少年,需要包括历史知识在内的大量阳光和水分。历史学习是不可缺少的。从一定意义上说,我们所有的知识都是历史地形成的, 都是历史的一部分。马克思和恩格斯曾说过,我们只知道一门科学,那就是历史科学。这是广义上的历史。而就狭义的历史而言,它对青少年成长也是不可缺少的。青少年要克服自己的不足,增加厚重感,就需要了解历史;青少年要继承中华民族的传统文化,就需要学习中国历史;青少年要成长为对社会有用的人才,就需要了解这个社会的来历;要成长为社会主义事业的建设者和接班人,就需要了解这个事业的来龙去脉。

3.对青少年进行历史教育是全面贯彻党的教育方针的必然要求

党的教育方针着眼于培养德智体美劳全面发展的社会主义建设者和接班人,培养担当民族复兴大任的时代新人,而这其中就不能缺少历史知识和智慧的涵育。无论是思想政治和道德品质的培育,还是智力教育和科学知识的传授,身心健康发展,以及审美培育和劳动品质的教育,都不能无视历史,否则就缺少厚重感。青少年的全面教育和全面成长,是诸育全面发展的统一,也是过去、现在和未来的统一。不仅在横向上要坚持诸育并行和统一,而且要在纵向上坚持全面贯通和统一。青少年作为国家未来的栋梁,作为未来的建设者和接班人,本身就具有历史的向度。因此,对党的教育方针的理解和贯彻,不仅要从横向上去把握,还要从纵向上予以历史性把握。

(二)青少年要学习什么历史

历史是极为广泛的。既有自然史,又有人类史;既有世界历史,又有中国史。所有这些历史都具有教育意义,都是历史学习的重要领域和对象。在大中小学的课程和教材中, 已经包含着十分广泛的历史知识和历史元素。而在中国特色社会主义新时代,就历史学习的重点来说,主要是党史、新中国史、改革开放史、社会主义发展史这"四史"。习近平总书记在多个场合强调学习"四史"的重要意义。

1.着重学习中国共产党的历史

中国共产党从 1921 年创立到现在,一百多年了。这一个世纪多的历史是党从无到有、从小到大、从弱到强的过程,是党带领各族人民经过艰苦卓绝的奋斗而使中华民族站起来、富起来和强起来从而走向伟大复兴的历史。这段历史包含四个主要时期:1921—1949 年是党的创立和新民主主义革命时期,党带领人民实现了民族独立和人民解放,建立了新中国;1949—1978 是社会主义革命和建设时期,党带领人民建立了社会主义制度,探索了社会主义道路,奠定了社会主义发展的基础;1978—2012 年是改革开放和社会主义建设新时期,党带领人民实行了改革开放,找到了中国特色社会主义大路,国家实力和人民生活水平全面提升;2012 年以来是中国特色社会主义新时代,党带领人民全面建成小康社会,开启了全面建设社会主义现代化国家新征程,并将再经过几十年的奋斗实现中华民族伟大复兴的中国梦。这一百多年的历史并不算长,但就其内容的丰富和精彩来说,是世所罕见、绝无仅有的。通过对党的历史的完整学习,增进对党的性质和宗旨的认识,领悟中国共产党为什么能的道理。

2.学习新中国的历史

从 1949 年 10 月 1 日中华人民共和国成立到现在 70 多年了,这段历史虽然不长,但已经彻底改变了中国的面貌。新中国成立之初接下的是一个一穷二白的烂摊子,经过 70 多年艰苦奋斗,我们已经成为初步繁荣昌盛的社会主义国家。成为世界第二大经济体,国际地位不断提升,日益走近世界中心舞台。要从历史整体上看待 70 多年的历史发展,既要看到新中国历史的阶段性演进,更要看到历史一以贯之的发展。既不能用改革开放之前的历史来否定改革开放后的历史,也不能用改革开放之后的历史来否定之前的历史。新中国成立后,党领导人民进行国家政权建设,建立起社会主义基本政治制度,并提出了过渡时期的总路线,成功实施了社会主义改造,在我国建立起社会主义基本经济制度。这是中国数千年的历史性巨变。随即开展了轰轰烈烈的社会主义建设,极大地鼓舞起人民群众建设新中国、创造新生活的奋斗热情。人们自觉地艰苦奋斗,把生产发展放在第一位,把获得的新的财富再次投入国家积累和国家建设,以超常的付出和极少的获取,为国家完成原始积累和奠定发展基础,做出了巨大贡献和牺牲。尽管在探索社会主义建设道路的过程中,有过失误甚至严重错误,但这并不能改变新中国社会主义事业的性质。正是在这些发展基础和经验积累的基础上,改革开放和现代化建设事业大放光彩,社会主义建设进入新的历史时期。

3.学习改革开放的历史

不仅包括改革开放新时期,也包括中国特色社会主义新时代。当今青少年一代都是出生和成长于改革开放的时代,可以说是这个时代的"原住民",对改革开放当然是并不陌生的。但是要全面了解这段历史,真正懂得这段历史,还是需要学习的。改革开放,从 1978 年 12 月党的十一届三中全会开始,到今天四十多年了。这四十多年来的变化,在新中国的历史上,在中华民族的历史上,以及在人类历史上,都是具有特殊和突出意义的。

中国为什么要搞改革开放,应该怎样搞改革开放?这是伴随改革开放四十多年的重大问题。对于现在的青少年来说似乎不成问题,但从历史上并非如此。今天,我们的改革开放取得了举世瞩目的成绩,这是来之不易的。之所以取得改革开放的成绩,是因为党成功找到了中国特色社会主义道路。通过学习这段历史,要深刻认识改革开放的伟大意义,懂得中国特色社会主义道路的来之不易。

4.学习社会主义发展史

要想懂得党史、新中国史、改革开放史的历史方位和历史意义,就要把它放到社会主义发展史中去认识和把握。一方面,要把它放到世界社会主义的广阔视野中去考察,看到中国共产党领导的中国社会主义事业在世界社会主义事业中的重要地位;另一方面,要把它放到社会主义五百年发展历程中去考察,看到它为世界社会主义发展所做出的贡献。从托马斯·莫尔发表《乌托邦》以来,世界社会主义走过了五百多年的历程,经历了从空想到科学、从理论到实践、从理想到现实的历史过程。这五百年的历史大体分为六个历史阶段:第一个阶段是空想社会主义的产生和发展,基于道德义愤对资本主义进行了揭露和批判,并凭借善良愿望和想象描绘了美好的理想社会;第二个阶段是马克思和恩格斯创立唯物史观、剩余价值学说,为社会主义从空想变成科学奠定基础,社会主义实现了从空想到科学的飞跃;第三个阶段是列宁率领俄国布尔什维克和革命群众取得十月革命胜利,建立起人类历史上第一个社会主义国家,抵御了外国势力的入侵,巩固了新生的人民政权,并开始探索社会主义建设的道路;第四个阶段是苏联社会主义建设与探索,在斯大林的领导下苏联党和人民建设起社会主义制度,并探索形成苏联社会主义模式;第五个阶段是中国取得新民主主义革命胜利并通过社会主义改造建立社会主义制度,艰辛探索社会主义建设道路;第六个阶段是中国特色社会主义的开创和发展,中国改革开放和社会主义现代化建设取得举世瞩目的伟大成就,并开启中国特色社会主义新时代,迈上全面建设社会主义现代化国家的新征程。

(三)青少年应该怎样学习历史

青少年学习"四史",应该有恰当的方式和途径,以及有效的方法。

首先,要学好课内的历史内容,特别是历史科目。在我国基础教育阶段,历史是重要课程,其中既有中国历史,又有世界历史。青少年学习历史,当然首先要立足把课程内的历史知识学习好。要学好历史教材,掌握最基本的知识。学习历史要有整体性思维,重点不是在硬记许多历史事件和年代,而是要了解和把握历史发展的线索和脉络。头脑中有了这样的大框架,许多具体的历史知识才有了自己的位置和意义,也才更容易牢记和理解。因此,虽然对历史知识的死记硬背是不可避免的,但更重要的是要有理解。作为课程学习,当然要考试,但学习历史的目的不是为了应付考试,而是要有真实的收获和获得感。另外,课程内的历史教育不只是一个学生自学的过程,更是一个老师教学的过程。历史课教师要深刻认识"四史"教育对青少年成长的意义,用符合青少年身心特点和他们易于接受的有效方式,实施教学,发挥对学生学习的引导作用。

其次,要学好思政课中的历史内容。在高等教育阶段,有一些通识性课程具有历史性,特别是思政课中包含着大量的历史性内容。比如"中国近现代史纲要"本身就是讲历史。特别是随着党中央强调"四史"学习,"四史"相关知识也正在进一步融入学校思政课内容之中。因此,不仅要学习"历史"科目,而且要学好思政课中的历史内容。思政课中的历史教学重点不是在历史知识的传授,甚至也不只是在历史整体的把握,而是更加注重历史规律的把握和历史选择的领悟。特别是学习近代以来中国的历史,要着重认识中国近代以来历史发展的规律,领悟中国人民选择马克思主义、选择中国共产党、选择社会主义道路,具有历史的必然性。特别是对于当代大学生特别是哲学社会科学专业的大学生来说,还要先钻研历史著作,在探究式学习和研究式学习中取得进步。

再次,要多看历史性课外书。课本内的知识毕竟是有限的,它只是为进一步拓展和深化打下了基础。课程学习不能满足于对教材知识的掌握,而是还要阅读一定的课外读物,以便巩固和扩展原有的知识。在历史学习方面也是如此,也应该阅读一定数量的课外书。其实,有关历史的读物是相当丰富的,特别是关于党和国家的历史,历来就有相当多的普及性读物。关于社会主义发展史的读物一般来说比较少见,我们学术界和教育界应该尽快编写相关读物。至于改革开放的历史,由于时间比较近,系统性读物也不多,需要尽快加以补充。历史读物的写法要有所创新,要体现历史的生动性和吸引力。历史不是一堆枯燥年代和事件的记录,不是一些永远学不完的知识,而是有着内在逻辑的生活画卷的展开过程。历史读物要有故事的生动性,要有生活的烟火气和人性的展开。不仅要能够吸取广大青少年去阅读和学习,而且要使他们得到学习的乐趣和深刻的启示。

最后,从现场参观学习和红色影视作品中了解党领导人民奋斗的历史。学历史并不是仅靠读书,此外还有许多其他相关的渠道,也是很必要的。比如,通过文学艺术作品,特别是影视作品以及新媒体作品,也能得到生动的教育。青少年生活在信息发达的现代社会,喜欢从影像作品叙事中获得信息。应该发挥这些作品的作用。我们的主旋律影视作品十分丰富,它们生动地再现了党领导人民奋斗的历史故事。再比如到许多历史文化遗址参观学习,就是非常直观生动的学习途径。我国是文明古国,历史上保留下来的文化遗址和胜地是十分丰富的。在这样的人文地理名胜游览,能够得到许多历史启示。特别是红色历史文化遗址类,凝聚着革命先辈流血牺牲的历史,青少年置身其中就能受到红色文化的教育,能够传承红色基因,继承革命传统和革命精神。

三、对少年儿童进行"三爱"教育

"三爱"教育是根据习近平总书记对少年儿童的谈话而提出来的。2013年"六一"儿童节前夕,习近平总书记来到北京市新建的少年宫,同来自全国各地的1600多名少年儿童一起参加"快乐童年放飞希望"主题队日活动,并向全国少年儿童祝贺节日。在与孩子们的交谈中,习近平总书记向他们提出了"爱学习、爱劳动、爱祖国"的希望和要求。他说:"少年儿童从小就要立志向、有梦想,爱学习、爱劳动、爱祖国,德智体美全面发展,长大后做对祖国建设有用的人才。"[①]为贯彻习近平总书记的谈话精神,落实立德树人的根本任务,教育部党组决定从2013年秋季开学起,在

① 《习近平同各族少年儿童代表共庆"六一"国际儿童节》,新华社,2013年5月30日。

全国各级各类学校深入开展"爱学习、爱劳动、爱祖国"教育。这就是"三爱"教育的来历。那么这一教育具有什么样的思想内涵和重大意义呢？这就需要我们从理论上做出分析考察。

(一)"三爱"教育来自历史的积淀

习近平总书记向少年儿童提出"三爱"要求，并不是偶然的，更不是一时的心血来潮。爱学习、爱劳动、爱祖国，这是我们中华民族、我们党和国家传统价值观的重要内容。表面看来"三爱"要求十分简单，但它是以深厚的历史文化积淀为基础的。

1."三爱"是中华民族传统美德的重要方面

我国传统文化中虽然没有"三爱"这种特定的提法，但崇尚学习、热爱劳动、报效国家是中华民族的传统美德，是传统文化和传统价值观中的核心内容。《论语》是传统文化最核心的经典，它的第一句话就是"子曰：学而时习之，不亦说乎？"孔夫子本人也是好学不倦，发愤忘食，乐以忘忧。两千多年来，孔子的格言塑造了中国人尊师、重教、爱学习的民族性格。在中国人看来，"学习改变命运"是天经地义的，这实在比"知识就是力量"还要深刻有力。中国学生普遍勤奋好学，有很强的求知欲，得到当今各国教育界的普遍认可，这是与传统文化的熏陶分不开的。爱劳动是我们的传统美德，中国人的勤劳也是世界闻名的。在中国人看来，劳动创造财富，勤劳可以发家，是万古不移的真理。在以"八荣八耻"为主要内容的社会主义荣辱观中，就包含有"以辛勤劳动为荣，以好逸恶劳为耻"这一很重要的内容，这无疑也是来自我们传统文化的馈赠。至于爱国，那就更不用说了。中华民族精神的核心就是爱国,正是这种爱国主义使中华文明绵延不绝,中华民族繁荣昌盛。中国人不论走到哪里,不论落户何方,都在内心深处有对祖国的深深眷恋。

2."三爱"是中国共产党人历来所倡导和奉行的观念

中国共产党是马克思主义与中国工人运动相结合的产物,中国共产党人的价值观来自马克思主义的科学理论和中华民族优秀的传统文化。尊重知识、追求真理,是马克思主义的精神传统;尊重劳动、注重实践,是马克思主义的价值取向。马克思主义是积极进取的学说,它强调人在世界上不是消极被动的,而是可以能动地认识世界和改造世界,而这正是"爱学习""爱劳动"最深刻的理论依据。"爱学习"体现的是认识世界,"爱劳动"体现的是改造世界。马克思主义的经典作家,我们党的领袖人物,都不仅是政治家和革命家,而且是好学深思的思想家和理论家。马克思自称"吃书的机器",恩格斯被誉为"活的《百科全书》",列宁在艰苦环境中苦读,毛泽东终生手不释卷,所有这些,都为我们树立了榜样。

马克思主义作为刚健有为的学说,不仅强调认识世界,更强调改造世界,因而它十分注重实践活动,强调劳动实践的意义。恩格斯说:"劳动创造了人本身。"认为人类之所以能够从猿类进化脱胎而来,关键的因素是劳动。而正是人类的劳动,特别是物质生产劳动,推动着人类社会不断进步。正因为如此,共产党人强调劳动的重要,注重保护劳动人民的利益。在爱国问题上,马克思主义虽然强调国际主义,反对狭隘的爱国主义和民族主义,但并不反对爱国本身,而是主张把爱国主义和社会主义结合起来,并突出强调热爱社会主义祖国。

3."三爱"也是新中国成立以来所倡导和形成的社会风尚

新中国成立之初,有临时宪法之称的《中国人民政治协商会议共同纲领》明确提出,爱祖国、爱人民、爱劳动、爱科学、爱护公共财物是全体中国国民的公德。后来这"五爱"正式写入《中华人民共和国宪法》。1982年《中华人民共和国宪法》第二十四条规定,国家提倡爱祖国、爱人民、爱劳动、爱科学、爱社会主义的公德。"五爱"的重要意义,不仅在于它提出了全体国民的公德, 更在于它标志着新中国成立后中国共产党人话语转换的开始,即从残酷的革命斗争环境中的"恨"的话语,转向和平建设年代的"爱"的话语。

在中国共产党领导人民进行革命斗争的过程中, 在阶级解放和民族解放的大搏斗中,"阶级仇""民族恨"曾是斗争的强大动力。这种"仇"和"恨"作为一种现实压迫的情绪反应不是凭空出现的, 而且它背后也反映出人民群众对生命的热爱、对正义的执着。但是在战争环境中党毕竟不能一口气连说五个"爱",而新中国成立后,历史翻开新的一页,我们要生活在和平建设和充满友爱的社会环境中,于是,"五爱"出现了。从这个意义上讲,它体现的正是"爱的伦理"。"五爱"教育对于形成社会主义新风尚是非常重要的,它贯彻在全国各行业的教育中,特别是在学校德育中得到全面体现。改革开放以来,我们接续上"五爱"的传统,并在新的历史条件下发扬光大。习近平总书记提出的"三爱",正是体现了社会发展的这一必然要求。"三爱"与"五爱"是相通的,后者包含了前者,而前者是后者的浓缩。

(二)"三爱"教育具有鲜明的时代内涵

"三爱"教育的提出,并不是历史的简单翻版,而是根据新的时代条件和需要所提出的新要求,具有鲜明的时代内涵和时代特征。

1."三爱"是在当今时代条件下提出来的,具有新的时代内涵

当今时代,世界科技飞速发展,经济社会发展日新月异,全球化和信息化成为现实。在这样的时代条件下,学习、劳动、祖国的意义和含义产生了新的变化,学习方式、劳动方式以及爱国方式也发生了大的改变。这些都会在"三爱"及其教育中得到反映和体现。

就学习而言,现在人类的知识呈爆炸式增长,人们已经生活在知识的海洋之中。现代科学技术的发展为人们的学习提供了优越的条件和工具,尤其是互联网的飞速发展,已经成为人们学习知识不可缺少的途径,在这样的情况下,学习不仅是吸取知识和积累知识,而且是更加注重思考和想象,注重对知识的掌握和驾驭,注重培养自己的创造力,提高分析问题和解决问题的能力。在少年宫的主题队日活动中,习近平总书记对孩子们说:"想象力、创造力从哪里来?要从刻苦的学习中来。知识越学越多,知识越多越好,你们要像海绵吸水一样学习知识。既勤学书本知识,又多学课外知识,还要勤于思考,多想想,多问问,这样就能培养自己的创造精神。"

习近平总书记强调了劳动的重要。在植物农作区,他观看了孩子们的劳作,并对孩子们说:"生活靠劳动创造,人生也靠劳动创造。你们从小就要树立劳动光荣的观念,自己的事自己做,他人的事帮着做,公益的事争

着做,通过劳动播种希望、收获果实,也通过劳动磨炼意志、锻炼自己。"①这段话可看作是习近平总书记对"爱劳动"的正面阐释。当然,他在这里不可能讲得太深,也不可能展开讲解劳动在当代条件下发生的变化。其实,当今时代人类劳动的方式已经非常多样化,体力劳动和脑力劳动的界限也不像以往那样分明。以前,我们讲劳动时主要指体力劳动,而且是物质生产领域中的体力劳动,即工业劳动和农业劳动。现在我们的视野大多了,看到脑力劳动越来越重要,看到体力劳动与脑力劳动的结合,看到生产劳动之外的家务劳动、管理劳动、服务劳动、公益劳动等劳动形式。当然,也要看到体力劳动在现今时代所具有的新意义,而不因为脑力劳动的发达而鄙薄体力劳动,看不起普通的体力劳动者。尤其是对在校的学生来说,参加一定的体力劳动锻炼和体验,于身心的成长是非常有益的。

至于爱祖国,环境变化就更大。现在世界已经进入经济全球化的时代,全球化趋势对民族国家产生了很大的冲击,有一些国家间组织和非政府组织分享了一些国家的传统权力,民族的成员也可以工作和生活在不同的国家和地区,包含现在的一些孩子,将来也可能去国外学习和工作。在这样的情况下,爱国的观念和行为也会发生相应的变化,变得更加开放,也变得更加理性。爱国主义不是狭隘的,而是开放的;爱国不是狂热的行为,而是理性的行为,今天的爱国主义要讲这样的道理。当然,也要告诉孩子们,以全球化为借口而完全否定爱国的意义,也是完全错误的。

---

① 《习近平同各族少年儿童代表共庆"六一"国际儿童节》,新华社,2013年5月30日。

2."三爱"是在改革开放和现代化建设发展到一定阶段时提出来的，具有鲜明的改革开放的时代气息

改革开放以来，党和国家一直在强调新时期的爱国主义，强调"讲学习"，强调"尊重劳动"，改革开放的伟大成果就是全国人民不断学习、工作和创新的产物。特别是近年来，我们正在建设全民学习、终身学习的学习型社会，各种学习型组织不断涌现，而党的建设也提出了学习型政党的目标。同时，党也一再强调要尊重劳动，尊重创造。在提出"三爱"之前的一个月，即 2013 年"五一"节前夕，习近平总书记在全国总工会同全国劳动模范座谈时，对劳动的意义作了全面深刻的阐述。他指出："必须坚持崇尚劳动、造福劳动者。劳动是财富的源泉，也是幸福的源泉。人世间的美好梦想，只有通过诚实劳动才能实现；发展中的各种难题，只有通过诚实劳动才能破解；生命里的一切辉煌，只有通过诚实劳动才能铸就。劳动创造了中华民族，造就了中华民族的辉煌历史，也必将开创中华民族的光明未来。'一勤天下无难事。'必须牢固树立劳动最光荣、劳动最崇高、劳动最伟大、劳动最美丽的观念，让全体人民进一步焕发劳动热情、释放创造潜能，通过劳动创造更加美好的生活。"①这段是对"爱劳动"的深刻诠释。这些都凝结在"三爱"教育之中了。

3."三爱"教育与当前在全社会弘扬和培养社会主义核心价值观的要求是一致的

在"三爱"教育提出的半年后，在 2013 年 12 月，中共中央办公厅印发

---

① 习近平：《在同全国劳动模范代表座谈时的讲话》，新华网，2013 年 4 月 28 日。

了《关于弘扬和培育社会主义核心价值观的意见》,随即在全国开展了社会主义核心价值观教育活动。在这样的形势下,推动全国各级各类学校进一步开展"三爱"教育活动,就必须把它与核心价值观教育活动结合起来。事实上,"三爱"教育并不是社会主义核心价值观教育之外的某种教育活动,而恰恰是社会主义核心价值观教育在学校教育过程中的生动体现,是向青少年儿童进行社会主义核心价值观教育的一部分。从内容上看,"三爱"的要求已明确包含在 24 个字的社会主义核心价值观表述之中。在"富强、民主、文明、和谐;自由、平等、公正、法治;爱国、敬业、诚信、友善"中,"爱学习"主要包含在"文明"的理念中,"爱劳动"包含在"敬业"的理念中,而"爱祖国"同"爱国"是一回事。可见,在全社会弘扬和培育社会主义核心价值观的背景下,开展"三爱"教育具有新的意义和新的要求,它是教育领域弘扬和培育社会主义核心价值观的具体而生动的体现。

(三)"三爱"教育体现学校育人特色

从"三爱"的内容来看,它无疑适应于所有的人,也适应于各行各业。但是"三爱"教育并不是某种泛化的面向全国所有人的教育活动,而只是在教育领域,特别是在学校进行的教育实践活动。"三爱"教育面向各级各类学校的广大青少年儿童,具有自身鲜明的特色。必须结合青少年和儿童的实际和各级各类学校的实际,开展"三爱"教育活动。

1."三爱"是习近平总书记向全国少年儿童提出的希望和要求

从"三爱"提出的语境来说,是习近平总书记在儿童节前夕向少年儿童提出的。他不仅向孩子们提出了"爱学习、爱劳动、爱祖国"的要求,而且在与孩子们的互动中,对爱学习和爱劳动作了解释。从"三爱"的内容上看,也具有面向少年儿童的特色。"三爱"的内容是基础性的,是高度简明的,这正切合了少年儿童的特点。

需要指出的是,习近平总书记提出的"三爱"并不只是三个词而已,而是完整的一句话:"少年儿童从小就要立志向、有梦想,爱学习、爱劳动、爱祖国,德智体美全面发展,长大后做对祖国建设有用的人才。"①这句话以"少年儿童"为对象,内容包括三个方面:一是要求他们"立志向""有梦想",这是基础和前提;二是要求他们"爱学习、爱劳动、爱祖国",这是主要内容;三是希望他们"德智体美全面发展",这是指他们的近期目标;四是希望他们"长大后做对祖国建设有用的人才",这是他们的远期目标。在开展"三爱"教育时,要注意全面理解习近平总书记的讲话精神和"三爱"的要求。

2."三爱"教育是中共教育部党组为各级各类学校作出的工作部署

中共教育部党组在《关于在全国各级各类学校深入开展"爱学习、爱劳动、爱祖国"教育的意见》中,对开展"三爱"教育活动作了全面的部署。要求充分认识开展"三爱"教育的重要意义,并提出一系列明确的工作思路,如将"三爱"教育纳入课堂教学中,广泛组织"三爱"主题宣讲活动,以"三爱"教育引领校园文化建设,把"三爱"教育贯穿于社会实践活动中,将"三爱"教育与入学教育结合起来,在不断优化教育评价标准中体现"三爱"教育的要求,以及深入开展"三爱"教育专题研究,切实加强"三爱"教

---

① 《习近平同各族少年儿童代表共庆"六一"国际儿童节》,新华社,2013年5月30日。

育组织领导,营造"三爱"教育的良好氛围,等等。

3."三爱"教育要结合青少年身心发展的需要和特点进行

学校开展"三爱"教育,应联系不同年龄阶段和不同学段的实际,结合学生学习和生活,扎实有效地开展教育活动。要注意把大学阶段的"三爱"教育与中小学阶段的"三爱"教育有所区别。要以少年儿童为重点对象,开展"三爱"教育活动,而对大学生的"三爱"教育,则应将"三爱"的内容融入思政课教学以及其他专业课教学中。同时,在教育层次上也要加以区别,对少年儿童多用感性直观的形式和亲身体验进行教育,而对于大学生和研究生来说,则需要有一定的理论深度。

"三爱"教育已经实施了好多年。一些地方和学校在开展"三爱"教育上已经积累了一些好的经验。比如有的学校将"三爱"教育与"三节"(节水、节电、节粮)教育结合起来,形成"三爱三节"教育实践活动,对此,应及时加以总结。每所学校都应根据自己的情况找到适合自己的模式,以进一步推进"三爱"教育活动的深入开展。

四、中学思政课教材的特点与教学方法

(一)教材编写的基本理念

第一,坚持教材的政治属性。习近平总书记在全国教育大会上指出,培养什么人是教育的首要问题,我国是中国共产党领导的社会主义国家,这就决定了我们的教育必须把培养社会主义建设者和接班人作为根本任务,培养一代又一代拥护中国共产党领导和我国社会主义制度、立志为中国特色社会主义奋斗终身的有用人才。这是教育工作的根本任务,当然也

是中学教育工作的根本任务。中学教材特别是中学思政课教材,是国家意识形态的重要载体,服务于培养社会主义建设者和接班人的根本任务,具有鲜明的政治属性。深刻认识和把握这一政治属性,是编好教材的政治前提和思想保证。因此,教材编写必须以习近平新时代中国特色社会主义思想为指导,体现党的基本理论、基本路线和基本方略,体现新时代坚持和发展中国特色社会主义的形势发展需要。

第二,坚持教材的科学属性。教材编写要在坚持政治性的基础上体现科学性要求,实现政治性与科学性的统一。科学性的要求主要是准确、严谨、完整。其中,准确是指教材内容在思想性上必须保证正确和科学,符合马克思主义基本原理,符合马克思主义中国化、时代化的理论成果,符合中央精神和国家大政方针,符合中国的历史与现实。严谨,是指在教材内容的选取、表述以及材料的引用上,必须做到严谨无误。内容选取上要合理把握,避免断章取义;语言表述上要准确规范,避免主观随意;材料引用上要严格查对,避免误引误用。完整,是指内容结构要完整,体现出体系性。其各个部分内容的安排,在逻辑上要有机衔接,分量上要大体均衡,表述方式上要尽可能一致。遵循了这样的要求,教材才能成为精品。

第三,坚持教材的教育性。教材的编写不仅要体现政治性和科学性,还要体现教育性,应该是政治性、科学性、教育性的有机统一。教材不是一般的政治读物,也不是专门的学术著作,而是教育教学的依托,是教师施教、学生学习的基础文本。因此,教材的教育性是政治性和科学性得以实现的落脚点。不论是教材的政治性还是科学性,最终都要落脚在它的教育性上,体现在教学过程中。教材的教育属性主要体现在教与学两个方面。

从教的方面来说,教材编写要遵循教学规律,符合教学需要,特别是课堂教学的需要,做到教师好用爱用;从学的方面来说,教材编写要遵循学生身心发展特点和规律,符合本学段学生学习特点和需要,便于学生课上和课下的学习使用。只有这样,教材才能真正为教师和学生所喜爱。

(二)教材使用建议

编好教材是前提和基础,用好教材是过程和关键。教师要增强用好教材的意识,自觉地把握思政课教材的性质和要求,吃透教材的结构和内容,结合教学需要和教学实际,熟练而自如地运用好教材。

首先,要把握教材的性质。如前所述,思政课教材具有三重属性,即政治性、科学性、教育性,是这三种属性的统一。缺少其中任何一个方面,都不能形成对思政课教材的全面准确的把握。其中,政治性又具有特殊重要的意义,是思政课教材的灵魂。对许多教师来说,他们通常很注重教材的科学性和教育性,而对教材的政治性有时注意不够,不能自觉地从政治高度去看待自己的课程和教材,因而就难以真正理解和把握住教材的性质和要求。这一点务必引起中学思政课教师的重视。

其次,吃透教材的内容。为了能熟练地运用教材,教师自己要吃透教材。要事先对教材进行精心研读,把握教材的体系结构,吃透其中的基本内容,做好讲授的准备。以高中必修三《政治与法治》为例,由于本册教材涉及面广,内容跨度较大,需要多学科知识,因而教师需要下大功夫。为了讲好第一单元"中国共产党的领导",就需要有党史党建方面的知识。要学习和掌握中国共产党的性质、宗旨和先进性,学习和掌握中国共产党创立和不断发展壮大的历史,学习和掌握党领导人民在革命、建设与改革中取得的历史经验。要讲好第二单元"人民当家作主",就需要有关于我国政治制度的知识。不但要从理论上了解我国政治制度的性质,了解人民民主专政及其本质, 而且要对我国的根本政治制度和基本政治制度有更加具体的了解,并能结合"两会"的召开等政治生活的实际,加以解说。为了讲好第三单元"全面依法治国",就需要有相应的法治和法律知识。要懂得依法治国的理念与方略,懂得我国的社会主义法律体系,懂得法治建设的原则和要求。特别需要注意的是,教师不仅要能够全面掌握和讲授党的领导、人民当家作主、依法治国三个方面的内容,而且要能够进一步从理论上把握和阐释三者的有机统一。

最后,体现教材的特色。新编教材的一个突出特点,就是较充分地体现了活动型课程的要求。活动型教学是一种新的教育理念,它致力于纠正和弥补传统教育中过于注重书本知识灌输因而造成教学刻板枯燥的不足,通过设计和组织一些教学活动,使学生主动参与其中,从而提高学生的学习兴趣和学习效率。当然,书本知识的传授也是重要的,强调活动型教学并不是完全否定和取代知识的传授。事实上,"政治与法治"课程和教材既不是单纯的知识传授,也不是单纯的活动教学,而是二者的结合。对于传统的知识传授,大家通常比较了解,而对于如何设计、组织和引领学生参与活动, 并使其在活动中进行有效学习, 对许多教师来说还比较陌生,需要进一步学习、掌握和适应。新编教材在这方面做了许多尝试,大量地设计了"探究与分享"这样的教学活动,以及每个单元之后带有总结性的"综合探究",这些都具有很强的活动教学属性。充分发挥这些活动的作用,才能体现好活动型课程的要求。

(三)教学方法

1.探究导入法

从教材可以很容易看出,它对正文内容的导入,采用的是探究性活动的方式。每一个框题,以及每一个目题,基本上都是从一个"探究与分享"的活动开始的。可以说,这是一种探究导入法。这种方法的功能在于以更加鲜明生动的形式,引导学生进入正文的学习。

任何内容的教学,总是需要导入的。导入起着非常重要的点题、引领、激发的作用。教学导入可以有不同的方式,而每一种方式又可以因人而异地带有个性色彩。其中,以探究性活动的方式来导入正文学习,是教材所强调的教学方法。这种教学方法具有以下几个特点:首先,它是一种现实导入。通常是选取现实生活中的一定素材,作为正文讲授的一种感性引子。这是从现实域进入理论域。思政课具有思想性和理论性,是需要讲理论、讲道理的,但是理论和道理又是抽象的,不易为学生所了解和掌握。特别是中学学段的同学们还不善于直接地进入理论领域并从事理论思维,而是需要先从现实入手,引出理论问题,逐步带他们进入理论领域。其次,它是一种问题导入。思想和理论都是围绕问题而形成和发展起来的,并致力于解答和解决问题。因此,思政课教学要有问题意识,要致力于解决学生所遇到的思想理论问题。"探究与分享"不仅是提供一段现实素材,而且还要提出相应的思考题,以引起同学们的关注和思考。最后,它是一种活动导入。"探究与分享"是有意识设计的一种活动,需要同学主动参与,并且同学们之间协同参与。这样的活动有利于调动起学生的学习兴趣。

2.正面讲授法

正面讲授是历史最长也最传统的一种教学方式,它有自身的必要性,也有自身的不足之处。以前,我们强调它的必要性,有时会忽视它的不足之处。现在,由于强调活动型课程的意义,有的人可能会相应地轻视正面讲授的作用。其实,正面讲授在任何时候都是必要的,是一种正常有效的教学方法。只要不把它作为唯一的教学方法,只要不把它刻板化而变成硬性的知识灌输,它就能发挥很好的作用。特别是对思政课来说,教材的内容要求正面和严谨,不能剑走偏锋,因而使用正面讲授的方法是适宜的。在使用本教材的时候,要运用好正面讲授的方法,并注意将之与活动教学相结合,发挥出教学合力。

3.议题拓展法

在正面讲授的过程中,会遇到一些有难度的问题,或一些易于引起学生误解的问题。这样的问题,可能是社会上热议的,也可能已经有一些不正确的说法对学生产生了影响。对于这样的问题,教师要重点关注,可以采用议题式教学方法,引导学生通过讨论和对话进行辨析,从而得到正确的结论。

首先,教师要选择议题,这种议题通常具有"两难性"和开放性,是热点难点问题。由于这种问题的难度和可能引起的歧义,教师要做到心中有数,要能够驾驭。

其次,要围绕议题让学生发表个人看法,开展讨论。要允许学生说出自己真实的看法,即使这样的看法并不正确,也要允许学生发言。只有这样才能形成热烈讨论的活跃氛围,纠正错误的想法。

最后,教师要进行正确的引导,要用自己深厚的理论功底和对现实的广泛了解,作出正确的结论,并向同学们做出令人信服的解释。通过这种教学方法,能够引导学生的问题意识,教给他们分析问题的思路和方法,提升他们深入思考问题和辨别理论是非的能力。

4.实践教学法

实践教学法可以在课堂、校园、社会上进行。课堂教学中的活动型教学已经具有实践教学的性质,而除此之外,还可以在校园内甚至社会上进行一定的社会实践教学活动。一定的校园文化活动,学生社团活动等,具有一定的教学功能。本课程相关内容的教学可以借助校园文化活动和学生社团等载体来进行。有的情况下,还可以走出校园,走向社会,开展一定的参观考察和社会服务等活动。特别是依托红色文化和爱国主义教育基地等,开展相应的教学活动。虽然由于经费、安全、课时、精力等方面的原因不可能组织太多的社会实践教学活动,但点缀上这样的实践活动还是能起到很好的教学效果的。

(四)教学评价

教学评价有其作用,它能够检查、检验教学效果和学生学习情况,有助于使学生保持一定压力从而增强学习动力,而且也有助于找出教育教学中的问题,总结教育教学的经验,促进教育教学的进步。同时也要看到,教学评价虽然是最后一个教学环节,但它并不是教学目的本身,也不是教学活动的归宿所在。取得好的教学效果是我们的目的,但对教学效果的评价只是我们了解和提高教学效果的一种途径和工具。如果过分夸大评价的作用,把它变成指挥棒,就有可能对教学产生不利的影响。

　　教学评价要围绕学科核心素养来进行,要发挥教材在评价中的作用。教材是依据学科核心素养的培养需要而编写的,它的内容安排集中体现了本学科的核心素养。因此,教材不仅是教学设计和教学过程的依据,也是教学评价的依据。本课程和教材主要是进行政治素养和法治素养的教育,而对这些素养的评价也应依据教材对这些素养的内容展开来设计,把它们具体化和可操作化。同时要注意把知识性评价与品格性评价、知识性评价与能力性评价结合起来。思政课教学虽然也进行知识传授,但它的目的并不是单纯的知识传授,而是通过知识传授来进行政治品格和法治思维能力的培养。因此,不能把知识性评价绝对化,而要从知识、能力、品格等方面对学生进行比较全面的评价。

第十一章

怎样讲好思政课的道理

　　既然思政课的本质是讲道理，那么讲道理特别是讲好道理就是非常重要的了。讲道理既是思政课本质的体现，也是思政课本质的实现，还是思政课教育教学的基本过程。我们不仅要讲道理，而且要讲好道理，达到更好的教学效果，使思政课的本质得到更完美的实现。而讲好思政课的道理是不容易的。必须在深刻认识讲好思政课道理意义的基础上，深刻理解讲道理的科学内涵，遵循思政课教育教学的规律，掌握好讲道理的基本要求。

一、讲好思政课道理的基本要求

(一)深刻理解讲道理的科学内涵

什么是讲道理?这似乎不是个问题,因为人们大体上都知道讲道理是怎么一回事。但是从学理上去深入分析这个问题就会发现,思政课的讲道理是很有内涵的。

第一,讲道理是讲理性,不是一味讲感情。道理是一种理,是事物的本质和机制,也是事物之间的相互联系,以及事物变化发展的规律。马克思主义理论和党的路线方针政策,都是这样的道理,它们是客观规律的反映,是不以人的情感意志为转移的。讲道理不同于讲感情,它不能从个人情绪、情感出发,不问是非对错来说话做事。甚至也不能从众人一时的情绪情感出发去说话做事。思政课的讲道理当然并不是完全不讲感情,不是价值中立的纯客观,而是带有感情并体现理性与情感的统一。特别是我们中国人,历来讲究情理结合,而不主张单纯地讲客观。这没有问题,但在情理结合中有主次之分,有统帅与辅助之分。如果说在家庭生活中要着重讲感情,而不是事事讲道理、论对错,当"常有理",那么在学校中,特别是在课堂上,就必须以讲理性为主,用理性统率感情。即使是重要的情感和价值问题,比如爱国主义教育,也不只是诉诸天然感情,而是要讲出"为什么要爱国"和"应该怎样爱国"的道理来。

第二,讲道理是讲思想,不是单纯讲知识。在学校教育中,思政课的道理特别是其中最基本的道理,是凝结和体现为相应知识形态的。不论是关于世界的信念,还是人的观念、价值观等,只有凝结为知识,才能保持稳定,便于流传和传播。马克思主义的道理,包括马克思主义中国化时代化的道理,在学校教育体系中体现为系统而庞大的知识体系。老师通过传授这些知识来讲授思政课的道理,学生通过学习这些知识来掌握思政课的道理,这是没有问题的。但是一定要注意,在这里知识只是思想的载体,是价值观念的载体,知识传播和知识学习只是思政课教育教学的途径,而不是目的。更重要的是,要在知识传授的基础上讲出知识中蕴含的思想。思想是知识的灵魂,没有思想的知识是僵死的。马克思主义理论的力量不在于它的知识,而在于其深刻而博大的思想。

第三,讲道理是讲规律,不是孤立讲事实。道理是规律的体现,讲道理也就是讲规律。这就是科学的态度和精神,讲思政课的道理就要有这种态度和精神。规律具有客观性,它在事实中得到体现,因而讲规律就要讲事实。要用事实说话,因为事实胜于雄辩,是最有说服力的。我们不能仅仅从逻辑上去论述,还要看道理的结果,看事实最终说明了什么。比如讲马克思主义为什么行,中国化时代化的马克思主义为什么行,中国特色社会主义为什么好,中国共产党为什么能,当然需要从学理上去论证,因为这里包含着深刻的学理,但是更需要用事实来说话。只要把改革开放以来我国在社会主义建设和完善社会主义制度方面已经取得的举世瞩目的成就讲出来,就能极大地提升说服力。当然,讲规律不是孤立地讲事实,不是停留在举例子的水平上。由于社会历史的复杂性,任何道理,不论正确与否,都可以找出相应的事例来支持,因而孤立的事实并不能证明什么。所以,我们在讲事实的时候,是讲事实的联系,上升到规律的高度,以规律驾驭事实。

第四,讲道理是讲政治,不是纯粹讲学术。思政课同时具有政治性与学理性,可以说是政治和学术的统一。讲学理当然是非常必要的,不论是讲理性还是讲规律,都是在讲学理。讲学理,一定意义上说就是讲学术。深刻的学理往往是长期进行学术研究的结果。如果不做学术,在学术上没有心得,就很难讲好学理。但是也要注意,不能简单地把学术等同于学理。因为学术有其烦琐的一面,有其事无巨细的一面,这对学术活动来说是完全必要的,也体现出学术的彻底性。但就思政课讲授来说,则不能搞烦琐的东西,而是要着眼和聚焦于深刻的思想和道理。只有这样的学理,才是与讲政治密切相关的,才能体现政治课的要求。因为政治是讲大局大势的,是要向人们晓之以根本利害的。因此,思政课教育教学要讲政治,特别是以学理讲政治。其中需要学术的支持,但不归结为学术,更不能用学术代替政治。

第五,讲道理是讲做人,不是外在讲世界。思政课中讲的道理,特别是马克思主义科学世界观的道理,是面向客观世界的,讲的是关于自然、社会、人类思维发展的一般规律。这些规律就其一般性而言,特别是就其客观性而言,是不以个人的意愿和意志为转移的。但是世界是包括人在内的,包括人的社会生活在内的,因而世界的道理本身就包含着人的道理在内。而且思政课讲这些道理的目的,不只是外在地讲世界怎样,似乎与人无关,只是纯粹地讲世界本身在演变。似乎人是世界的旁观者,只是冷静地观察着世界。其实不然,思政课讲世界,是为了帮助学生树立科学的世界观,是为了使学生懂得人与世界的关系,懂得更好地在世界上生存和发展。因此,必须联系人的生存和发展,特别是联系当代大学生的人生实际来讲世界的道理,并最后落实到学生的做人上。

(二)自觉提升讲道理的主体能力

讲道理,说起来简单,其实并不容易。特别是把道理讲好、讲准、讲深、讲透、讲活,就更不容易。这就对思政课教师讲道理的能力提出了更高的要求,要求思政课教师更加自觉地提升自己的能力。

首先,提高政治站位。政治站位既是一种立场,也是一种能力。它不仅是要站位正确,而且要有高度。站在党和人民的立场上,跟党中央保持一致,这是思政课教师都必须要做到的。但这还不够,还要提升自己政治站位的高度,做到从战略高度、从党和国家事业发展的高度,去理解和把握党的路线方针政策。人们平时之所以时而会产生疑惑,主要原因在于自己看问题的高度不够,不能从政治上,从战略上去看待和理解。大学生因其年龄和阅历所限,当然不可能一开始就会有很高的政治站位,并影响到他们对党的理论和路线方针政策的理解,因而需要帮助他们提升。为此,教师首先要提高自己的政治站位,开阔自己的胸襟和视野,使自己在思想认识上和社会情感上更加自觉地与党中央保持高度一致。

其次,着力提高理论水平。思政课是理论课,必然要讲理论,并以此来讲道理。因而讲理论的能力是极为重要的。思政课教师自己要提高理论水平,使自己更深入地理解和掌握马克思主义的深邃道理。为此,就要更加系统深入地学习和研究马克思主义经典著作,使自己的理论根底更加深厚。同时要更加系统和深入地关注现实,特别是新时代中国改革和发展的现实,使自己的现实感知力更强。还要把二者统一起来,提高自己理论联系实际的能力。掌握理论固然不易,把握现实固然不易,但把理论与现实有效地对接起来,更好地用理论去把握和解释现实,则是更不容易的事情。因此,思政课教师的理论水平不是一种狭义的能力,而是一种根本性的更广泛的能力。可以说,这样的理论水平是讲好思政课道理最关键的因素。

再次,不断提升讲课艺术。在不断提高自身理论水平的同时,还要不断提高自身讲解理论的水平。没有理论水平固然不能把道理讲好,但也并不是理论水平高的人就一定能把道理讲得好。事实证明,有些理论水平很高、很能写论文的人,并不擅长讲课。这里就有讲课水平和讲课艺术的问题了。正像理论研究有其自身的规律一样,理论教学也有其特有的规律。只有良好愿望和学术水平,而没有掌握教学规律,不懂得教学艺术,也是不能把思政课的道理讲好的。因此,思政课教师必须在不断积累教学经验的基础上,不断提升自己的教学水平。为此,要加强教学研究,强化教学方法研究。一方面,在教学实践中认真研究和仔细琢磨教学过程各环节的要求,另一方面,也要善于向教学水平高的教师学习,借鉴别人的成功经验。

最后,经常调整自身状态。教师是人而不是机器,有一个自身工作状态的问题。由于平时教学工作量大,重复性课堂多,特别是如果不能经常从学生那里得到正向反馈,时间长了就可能产生倦怠之感。加上科研压力以及生活中可能遇到的麻烦,他们的工作状态很可能受到影响。一个教师,如果不在良好的工作状态中,那么即使他有很高的理论和教学水平,也未必能达到好的教学效果。因此,思政课教师要注重调整自身的状态,尽力做到以良好状态投入教学。要坚定自己的教育信仰,增强自身的育人责任感。要善于为工作增添动力,在工作中不断激发和保持工作热情,并从教学和科研中得到满足感和成就感。更要注重自身情绪管理,尽可能减少消极情绪并使其不致影响到教学工作。

(三)善于区分讲道理的逻辑层次

思政课的道理有大有小,也就是说有层次性。不同层次的道理,在教学上会有不同的特点和要求。为了讲好思政课的道理,就需要按照不同层次道理的相应要求来实施教学。

首先,区分大中小三个层次道理。世界上的事物是大小不同的,而不同事物所蕴含的道理当然有大小之分。大体来说,可以把思政课的道理分为大中小三个基本层次:“大道理”主要是关于世界观层面的道理,是马克思主义关于世界的存在、变化、发展的一般规律的道理,特别是关于人类社会发展规律的道理,简单地说就是马克思主义基本原理;“中道理”是关于党和国家事业发展的理论、路线、方针、政策的道理,特别是关于中国特色社会主义的道理;“小道理”主要是关于人生的道理,是关于人生目的、意义、态度、价值,以及为人处世方面的道理。这些区分当然不是绝对的,特别是在实际教育教学的过程中,对于不同的对象来说,某个道理的大小具有相对性。

其次,正确把握不同层次道理的关系。一般来说,大道理管着小道理,小道理服从大道理。这是有根据的,即大的事物包含着小的事物。从规律上说,是大的规律决定着小的规律,根本性的规律决定着具体性的规律。因此,必须高度认识讲好大道理的重要性。这里也包括中等层面的道理,因为党和国家事业的道理对学生个体来说,也是大道理。要特别注重讲好大道理,这是由思政课的基本内容和要求所决定的,具有内在的必然性。没有了大道理,也就没有了思政课。当然也不能忽视小道理,因为小道理也是道理,也有自己的价值,而且会反过来作用于大道理。缺少了小道理,大道理就是抽象而空洞的了。

最后,把大中小道理贯通起来。思政课老师要全面把握、辩证处理大道理与小道理的关系。在教学过程的不同阶段和环节上,要根据学生的情况和教学需要,选择最适当层次的道理来讲。有时先讲大道理,给人以宏大的视野和开阔的思路,在此基础上再讲小道理,使学生能够从大道理出发去把握小道理;有时倒过来,先从小道理讲起,逐步过渡到大道理。这样可以贴近学生当下的状况和需要,能够引导他们一步步从小到大地思考问题。有时在讲大道理时,联系着小道理来讲,避免抽象地讲大道理。有时先从中间层次的道理开始,然后前引后联,把不同层次的道理都讲出来。甚至可以将大中小道理随时穿插和转换,把它们有机贯通起来讲授。这是一个更高的境界,也是我们追求的目标。

(四)灵活运用讲道理的方式方法

讲道理可以采用不同的方式方法,并不能认为似乎只要是讲道理,就一定是枯燥乏味的空洞说教。实际上,讲道理的过程是复杂的,要求也是多方面的,其方式方法完全可以多样化地灵活运用,以求达到更好的效果。

首先,直接讲道理与间接讲道理。讲道理的方式有直接和间接之分,前者是"开门见山""打开天窗说亮话"。不做铺垫,也不用拐弯抹角,而是直接而正面地讲道理。这种情况往往出现在对象条件比较好,可以与学生直接就道理本身进行全面沟通的时候。这种直接的方式具有旗帜鲜明、理直气壮的优点,也为我们从容而充分地讲道理提供了条件,很适合讲我们思政课的光明正大的道理。但在有的情况下,由于学生们对思政课缺乏思想准备,对思政课要讲的道理缺乏认同性心理倾向,甚至有一定逆反或抵触,那么就不太适宜直接地讲道理。而是要先做相应的铺垫和预热,为学生做一些心理和思想上的准备,而且在讲道理的时候也要注意思路和言辞表达,不要过于直接,而是带有一定的迂回性,巧妙地引导到最后的结论。其实,直接和间接也不是截然分开的,而且总是需要结合起来。

其次,解读经典讲与联系实际讲。思政课的道理都有经典作家的理论依据,来源于马克思主义经典作家的论述,因而需要结合经典著作来讲。要引导学生学习经典著作,让他们通过有限的篇目感受经典作家的风采,感受深邃的思想世界。事实证明,通过学习经典著作很容易让学生折服于科学理论。当然经典的学习有相当的难度,需要老师加以学术性解说。同时,思政课的道理也是紧跟时代的,具有当代社会的现实依据。这就需要联系当今世界,以及当今中国的现实来加以阐释。而且,学生的许多困惑往往并不在于理论本身,而在于理论与现实的对接,这就更需要将理论与实际结合起来。可以从现实出发,引出理论问题,对理论加以深入阐释,并反过来用理论阐明现实。

再次,理论逻辑讲与事实威力讲。思政课的道理都有理论上的依据,都有其自身的逻辑力量。因此,讲好思政课的道理,需要充分展开和论证道理本身的逻辑。这是思政课教学增强学理性的必然要求,也是讲好道理的基本要求。马克思主义及其中国化时代化的理论成果,其自身的逻辑本身就有很强的说服力。这种说服力一方面来源于其自身的思辨性和深邃性,体现于理论推理的严谨性和理论体系的严整性,从而体现出强大的思想力和逻辑力量,并使人得到智力上的满足和折服;另一方面,其说服力更来源于理论内容的客观性和科学性。马克思主义的道理不是理智游戏的产物,其目的也不只是让人得到思辨上的智力满足,而是在于合理地解释世界并指导人们有效地改造世界。因此,理论逻辑与事实威力是联系在一起的,讲好马克思主义的道理就必须发挥事实的威力,特别是当代中国迅猛发展的事实威力。

最后,正面讲、反面讲、侧面讲。道理有不同的方面,讲道理也可以有不同的角度。正面、反面、侧面就是几种主要的角度。从正面大大方方地讲道理,这当然是最适宜的。正面的道理正面地讲,这是天然匹配的。这通常是在正常而有利的情况下的讲道理,我们的思政课多数情况就是这样的。但是任何事情都不可能那么纯粹,思政课教学中也会遇到不同的特别是不利的情况。因而有时需要从反面说起,从反面逐步引导到正面。为此,就不能回避问题,特别是我们自身存在的问题。而且如果学生有逆反心理,也就是说他的心理是一面反向的镜子,那么对他们最适合的方式是正话反说、反话正说。此外,还可以旁敲侧击地讲道理,隔山打牛地讲道理,从侧面间接地给学生以启发,引起他们思考并引导他们得到正确的结论。

当然,讲道理的方式方法十分多样,完全不限于上面所讲的几种。广大思政课教师完全可以根据自己的情况和需要,探索、创造、选择和运用最合适的方法,以达到最好的教学效果。

二、把思政课的道理"讲活"

习近平总书记在中国人民大学观摩思政课教学时,明确提出"思政课的本质是讲道理",并进一步要求"把道理讲深、讲透、讲活"。这些论述都具有深刻丰富的内涵,需要加以理论阐释。本部分着重谈"讲活"。

所谓"讲活",顾名思义,就是把道理讲得生动鲜活,令人爱听而入心。它的反面是把道理讲得刻板而枯燥,令人昏昏欲睡,甚至产生反感。可能有人会轻视这一要求,认为"讲活"只是属于锦上添花,不如"讲深、讲透"那样重要。似乎只要能把道理讲"准",并"讲深、讲透"就足够了。讲得"活"不"活",并不是太重要的事情。这样的看法是不正确的。其实,能否"讲活"直接关系到听课效果。如果不注重"讲活",甚至把道理"讲死",那么教学就很难顺利进行,就好比有的人不会聊天,一句话把天聊死。因此,把道理"讲活"十分重要。

从理论上讲,"讲活"有两种:一种是低层次的,一种是高层次的。前者处在"讲深、讲透"之前,是现象层面的"讲活"。有的老师讲课十分生动,就像说相声一样有趣,学生很爱听。但这只是低层次的"讲活",由于在理论上不深不透,因而热闹过后也留不下什么。习近平总书记所要求的是高层次的"讲活",它是建立在"讲深、讲透"基础上的"讲活",是一种更高的教学境界。可以说,它是一种能够做到深入浅出、融会贯通的"讲活",是蕴含着深刻而透彻的学理的"讲活"。显然,这对思政课教师来说是一种很高的要求。

那么怎样才能把道理"讲活"呢?可以主要从以下六个方面来把握:

第一,老师自己先要兴奋起来。老师是讲道理的主体,其自身状态在一定意义上决定着讲课的状态。在进入课堂的时候,自己先要进入积极而兴奋的工作状态。只有这样,才算是具备了把道理讲活的主体条件。如果老师自己不在状态,心情沉闷,面无表情,或者一副懒洋洋的样子,那就不能调动起自己的教学能量,也就不能把道理讲活。而且,这样的状态本身不是真正"用心"教学,而只是履行公事、敷衍塞责。当然,由于思政课教师工作量大,重复课堂多,因而在多次重复性讲授的时候,就容易失去开始时的兴奋感,而变得淡漠、木讷甚至麻木。虽然从生理和心理上讲有一定的原因和必然性,但对教学效果可能是致命的。因此,思政课教师要始终振作,用心讲好每一堂课,保持自己的教学兴奋状态。

第二,把讲道理的氛围活跃起来。讲道理有一个场合和氛围的问题,用艺术演出来做比方,就好比是"暖场子"。只有把场子烘得暖暖和和,后续的演出才能达到好的效果。老师在课堂讲课,也是如此。从学生出勤率来说,要尽可能齐,因为只有学生多,才能形成比较热烈的氛围。而且学生就座要相对集中,如果稀稀拉拉,过于分散,也不易形成相互感染的共鸣。

当然,重要的是老师自己的状态,当老师自己兴奋起来的时候,就易于带动课程氛围的活跃,从而为讲活道理暖好场子。需要注意的是,老师要能与学生平等沟通和互动,引导学生积极参与进教学过程。如果高高在上,居高临下,即使自己十分激动,也不易带动学生情绪。

第三,把道理的生命力讲出来。思政课的道理来自活生生的人类实践,特别是社会主义实践,是世界、社会和人生规律的正确反映,它本身是有生命力的。只要能把道理的生命力讲出来,把理论的魅力讲出来,这样的道理就是"活"的。理论的生命力表现在许多方面:一是要把理论的逻辑生命讲出来,完整而活泼地呈现出理论自身的诸环节,形成逻辑的完整性,体现理论逻辑的有机性;二是要把理论的现实生命讲出来,坚持理论联系实际的原则,用理论联系最新的实际,体现科学理论对当今世界与中国社会现实的强大解释力和引领力;三是要把理论的精、气、神讲出来。理论也有精神气质,这是理论生命的重要组成部分,也是理论生命力的突出体现。马克思主义理论具有科学性、人民性、实践性、开放性的品格,具有科学性与革命性相统一的精神气质,具有批判精神、革命精神和阳刚之气,思政课要把这样的理论气质讲出来。

第四,以鲜活的材料来辅助讲道理。理论不是纯抽象的东西,特别是对理论的讲授就更不是纯粹逻辑推演的过程,而是要以丰富的素材作为支撑,既作为学理论证的支撑,也是作为理论讲授的辅助。鲜活的材料总是来自社会生活实际的,发生在社会生活中的事情往往比想象的更为丰富。而社会生活有历史与现实之分,因而鲜活的支撑材料既可以来自历史,也可以来自现实。人类历史无比丰富,特别是党史、新中国史、改革开放史、社会主义发展史，以及中华民族发展史，都是极为丰富而生动的历史材料。提取并运用好生动的历史素材，是把课讲活的重要方面。同时，大量的鲜活素材是来自现实生活的，与人们当下的生活和感受密切相关，因而更容易使讲授鲜活生动。要注重从丰富的现实生活中提取鲜活的素材，作为讲活思政课的有力支撑。

第五，灵活选取不同的方式方法来讲道理。讲道理是一个原则和理念，不能把讲道理等同于简单说教的教学方式。谁也没有规定讲道理只能以说教的单一方式进行，可以用不同的方式方法讲道理。不同的方式方法适用于不同的对象和情况，老师要根据学生的不同特点，灵活选取最合适的教学方式来讲道理。比如，既可以直接地讲，也可以间接地讲；既可以结合经典著作的学习来讲，也可以联系当下的实际来讲；既可以用严密的理论逻辑来讲，也可以举例说明或用案例方式来讲；既可以从正面讲，也可以从反面和侧面来讲；既可以讲大道理，也可以讲中道理和小道理，等等。

第六，运用通俗而风趣的语言来讲道理。讲活道理也有一个语言运用问题，而且是其最直接最感性的体现。思政课老师要提高自己的语言表达能力，使自己的教学语言直接地受到欢迎。首先，语言要通俗，只有这样才不会给学生带来大的语言负担，并在此基础上体现语言的活力。如果语言晦涩难懂，就很难带来生动鲜活。其次，语言要口语化，而不能书面语化。学科语言和教材语言相对来说都是书面语，科研成果特别是科研论文也是书面语，而将学科内容和教材内容向教学内容转化，就必须将书面语转换为口头语。只有这样，才能形成生动活泼的气息。再次，语言运用要机智而有哲理。口语化，并不等于语言寡淡无味，而是要富于睿智，它带给人的不是感性的快乐,而是充满智慧的满足。最后,教学语言最好有一点风趣幽默。说话风趣,有一些幽默感,是一种很好的教学语言风格。让人在轻松愉快的气氛中了解和接受思政课的道理。因此,应该提倡这种教学风格。尽管并不是每个教师都有幽默的性格和风格,但是在授课过程中适度放松和超脱,体现一种精神和语言的自由气息,对于把道理"讲活"是有益处的。

三、探寻个性化教学风格

近年来,学界关于思政课的教育教学有了比较充分的探讨。但是关于思政课教学的个性和风格问题探讨得比较少。其实,这是思政课教育教学中十分重要的一个问题,不仅关系到思政课教学质量的保证和教学水平的提高,而且关系到思政课教师的成长和发展,应该引起大家的关注和深入思考。

因此,思想政治教育工作者特别是思政课教师,要探索和形成自己的教育个性和教育风格。

在高校的教育教学中,特别是在哲学社会科学学科的教育教学中,思政课具有特殊的性质。它的教学内容的科学性、政治性、权威性很强,对教学的共性和规范性要求很高。正因为如此,人们往往过于强调教学的共性和规范性方面,而对教师的教学个性重视不够。有的学校甚至以十分严格的纪律规定和检查制度,来保证教师教学的规范化。适度的规范当然是必要的,这是保证基本的教学质量的前提条件。但是如果这些规范压制了教师的教学个性,妨碍了教师教学风格的形成,就不利于教学质量的进一步提高。

教师的教学个性,特别是教学风格,是一个教育工作者全部的性格、知识、能力和才情的综合体现和升华,它是从一个人的全部教育实践中逐步探索形成的,它为教育工作者施展自己的才华提供了最自然而合理的形式。可以说,教育个性和教育风格的形成,是教育教学工作从自发走向自觉、从自在走向自为的重要体现。

仔细分析起来,教学个性和教学风格并不完全等同。它们的方向是一致的,但程度不同。教学个性是初级阶段,教学风格则是高级阶段。教学风格是教学个性的进一步发展和完善。在现实的教学实践中,每个教师特别是有一定教龄的教师,都或多或少有自己的教学个性。但是并不是每一位有教学个性的教师都形成了自己独特的教学风格。可以说,教学风格是更自觉、更充分也更完善的教学个性。只有形成自己独特的教学风格,才可能说是具备了真正自觉的教学个性。

教学个性与教学风格问题的提出,向思政课教师提出了一项新的要求,即每一个思想政治教育工作者,特别是长期从事思政课教育教学的教师,都应该好好思考这个问题,自觉地对照自己,做认真的反思。笔者作为一名高校教师,从事思想政治教育教学和科研工作已 30 多年。很愿意就此机会,从教育教学风格的角度反思一下自己的工作,来一个继往开来的总结。

四、"在主流、超常规、奇思妙想"

我一直在追求和探索的教学风格,如果用一句话来加以概括,那么表述为十个字:"在主流,超常规,奇思妙想。"

教学思路的设计要"在主流,超常规"。什么叫"在主流"?就是坚持主流思想,站稳马克思主义基本立场。对思想政治教育学科来说,这是根基所在,不可等闲视之。我们当然要追求创新,特别是学术研究必须创新,但创新不是违背和否定马克思主义的基本原理,不是违背和否定社会主义的核心价值,而是在坚持基本原理和核心价值的基础上进行创新。也就是说,我们的创新是有目的的,不是为创新而创新。这个目的就是为了更好地坚持和发展马克思主义理论,更好地进行马克思主义理论教育,提高人们认识世界和改造世界的能力。如果在基本立场和核心价值上跑偏,那就会走向反面。因此,任何时候必须保证打牢马克思主义基本理论的根基。

在打牢根基的基础上,真正的思路创新就开始了。就是说,在治学和教学的思路上,力求超越常规,有所创新。不要让常规思路限制自己的视野和思维。这一点,对于我们从事马克思主义理论教学和研究的人来说,特别重要。因为我们是认同和坚持马克思主义的基本原理的,虽然不能说不进行理论创新,但确实很难真正创新。尤其是对于思想政治教育学者和教育工作者而言。那么,我们就不要创新了吗?不是的,我们可以在教学和研究的思路上有所创新。为此,就要打破常规形式,超越常规思路,别出心机,另辟蹊径。

可能有人会问:"常规"难道就一定不好吗?当然不是,常规的思路有它的长处,已经得到大家的共识或默认,而且它最初也是来源于创新和超常规,只是随着时间的流逝,从超常规的东西变成了常规的东西,人们习以为常了。由此,常规的东西逐渐失去了新奇性,较难打动受教育者,教育教学效果难免事倍功半了。

有人说:真理不怕重复。从一定意义上说,这当然是对的,因为真理对人类有巨大的价值,是人类生存发展所不能离开的,它需要时时出现在人们面前。正像太阳一样,每天都重复出现,人们并不觉得多余,反而觉得正常。而且,真理的发现十分不易,往往是人们长期艰难探求的结果。这样,好不容易找到了真理,人们就兴奋地多说几遍,也是人之常情。从思想史上看,凡是做出了重大思想发现的人,都会在自己的著作中对这一发现津津乐道,反复强调。康德是这样,马克思也是这样。这是毫不奇怪的。但是这只是问题的一个方面,问题的另一个方面是:即使是真理,如果宣讲者们总是在人们面前简单重复,也会令人生厌。这不是真理本身的错,而是真理宣传者的错。他们只知原封不动地对真理做简单重复,而不知应该好好地装点真理,不知道时时擦亮真理,结果使真理暗淡无光。以这种方式来传播真理,当然不会成功。

教学过程应力求富含"奇思妙想"。考察一下我们发表在报刊上的相关论文,特别是关于大学生思想政治教育的论文,就会感到十分类似,题目都差不多。我们对于一些热点难点的解释和讲解,也是常规思路居多,让人觉得了无新意。我们刚一开口,学生已经知道我们要说什么了。没有令人耳目一新的感觉,难以对学生产生冲击力和吸引力,难以让学生受到启发。

怎么办呢?为此就需要超越常规思路,做超常规的思考。也就是找新的角度、新的思路,形成新的闪光之点。特别是找新的角度非常重要,不论对教学还是科研来说都是如此。对同一个问题,一个时期的人们往往会有大致接近的角度和观点,形成一些常规思路,我们会不自觉地顺着常规思路走,结果是陷入了某种程度的雷同。要想跳出常规思路,就要退回到问题的原点,重新观察和思考。要努力找出别人没有注意到的角度,从新角度入手,就容易有新思路,也就容易有新的闪光点。

比如,如何向大学生讲清楚落后国家先进入社会主义的前因后果呢?相对落后国家如中国,先搞社会主义是否具有历史合法性?进入社会主义后是否需要补一点资本主义的课? 在补课时能否说是在搞社会主义?

这是个老问题,常规思路的研究和讲解也很多,但似乎学生总觉得太复杂,不好把握。我喜欢用一个类比来说明:这就好比一个初中生,没有经过高中阶段,但由于特殊的历史机遇考上了大学。从正常情况来说,应该是上完初中再上高中,高中毕业后考大学。但是对于我国 1977 级大学生来说不完全是这样。"文化大革命"期间高考停止,"文化大革命"结束后于1977 年恢复高考。由于是特殊情形,所以考生条件放松,而且试题比较容易。于是一些初中毕业的人,抓住机遇,一举考上了大学。对其中有的人来说,如果他不参加高考,而是去考高中,那么尽管他考大学的准备可能更充分了一些,但是由于此后的高考越来越严越难,所以很可能没有上大学的机会。当然,初中毕业而进入大学,毕竟知识准备不足,上大学可能跟不上,不能算是很合格的大学生。于是,就需要补课,补一补高中的课程。一边上着大学的课程,一边补习高中的课程。那么,他究竟算高中生,还是大学生呢? 当然算大学生。暂时不太合格,但补上课就合格了。

同样,中国从半殖民地半封建社会,经由短暂的新民主主义阶段而几乎是直接地进入社会主义社会。这并不是历史正常的道路,而是特定历史条件的产物。这就好比是从初中直接进入了大学。当然,初中毕竟也是中学。它不是从小学直接进入大学,更不是从幼儿园直接进入大学。因为中国虽然落后,但只是相对落后,在近代中国也有一定的现代工业和现代工人阶级。这是我们可以进入社会主义的最低条件。如果没有这些,那么即使历史机遇再好,也无法跨入社会主义的门槛。

但中国毕竟未经历资本主义阶段,因而进入社会主义后,许多方面还是落后于西方。怎么办?我们要补课,补市场经济的课,补利用资本主义因素的课。因此,在社会主义初级阶段,还有一些资本主义的成分和因素。但我们能否因此把中国特色社会主义称为中国特色资本主义呢?不能。因为我们毕竟已经进入社会主义社会,好比初中生已经考入大学,不能再算是高中生了。

再举一个例子:有一次,笔者开玩笑地对学生们说:"我能用一个字来证明马克思的劳动价值论是正确的。"听到这样奇怪的言论,学生们瞪大了眼睛望着我,问:哪个字? 我说:"累",就是"劳累"的"累"。这样一说,大家肯定会有感触。确实,作为大学教师,我们太累了。一天到晚地忙、忙、忙。这不是个别现象,也不只是大学教师。事实上,今天的每一个中国人,都忙,都累。为什么会如此? 这是偶然的吗? 不是,具有必然性,是当代中国的时代特征之一。再想一下就明白,我们正处在大力发展商品生产和市场经济的历史时期,正处在经济腾飞的时代。如果不是我们大家都这样没日没夜地劳作,能有我们今天的经济腾飞吗?能有社会主义市场经济的发展吗?世界第二大经济体是干出来的。在人的劳动里蕴藏着超出人们想象的创造力量,不仅创造着一切条件下的物质财富,而且创造着市场经济条件下的商品价值。由此证明,马克思的劳动价值论是正确的。当然,劳动价值论是复杂的问题,在新的历史条件下深化对劳动价值论的认识更复杂,绝不是一个字可以解决的问题。这里只是以此找一个谈话的切入点而已。

总之,超常规思维究竟是什么,还需要研究。现在简单概括一下:一是要善于寻找新的角度看问题。同一个对象可以从不同角度去看,我们要力求避开常规角度去发现新的视角。只要努力地去找,总能找到新的视角。只要有意识地时常训练自己,那就总能提高自己发现新视角的能力。二是有时需要逆向思维,从反面思考问题,往往也会有意想不到的收获。三是要善于打比方。这是更为重要的,尤其是要善于远距离类比,出奇制胜。通过思维联想,从完全不同的领域,或从相隔甚远的领域中找到恰当的类比,会令人耳目一新,得到有益启迪。不要小看打比喻,这是讲清道理很重要的门径。古代的许多思想大家和教育大家都是打比喻的高手。我国的先秦诸子如此,基督教的耶稣也是如此。一个较为复杂的道理,如果用理论推理的方式来讲,可能会让人陷入山环水绕的境地,不得门径而入。这时,如果有一个恰当而新奇的比喻,就像从天而降的闪电,会在瞬间击穿思想难题的核心。这样,教育教学过程就充满了令人兴奋的奇思妙想,教学效果的改善也就不言而喻了。

第十二章

课程思政：内涵、特征与路径

　　在当前高校思想政治工作中，特别是在与思政课相关的工作中，课程思政是当前的一个热门话题。它首先是一个需要在实践上落实的任务，随之也成为一个需要从学理上说清楚的问题。为了能够在全国高校普遍地推开课程思政，并在实际工作中把握好方向和界限，就需要从理论上对其概念及其内涵、必要性与可能性、特点与优势，以及原则与路径等，进行比较全面的阐释。

一、课程思政概念的提出及内涵演化

课程思政是在全面加强高校思想政治工作的大背景下，在加强和改进高校思政课教育教学的过程中，特别是在进一步强调其他课程必须与思政课程同向同行、协同发力的形势下提出来的。

党的十八大以来，党和国家高度重视高校思想政治工作，特别是在2016年12月召开了全国高校思想政治工作会议，做了全面思想动员和工作部署。习近平总书记在会上发表重要讲话，论述了高校课程建设和课堂教学在思想政治工作中的地位和作用，论述了在改进中加强思想政治理论课的重要性，论述了其他各类各门课程在协同育人中的责任。他指出："要用好课堂教学这个主渠道，思想政治理论课要坚持在改进中加强，提升思想政治教育亲和力和针对性，满足学生成长发展需求和期待，其他各门课都要守好一段渠、种好责任田，使各类课程与思想政治理论课同向同行，形成协同效应。"[1]这一论述明确了课程教学是思政教育主渠道，提出了加强和改进思政课教育教学的基本要求，强调了其他各类课程的协同育人责任，是课程思政概念提出的直接理论依据。

---

[1] 《习近平在全国高校思想政治工作会议上强调 把思想政治工作贯穿教育教学全过程 开创我国高等教育事业发展新局面》，《人民日报》，2016年12月9日。

2017 年中办国办印发的《关于深化教育体制机制改革的意见》中明确提出要充分发掘各门课程中的德育内涵。"在国家教育部门落实这一指示的过程中，逐步形成了全国通用的课程思政"概念，并专门部署了开展课程思政的工作。需要补充说明的是，早在 2014 年上海市教育主管部门就尝试性地提出了"课程思政"理念并在一些高校开始试点探索，但尚未进入国家层面的话语中。在 2018 年 6 月召开的新时代全国高校本科教育工作会议上，时任教育部部长陈宝生在讲话中使用了"课程思政"的概念。在教育部 2018 年 9 月印发的《关于加快建设高水平本科教育全面提高人才培养能力的意见》中，明确使用了"课程思政"这一概念，并提出了工作要求："强化课程思政和专业思政。在构建全员、全过程、全方位'三全育人'大格局过程中，着力推动高校全面加强课程思政建设，做好整体设计，根据不同专业人才培养特点和专业能力素质要求，科学合理设计思想政治教育内容。强化每一位教师的立德树人意识，在每一门课程中有机融入思想政治教育元素，推出一批育人效果显著的精品专业课程，打造一批课程思政示范课堂，选树一批课程思政优秀教师，形成专业课教学与思想政治理论课教学紧密结合、同向同行的育人格局。"[①]随着课程思政陆续在全国高校的开展，教育部于 2020 年 5 月印发了《高等学校课程思政建设指导纲要》，做了全面具体的工作指导。

那么究竟什么是"课程思政"呢？正确界定和把握这一概念，是做好这项工作的认识前提。顾名思义，课程思政就是通过高校课程建设和课堂教

---

① 教育部办公厅：《关于加快建设高水平本科教育 全面提高人才培养能力的意见》，2018 年 10 月 8 日。

学来对大学生进行的思想政治教育。这里的"课程"一词具有广狭两种含义:在广义上指的是包括思政课在内的全部课程,狭义上指的只是思政课之外的其他课程。正因为如此,课程思政这一概念也就有了广义与狭义之分,而且它实际上有一个从广义到狭义的演变过程。

广义的课程思政,是相对于高校的全面思政体系而言的,或者说是相对于"非课程"的思政而言的。高校思想政治工作是一个全面的体系,其工作途径或渠道是多方面的。2017 年 12 月,教育部印发《高校思想政治工作质量提升工程实施纲要》(以下简称《实施纲要》),提出实施"十大育人"体系,即课程育人、科研育人、实践育人、文化育人、网络育人、心理育人、管理育人、服务育人、资助育人、组织育人。其中,"课程育人"是其中之一,并排在第一位。可见,课程育人是相对于其他九个方面的"非课程"育人而言的。这里的课程育人,其实就是课程思政。当然,"育人"是一个更大的范畴,学校对学生所进行的德智体美劳各方面的教育培养都是"育人"。但在育人的所有方面中,"立德"方面的育人,即德育或思想政治教育是更重要、更根本的方面。由于这个《实施纲要》是关于提升"高校思想政治工作质量"的文件,因而在它的语境中,"育人"主要指的是"立德",是"铸魂育人",即思想政治教育。

在高校思想政治工作体系中,课程育人或课程思政排在首位,它是大学生思想政治教育的"主渠道"。因为学校的主要工作是教育,而教育的主要平台和途径是课程。通过课程建设和课堂教学实现对大学生正确世界观、人生观和价值观的塑造,是高校思想政治工作的首要任务,也是高校办学和育人工作的首要任务。课程思政之外的其他工作渠道尽管也都是重要的,但它们应该与课程思政相配合,起着协同育人的作用。

在广义的课程思政中,又有思政课程的思政和其他课程的思政之分。其中,思政课程又具有更直接更关键的意义。在我国高校普遍开设的思想政治理论课,是最直接地对学生进行马克思主义和社会主义思想政治教育的课程,集中体现着学校的社会主义办学方向和立德树人的根本要求。正因为如此,党和国家高度重视高校思政课建设与发展,并于2019年3月18日召开了学校思想政治理论课教师座谈会。习近平总书记在讲话中全面论述了思政课的重要意义,明确提出"思想政治理论课是落实立德树人根本任务的关键课程"。从这个意义上说,所谓课程思政,首先和重点就是思政课程的"思政"。

但是课程思政不限于思政课程的"思政"。思政课再重要,也不是唯一重要的;思政课的作用再大,也不能包打天下的。大学生世界观、人生观、价值观的养成是一个复杂的系统工程和动态过程,仅仅靠几门思政课是远远不够的。而且,思政课作用的发挥也不是孤立的,它需要其他课程的支持和烘托。因此,眼光不能仅限于抓思政课教育教学,还要关注在思政课之外的其他各类各门课程在铸魂育人方面的作用。

其实,习近平总书记关于"主渠道"的提法和论述中,就已经解答了这个问题。"主渠道"这个概念在通常的用法中指的是思政课,而习近平总书记从更高的站位和更大的视野来观察问题,在思想政治教育的课程渠道与非课程渠道的关系上来使用这一概念,明确指出课堂教学是思想政治主渠道,这不仅是一种更合理的用法,同时也是一种意义重大的创新。它意味着不仅思政课是思政教育的主渠道,而且所有的课程都是主渠道;要从整体上全面把握高校课程的思政功能，特别是要从主渠道的高度去认识和把握其他各门课程的思政功能和责任。因此，在人们已经对思政课足够关注并保持这种关注的前提下，逐步把目光转向思政课之外的其他课程。于是，其他课程就成为当前课程思政所关注的重点或焦点。在这样的情况和语境下，课程思政就重点指称其他课程的思想政治教育功能了。

课程思政从广义转向狭义，并在约定俗成中固定在思政课之外的其他课程上，是有其原因和道理的。这是工作实践推进的需要，也符合语言运用的实际。首先，从所有课程思政工作的实践推进来看，当前的重点和焦点是其他课程，因为思政课程已经被重点关注过了并一直被重点关注着；从语言的运用上看，这样的概念使用方式也具有合理性。因为思政课程本身已经有了自己的称谓，而且"思政课"一词已经是一个强势和流行概念，但思政课之外的其他课程还没有一个属于自身的概念称谓。"其他课程"的提法只是临时使用，它未能体现出这些课程的特点和重要性。而"非思政课程"的表述也不好听。于是，用"课程思政"来专门称呼"其他各门课程"的思政就成为一种可行的语用选择。现在，在大多数情况下，当我们谈到"课程思政"的时候，指的都是把思政课之外的其他课程利用起来，发挥其育人的思想政治功能。

当课程思政从广义中衍生出狭义用法并固定在狭义用法上时，广义用法并没有完全消失，而是作为狭义用法的基础和背景继续存在。这样，就出现了广义和狭义同时并存的现象。有人可能觉得矛盾，但从辩证法看并不矛盾，它们之间的相互转换是自然而然就能实现的。实际上，在人们日常语言的运用中类似的情况是很普遍的。比如我们常说"中国与世界"。

其实，"世界"有广义和狭义两种用法，广义的包括中国，狭义的不包括中国。从逻辑上看，广义用法在先，因为世界本来是包括中国在内的；但当我们身处中国并以中国为不言而喻的起点语境时，当我们说"从中国走向世界"的时候，我们所说的"世界"其实指的是中国之外的世界，这是狭义的用法。思政课程的广义与狭义的关系，与"世界"的广义与狭义是一样的。

这样，就形成一种说法——"思政课程与课程思政"。前者指思政课，后者指其他课程。由于二者的表述重心和结构不同，前者落脚在"课程"上，后者落脚在"思政"上，因而有人认为这种表述是不准确不合理的。但从实质上讲，这种表述有其道理，它来源于实践，反映的是一对真实的关系。而且因为这种表述在修辞特征上形成了一种工整的对仗和对比，从而使其传播更广。并在传播中体现出二者协同发力、同向同行的信息。因此，不必以过于挑剔的眼光来看待这一约定俗成的表述，而是要正确认识和处理二者的关系，在关注思政课程的同时，也要关注其他课程的思想政治功能，并使二者同向同行。

二、课程思政的必要性和可能性

由于思政课程处在十分显眼的位置，因而没有人怀疑或忽视思政课程的思想政治功能，而是通常都认为对大学生的思想政治工作是这些课程的职责。而对于处在背景和暗影中的其他课程，特别是专业性课程，人们则通常强调它的专业教育属性，而忽视其思想政治功能。现在，课程思政的提出突显了这些其他各类课程的思想政治功能问题。那么，这些在思政课之外的其他各门各类课程，是否有必要和可能承担思想政治职能从而开展课程思政呢？回答是肯定的。开展课程思政必要性如下：

首先，这是由育人本身的整体性所决定的。不论是作为教育主体还是客体，人本身是完整的人，而育人的教育工作也是全面的、整体的。德育与智育、体育等的划分，以及思政课与专业课的划分等，都是相对的。人类历史上早期的教育，都是综合性的全面性的教育，既教做人又教做事，而且是融合在一起的。随着知识的日益丰富和教育任务的扩大，出现了不同类型教育的分化，比如德、智、体、美、劳的分化。这当然是必然的，也是合理的。但我们要明白，所有这些学科和课程的划分都是相对的。它们在理论抽象上可以做出清晰的界分，但在实践过程中是相互渗透而无法完全分开的。

其次，这是由学生"三观"养成的系统性所决定的。学生世界观、人生观、价值观的确立是一个系统工程。它既受到社会因素的影响，又受到学校教育的影响。在学校教育中，既受课程教学的影响，又受课外活动和校园文化的影响。在课程教育中，既受思政课教学的影响，也受其他各门课程教学的影响。虽然思政课程在立德树人方面起着关键课程的作用，但它不能靠自己包打天下。除了思政课之外，其他课程也有相应的责任，它们也要"守好一段渠，种好责任田"。这不是思政课教师推卸责任，而是基于客观规律的必然要求。

再次，这是由人民教师所肩负的育人职责所决定的。"师者，传道，授业，解惑也。"传道，是为师者的社会责任，也是为师者授业、解惑工作的灵魂所在。教师是人类灵魂的工程师，不仅承担着传授知识和技能的责任，而且担负着塑造美好心灵世界的神圣职责。特别是人民教师，更是肩负着人民的重托，传承着人民的精神。因而，不论是思政课教师还是其他课程的老师,都有全面育人的职责和要求。德育和思政课教师不仅要教做人,也教做事;专业课程教师既教授知识和技术,也教做人的道理。

最后,这是由当前进一步推进思政课教育教学改革发展所要求的。思政课有其自身的独立性,可以在一定程度上单独推进加强与改进的工作,并取得相应的成效。可以说,自党的十八大以来,高校的思政课建设已经得到了极大的加强,效果显著好转。但是思政课毕竟只是高校课程体系中的一部分,它的这种独立性是相对的,当我们集中精力推进思政课教育教学改革发展到一定程度的时候,就需要有其他课程的配合和支撑了。否则,它就不能继续前进并取得更好的成效。可以说,当前形势下对于思政课建设的进一步发展来说,其他课程的配合恰恰成为一个关键性的外部因素。

这样的道理也同样适用于其他课程特别是专业课教育教学本身的发展。专业课本身的独立性可以使它单独地从事教育教学,并寻求不断改进和发展。但是专业课的独立性也是相对的,当其自身的发展达到一定程度时,就需要别的课程特别是思政课程的配合和支撑,否则就难以达到更高的境界。学科和课程之间的界域划分是相对的,当学科建设和教育教学处在初级和中级阶段时,这种划分是合理的,但当学科建设和教育教学向着最高境界去追求和发展的时候,就会发现它与思想品德教育更接近了。因此,课程思政的开展,不仅有助于思政课教学而已,甚至也不仅是有助于对学生的三观教育,而且有助于专业课及其教学的升级和发展。课程思政不是降低专业课教学的专业水准,恰恰相反,它是要进一步提升专业课教学水准,使专业知识与思想品德在更高的境域中相遇。

课程思政不仅是必要的,也是可行的。

　　首先，专业知识能够成为向学生传递思想政治信息的有效载体。价值观并不是脱离知识体系而孤立存在的，而是以知识为依托，并与知识相结合。正像脱离人的价值观是不存在的一样，完全脱离人的知识和技术也是不存在的。我们所提供的正确的世界观、人生观、价值观，当然最直接最集中地体现在思政课程的相关知识体系之中，但同时也直接间接地体现在其他各门知识之中，也分散地存在于各门课程的知识之中。

　　其次，在专业课本身的课程体系中内在地包含着一定的思政元素。通常情况下这些元素并不显眼，没有得到人们的关注，更没有受到应有的激发，因而始终处在一种沉睡的状态。但它们是很重要的思政资源，只要得到开发就能发挥它的作用。而课程思政的开展，就是要开发自身固有的思政元素和功能，因而无疑是可能的，并具有现实性。

　　最后，从现实中来看，专业课程的教育教学已经自发地起着一定的思政作用。大多数都是好的作用，是与主流价值观相一致的，但也存在个别的教师，他们在专业课程上向学生传播了不正确的"三观"，特别是不正确的政治观点，造成了不良后果。这不仅证明了课程思政的必要性，而且也从反面证明了课程思政的可能性。

　　总之，不仅思政课程具有德育功能，承担着思想政治教育的任务，而且其他各类课程，包括公共课程、专业课程，以及实践类课程等，也都具有德育功能并承担育德职责。

三、课程思政的特点与优势

　　与思政课程相比，课程思政有其特点。这些特点如果能够发挥得好，就成为一种突出的优势。

首先,课程思政具有广泛性。不论思政课程体系怎样丰富,它的课程门数总是有限的,在整个高校课程体系中只占很小的一部分。大部分课程都不是直接意义上的思政课程。可见,其他课程数量极大,涉及面极广。用一个比喻来说,思政课是处在其他各种课程的"包围"之中。这样一种格局,如果运用得好,就成为一种巨大的优势。只要其他课程与思政课程相向而行,那么这种"包围"就是一种极大的关心和支持,就是一个坚强的后盾。由此,就能够形成一个以思政课为核心而包括其他课程在内的广义课程思政系统,形成一种系统集成的思想政治影响力。

其次,课程思政具有隐教性。显性教育与隐性教育相统一是思想政治教育的重要原则。如果说思政课程更多地体现了显性教育的特点,那么课程思政则集中体现了隐性教育的特点。所谓隐性教育,就是教育信息是隐藏着的,它分散地渗透在其他知识技能的传授和社会现象的传播之中,使受教育者在不知不觉中受到教育。如果课程思政能够有效地运用自身的特点来因势利导地开展思想政治教育,它就成为一种优越的教育途径。隐性教育由于具有柔性缓进的特点,因而能够有效避免受教育者的逆反心理,使他们在潜移默化中受到教育,取得更好的教育效果。有的情况下虽然隐性教育的效果在受教育者的显意识中并不明确,但它很可能进入了受教育者的潜意识甚至无意识中,因而具有更为深远的影响力。以往我们很好地坚持了显性教育,但对隐性教育重视和运用不够,在一定程度上影响到了思想政治教育效果。现在我们越来越发现隐性教育对于思想政治教育的重要性,越来越重视隐性教育所具有的特点和优势。

当然,正像显性教育具有二重性一样,隐性教育也具有二重性。如果搞得不好,就可能产生一种消极作用和后果。如果隐性教育缺少显性教育的引领和支撑,如果缺少了理直气壮讲思政的信心,把思想政治信息的隐含性变成了"隐退",或者缺少足够的潜移默化的时间来达到间接教育的目的,那么隐性思想政治教育就是软弱无力的,不能达成自己的目标。

最后,课程思政具有多样性。它涉及的课程不仅广泛和众多,而且多姿多彩,十分多样。对人的心理来说,多样性本身就是有吸引力的,它能有效避免单一性和精神疲劳。课程思政有不同的类型,包括公共课,如体育、美育类课程;各种专业课;实践课,如专业实验类课程、创新创业类课程、社会实践类课程等,每一门课程都有其自身的特点和独特的魅力。尤其是专业课程,它们是学校多数课程,也是主干课程,具有无可抗拒的专业魅力。而课程思政本身依赖于各门课程本身的优势,能够将每门课程的吸引力转化为思想政治教育的魅力。当然,将各门课程的多样性特点有效转化为课程思政的魅力和优势,还需要积极努力和相应的条件。

总之,课程思政有其自身的特点,这些特点具有两重性,它既可以成为一种优势,也可能成为一种弱点。关键在于我们怎样去把握和运用。课程思政的开展,不仅要深刻认识自身的特点,而且更要善于发挥和运用好自身的特点,使之成为一种不可替代的显著优势。

四、课程思政的原则与路径

课程思政的开展需要遵循一定的原则,这些原则规定了正确开展课程思政的基本要求,是课程思政自身规律的体现。

(一)要坚持深入挖掘与有机融入相结合

要自觉地去挖掘各门课程所蕴含的思政元素，并将其作为开展课程思政的重要支点。只有这样，课程思政才不是外部强加的东西，而是深深扎根于课程本身的内在要求，并具有自我展开和发展的内生动力。只要找到了这些点，并立足这些点，那么本门课程的思想政治教育就有了坚实的支点和抓手。每门课程都或多或少地包含有一定的思想元素。只要认真去挖掘，就会惊奇地发现，其中所包含的思想政治元素的丰富性超出了自己的预料。这些元素在挖掘出来之后，还要将之有机融入具体的教学过程中，使之得到应有的呈现；又同时不能局限于本门课程本来所包含的若干思政元素，而是从更高的政治站位出发，从立德树人的高度，把一些重要的思想政治内容和要求融入课程之中。

教育部印发的《高等学校课程思政建设指导纲要》中，对需要融入课程思政的内容作了概括："课程思政建设内容要紧紧围绕坚定学生理想信念，以爱党、爱国、爱社会主义、爱人民、爱集体为主线，围绕政治认同、家国情怀、文化素养、宪法法治意识、道德修养等重点优化课程思政内容供给，系统进行中国特色社会主义和中国梦教育、社会主义核心价值观教育、法治教育、劳动教育、心理健康教育、中华优秀传统文化教育。"[①]并对不同类型的课程提出了相应的融入内容。当然，融入的内容要有量的控制，不宜过多，要避免喧宾夺主。同时，需要强调的是，这里的"融入"应该

---

① 《教育部关于印发〈高等学校课程思政建设指导纲要〉的通知》(教高〔2020〕3号)。

是"有机融入"，即合理、自然而不着痕迹的融合进入，并不是生硬的机械性插入，更不是简单地把思政课的内容和政治要求照搬到专业课程中。

(二)要坚持专业教学与思政教育相统一

思政课之外的其他课程当然不限于专业课程，还包括公共课程以及实践类课程。但如果我们在这些课程中选一个代表和典型的话，那就是专业课程。在多数情况下，我们没有必要把其他课程都罗列出来，而是以专业课程作为代表，来探讨它与思想政治教育的关系。要深刻认识专业教学与思想政治教育的有机统一，不能将二者割裂开来，更不能对立起来。作为专业课程，当然要坚持专业课教学，而且要把专业课教好，真正体现出专业课程的特点和优势。在此基础上，再使这门专业课程起到一定的思想政治教育作用。必须明白，强调课程思政并不是否定或削弱专业课程和专业教育的价值，而是更加重视专业教学，更加要求把专业课教好。只有这样，它才能成为有价值的思想政治教育载体。如果淡化了专业教育，甚至使之变成不合格的专业教育，那么不论它怎样注重课程思政，都不能起到好的作用。而在搞好专业教学的同时，一定要重视课程的立德育德功能，并直接或间接地体现在教学中，使学生在学习专业知识和技能的过程中，懂得更多有益的社会经验和人生指导。

(三)要坚持课程思政与思政课程相呼应

正像思政课程不是孤立的一样，课程思政也不是孤立的。它们需要相互参照、相互呼应、相互配合，共同发挥育人育德的作用。思政课程与课程思政有着共同的政治属性和要求,但在定位、要求、方式等方面又是不同的,甚至是相反相成的。如果说思政课程是显性教育为主,那么课程思政则是隐性教育为主,要将显教性和隐教性结合起来;如果说思政课程是集中的思想政治教育,那么课程思政则是分散的思想政治教育,要将集中和分散统一起来。在高校课程和教学的格局中,思政课程的存在是其他课程开展课程思政的强大后盾和根据地。各门专业课任课教师开展课程思政工作,都不应该忘记自己有这样一个有利的条件,可以随时得到声援和支持。因此,要加强专业课教师与马克思主义学院教师的交流,必要时接受思想政治教育专家特别是课程思政专家的培训和指导建议。这样,就有利于课程思政与思政课程取长补短、相互配合,形成高校课程全面育人体系。

开展课程思政的途径是多方面的。大体说来,主要有以下几个方面:

首先,专业课教师要增强思想政治意识,提高课程思政的自觉性和能力。凡是合格的人民教师,都是具有相应思想政治素质的,不论是思政课教师还是专业课教师都是如此。但长期以来,人们对于专业课教师往往只关注其专业素养方面,而对其思政方面关注不够。他们自己对于自身所承担的教学任务,也往往是从专业课本身去考虑的。但在新时代条件下,特别是在全面推开课程思政的形势下,一位专业课教师只具有专业素养和视野就不够了,还要进一步肯认自己的思想政治角色和职责,增强自己的思想政治意识和思想政治能力。

同时还要认识到,作为课程思政的实施者,要有相应的人格魅力。不仅在课程上展现自己的人格形象,而且在课下的生活中,在与学生的交往中,学为人师,行为世范,以身作则。要想提高学生的思想政治水平,教师自己首先要进一步提升自己的思想政治水平。并通过不断提高自己的思想政治水平，来起到对学生的带动作用。

其次，要在课程建设和课堂教学的各个环节，深入挖掘所包含的思想政治元素，并找到有机融入教学过程的操作支点。一是要发挥课程知识体系本身的教育功能，帮助学生树立科学精神、理性精神。科学知识，特别是自然科学知识，人们通常认为与思想政治关系不大，因而起不到思想政治教育作用，这是不对的。客观的知识、严整的体系、严密的推理等，本身都体现人们对真理的追求，体现着理性精神和科学精神。而这些本身就是思想政治教育的重要内容。二是要认真梳理本课程知识体系形成过程，从学科史上去挖掘科学工作者的贡献和品德。任何一门学科都有一个形成过程，在这个过程中许许多多杰出人物做出了自己的贡献。而他们探索和做出贡献的过程中就蕴含着十分丰富的思想政治教育资源。三是在专业知识教学和讲解过程中，可以通过举例说明来带入现实社会内容，从而实现思想政治功能。许多专业知识和原理本身是抽象的，需要用具体和鲜活的事例加以说明，这就为引入现实内容提供了契机。要善于通过举例说明，特别是案例教学，来实施课程思政。四是在知识运用方面，融入社会内容。知识和技能本身可能是中性的，但它们的价值在于运用来服务于人们认识和改造世界的目的。教师不仅要教会学生相应的知识，还要告诉他们怎样去运用这些知识和技能去贡献社会、报效国家。总之，要因课制宜，根据每一门不同课程的特点进行课程思政的设计。

最后，学校要对课程思政高度重视，从体制和机制上加大对课程思政的支持和指导。要认真学习习近平总书记关于高校思想政治工作的论述，认真研讨和落实国家教育部门的相关文件和要求，结合学校自身情况，出台系列性举措，为开展课程思政提供支持。比如，设立相应课题，鼓励公共课和专业课教师申报；组织开展专业课教师课程思政素养的培训，聘请专家和校外教师介绍经验；发挥教师党支部作用，加强党组织对课程思政的指导等。应该说，近年来高校领导对思政课意义的认识更加深刻，对思政课建设和教育教学的改进高度重视和大力支持，有力推进了思政课建设与发展。相比之下，对于课程思政的意义还有待进一步深化认识，加大支持力度。要将思政课程与课程思政一体谋划、一体建设，使二者共同把学校的思想政治工作提到更高水平。

附录一

《在马克思诞辰200周年大会上的讲话》精神 融入"马克思主义基本原理"课教学的理论思考

    2018年5月5日是马克思诞辰200周年,全世界各地的人们都在以不同方式纪念马克思。5月4日,中共中央在北京人民大会堂召开纪念马克思诞辰200周年大会,中共中央总书记、国家主席习近平发表长篇重要讲话。这是一篇光辉的马克思主义纲领性文献,不仅对党的建设和中国特色社会主义事业具有指导意义,而且对高校思想政治理论建设具有重要指导作用。特别是对"马克思主义基本原理"课程的教育教学,具有更加直接而具体的指导性和启示性。将习近平总书记的讲话内容和精神融入"马克思主义基本原理"课程,是我们在新时代条件下进一步搞好原理课教育教学的必然要求和重要任务。

一、彰显马克思人格魅力，实现人格魅力与真理魅力有机结合

习近平总书记在讲话的开始部分，用两个自然段追溯了马克思的一生。包括马克思的出生和家庭，中学时代，大学时代，《莱茵报》工作期间，在巴黎的求索，与恩格斯撰写《德意志意识形态》，与恩格斯创作《共产党宣言》，参加 1848 年欧洲革命，写作《资本论》，晚年情况等。可能有人会问：在习近平总书记这样重要的讲话中，简单地追溯马克思的生平有必要吗？其实很有必要。这不仅在于它是一篇纪念马克思诞辰的讲话，理应对其生平有所回顾，而且更在于国人对马克思的生平并不了解。按道理讲，马克思是具有世界影响的伟大思想家和革命家，我们是以马克思主义为指导的社会主义国家，应该对马克思本人并不陌生。但其实不然，有调查表明，不仅普通群众，就是一些青年学生、党员干部和知识分子对马克思的生平也并不了解。

这表明，在高校思想政治理论课中，特别是在"马克思主义基本原理"课程中，应该给学生讲一讲马克思的生平事迹。至少让学生们知道马克思是谁，他是怎样一个人。"马克思主义基本原理"教材从 2015 版开始增加这方面的内容，2021 版和 2023 版修订也突出了这些内容。讲授这些内容，就不仅为学生了解感受马克思的人格魅力打下基础，而且更为学生理解马克思主义打下了基础。"马克思主义基本原理"课教师要熟悉马克思的生平事迹，要看马克思的传记，看马克思和恩格斯的书信，看马克思主义创立和发展的历史。当然，马克思主义是马克思和恩格斯共同创立的，不仅要了解马克思的生平，也要了解恩格斯的生平，最好是把他们两人的

一生联系起来考察和把握。

习近平总书记的讲话简要地讲述了马克思的生平后，重点描述了马克思的人格魅力。从三个方面讲述了马克思的伟大一生和人格魅力：

——马克思的一生，是胸怀崇高理想、为人类解放不懈奋斗的一生。……马克思一生饱尝颠沛流离的艰辛、贫病交加的煎熬，但他初心不改、矢志不渝，为人类解放的崇高理想而不懈奋斗，成就了伟大人生。

——马克思的一生，是不畏艰难险阻、为追求真理而勇攀思想高峰的一生。马克思为创立科学理论体系，付出了常人难以想象的艰辛，最终达到了光辉的顶点。……他博览群书、广泛涉猎，不仅深入了解和研究哲学社会科学各学科知识，而且深入了解和研究各种自然科学知识，努力从人类创造的一切文明成果中汲取养料。……即使在多病的晚年，马克思仍然不断迈向新的科学领域和目标，写下了数量庞大的历史学、人类学、数学等学科笔记。

——马克思的一生，是为推翻旧世界、建立新世界而不息战斗的一生。……马克思毕生的使命就是为人民解放而奋斗。为了改变人民受剥削、受压迫的命运，马克思义无反顾地投身轰轰烈烈的工人运动，始终站在革命斗争最前沿。[①]

---

① 习近平：《在纪念马克思诞辰200周年大会上的讲话》，人民出版社，2018年，第3~5页。

　　在这三个方面的人格魅力中,第一方面讲的是马克思的理想信念,第二方面讲的是作为科学家的马克思,第三个方面讲的是作为革命家的马克思。这三个方面密切联系,共同呈现出马克思的人格魅力。尽管马克思的人格魅力还有很多,但只要把握住这三个基本方面,就把握了根本。当然,作为"马克思主义基本原理"课教师,在绪论部分的教学中,以及在其他方面相关的教学中,在讲清楚这三个方面魅力的同时,还可以结合马克思的人生经历使之更加具体化。也可以运用图片、影像等手段,让学生们去感知马克思的伟大人格和崇高形象。

　　值得注意的是,习近平总书记在讲完马克思的人格魅力后,又特别讲了这样一段:"马克思是顶天立地的伟人,也是有血有肉的常人。他热爱生活,真诚朴实,重情重义。马克思、恩格斯的革命友谊长达40年。正如列宁所说:'古老传说中有各种非常动人的友谊故事',但马克思和恩格斯的友谊'超过了古人关于人类友谊的一切最动人的传说'。马克思无私资助革命事业,即使在自己生活极度困难的情况下仍然尽最大努力帮助革命战友。马克思和妻子燕妮患难与共,谱写了理想和爱情的命运交响曲。"[①]这就不仅使马克思的人格魅力更加丰满,而且更接地气了。

　　"马克思主义基本原理"课教师在授课中,要注意把马克思的人格魅力与马克思主义的理论魅力有机结合起来。"马克思主义基本原理"课当然是讲原理、讲理论的,要展现马克思主义的理论魅力和真理魅力。但习近平总书记讲话启示我们:不能脱离人格魅力而去展现真理魅力。思想

---

　　① 习近平:《在纪念马克思诞辰200周年大会上的讲话》,人民出版社,2018年,第5~6页。

理论并不是苍白的空洞的东西,而是有着鲜活的内容。马克思主义的思想内容的鲜活性不仅与历史背景和时代脉搏相关,而且更与理论创始人的人格魅力相关。我们中国人常讲"文如其人",这不仅适用于文学家,也适用于著作家;不仅适用于文字风格,也适用于理论品格。一个思想家的眼界、胸怀、境界和品格,无不在其思想和理论中打下印记,甚至决定性地影响着他的思想理论的性质和总体水准。一个胸无大志、目光短浅的人,即便有很高的天赋,也不可能创立解放全人类的思想理论。马克思不仅有极高的天赋,更具有崇高的人格魅力,这在历史上各种理论的创始人中也是并不多见的。既然我们的经典作家实现了人格魅力与思想魅力的统一,我们就应该觉得特别幸运,同时也应该在自己的授课过程中体现这两种魅力的统一。当然,谈到人格魅力,我们也不限于向学生展现马克思和恩格斯的人格魅力,还要向他们展现历史上许许多多马克思主义者的人格魅力,还要以教师自身的人格魅力去诠释马克思主义的魅力。这不仅涉及"马克思主义基本原理"课教师的教学方法,而且涉及教师本人的做人准则。他们必须在人格修养上用力,不断提高自己的思想品德水平,以配得上自己所讲授的马克思主义理论,配得上自己课堂上所介绍的马克思和恩格斯的人格魅力。

二、概括马克思主义本质特征,从总体上把握马克思主义

习近平总书记讲话中很突出的一个理论性阐述,是关于马克思主义本质特征或鲜明特征的论述:

——马克思主义是科学的理论，创造性地揭示了人类社会发展规律。在马克思提出科学社会主义之前，空想社会主义者早已存在，他们怀着悲天悯人的情感，对理想社会有很多美好的设想，但由于没有揭示社会发展规律，没有找到实现理想的有效途径，因而也就难以真正对社会发展发生作用。马克思创建了唯物史观和剩余价值学说，揭示了人类社会发展的一般规律，揭示了资本主义运行的特殊规律，为人类指明了从必然王国向自由王国飞跃的途径，为人民指明了实现自由和解放的道路。

——马克思主义是人民的理论，第一次创立了人民实现自身解放的思想体系。马克思主义博大精深，归根到底就是一句话，为人类求解放。在马克思之前，社会上占统治地位的理论都是为统治阶级服务的。马克思主义第一次站在人民的立场探求人类自由解放的道路，以科学的理论为最终建立一个没有压迫、没有剥削、人人平等、人人自由的理想社会指明了方向。马克思主义之所以具有跨越国度、跨越时代的影响力，就是因为它植根人民之中，指明了依靠人民推进历史前进的人间正道。

——马克思主义是实践的理论，指引着人民改造世界的行动。马克思说，"全部社会生活在本质上是实践的"，"哲学家们只是用不同的方式解释世界，问题在于改变世界"。实践的观点、生活的观点是马克思主义认识论的基本观点，实践性是马克思主义理论区别于其他理论的显著特征。马克思主义不是书斋里的学问，而是为了改变人民历史命运而创立的，是在人民求解放的实践中形成的，也是在人民求解放的实践中丰富和发展的,为人民认识世界、改造世界提供了强大精神力量。

　　——马克思主义是不断发展的开放的理论,始终站在时代前沿。马克思一再告诫人们,马克思主义理论不是教条,而是行动的指南,必须随着实践的变化而发展。一部马克思主义发展史就是马克思、恩格斯以及他们的后继者们不断根据时代、实践、认识发展而发展的历史,是不断吸收人类历史上一切优秀思想文化成果丰富自己的历史。因此,马克思主义能够永葆其美妙之青春,不断探索时代发展提出的新课题、回应人类社会面临的新挑战。[①]

习近平总书记的上述论述十分精辟,非常重要,对于"马克思主义基本原理"教材建设和教育教学具有重要指导意义。这是我们党第一次对马克思主义的本质特征或显著特征作出明确概括,也是国际共产主义运动中关于马克思主义本质特征的最明确而精辟的阐述。这就为"马克思主义基本原理"课程的教材编写和课堂教学提供了权威依据,比如在"马克思主义基本原理"教材绪论中必定要概括马克思主义的鲜明特征,但以往只能根据经典作家和党的领导人的零散论述加以综合,而现在则可以直接找到理论依据了。而且总书记不仅概括了马克思主义四个方面的特征,而且对每一个特征都做了精辟的理论阐述,这些也为我们教材编写特别是课堂教学提供了理论指导。

---

　　① 习近平:《在纪念马克思诞辰 200 周年大会上的讲话》,人民出版社,2018 年,第 7~10 页。

三、阐述马克思主义历史作用，把握马克思主义当代价值

习近平总书记的讲话从多个方面科学阐述了马克思主义的历史地位与当代价值，具有深刻的理论内涵，给我们以深刻的思想启示。

首先，马克思主义的产生是人类思想史上壮丽的日出，照亮了人类探索历史规律和寻求自身解放的道路。习近平总书记指出："马克思给我们留下的最有价值、最具影响力的精神财富，就是以他名字命名的科学理论——马克思主义。这一理论犹如壮丽的日出，照亮了人类探索历史规律和寻求自身解放的道路。"[①]这句十分精彩的话语，简明而生动地概括了马克思主义在人类历史发展中的作用。习近平总书记还指出：马克思创建了唯物史观和剩余价值学说，揭示了人类社会发展的一般规律和资本主义运行的特殊规律，"为人类指明了从必然王国向自由王国飞跃的途径，为人民指明了实现自由解放的道路"[②]。

其次，马克思主义既是当时时代精神的精华，又是整个人类精神的精华。只有在整个人类发展的历史长河中，才能透视出历史运动的本质和时代发展的方向，也才能透视出一个思想家的历史形象和时代价值。"马克思的思想理论源于那个时代又超出了那个时代，既是那个时代精神的精华又是整个人类精神的精华。"[③]这就告诉我们，既要看到马克思主义形成

---

① 习近平：《在纪念马克思诞辰 200 周年大会上的讲话》，人民出版社，2018 年，第 6 页。

② 同上，第 8 页。

③ 同上，第 7 页。

的时代背景，同时又要超出那个特定的时代去把握马克思主义的影响和价值，要从全部人类历史上去把握马克思的历史形象和马克思主义的历史意义。因此，马克思不仅是19世纪下半叶最伟大的思想家，而且是近代以来最伟大的思想家；不仅是千年以来最伟大的思想家，而且是人类历史上最伟大的思想家。

再次，马克思主义对人类社会产生了广泛而深刻的影响，极大地推进了人类文明的进程。习近平总书记指出："《共产党宣言》发表170年来，马克思主义在世界上得到广泛传播。在人类思想史上，没有一种思想理论像马克思主义那样对人类产生了如此广泛而深刻的影响。"[1]在马克思主义指导下，各国工人组织和无产阶级政党组织不断涌现，国际共产主义运动不断发展。列宁领导的俄国十月革命取得胜利，社会主义从理论变为现实。第二次世界大战结束后，一大批社会主义国家诞生，特别是新中国的诞生，极大地壮大了世界社会主义的力量。在马克思主义理论特别是民族理论的影响下，一大批获得独立和解放的民族国家建立起来，彻底瓦解了帝国主义的殖民体系，世界各民族平等交往、共同发展，展现出光明前景。总之，"马克思主义极大推进了人类文明进程，至今依然是具有重大国际影响的思想体系和话语体系"[2]。

最后，马克思主义不仅深刻改变了世界，也深刻改变了中国。马克思和恩格斯生前关注世界的东方，关注中国人民的命运。在第二次鸦片战争

---

[1]　习近平:《在纪念马克思诞辰200周年大会上的讲话》,人民出版社,2018年,第10页。

[2]　同上,第11页。

期间,马克思撰写了19篇关于中国的通讯,向世界揭露西方列强侵略中国的真相,为中国人民伸张正义。马克思和恩格斯高度肯定中华文明对人类文明进步的贡献,科学预见了"中国社会主义"的出现,甚至为他们心中的新中国取了亮丽的名字——"中华共和国"。近代以来的中国历史和实践证明,"马克思主义的命运早已同中国共产党的命运、中国人民的命运、中华民族的命运紧紧连在一起,它的科学性和真理性在中国得到了充分检验,它的人民性和实践性在中国得到了充分贯彻,它的开放性和时代性在中国得到了充分彰显!""实践还证明,马克思主义为中国革命、建设、改革提供了强大思想武器,使中国这个古老的东方大国创造了人类历史上前所未有的发展奇迹"。[①]

四、坚持马克思主义指导地位,学习马克思主义重要观点

马克思主义是我们党和国家的根本指导思想,是全国各族人民团结奋斗的共同思想基础。马克思主义的指导地位是中国近代以来历史的选择,也是当代中国共产党人和中国人民的坚定信念。在这方面,习近平总书记科学地提出了"三个完全正确":"历史和人民选择马克思主义是完全正确的,中国共产党把马克思主义写在自己的旗帜上是完全正确的,坚持马克思主义基本原理同中国具体实际相结合、不断推进马克思主义中国化时代化是完全正确的!"[②]

[①] 习近平:《在纪念马克思诞辰200周年大会上的讲话》,人民出版社,2018年,第14页。

[②] 同上,第14~15页。

习近平总书记引用恩格斯的话强调，一个民族要想站在科学的最高峰，就一刻也不能没有理论思维，"中华民族要实现伟大复兴，也同样一刻不能没有理论思维。马克思主义始终是我们党和国家的指导思想，是我们认识世界、把握规律、追求真理、改造世界的强大思想武器"①。习近平总书记还特别强调了要坚持和运用马克思主义的基本原理，指出："从《共产党宣言》发表到今天，170 年过去了，人类社会发生了翻天覆地的变化，但马克思主义所阐述的一般原理整个来说仍然是完全正确的。我们要坚持和运用辩证唯物主义和历史唯物主义的世界观和方法论，坚持和运用马克思主义立场、观点、方法，坚持和运用马克思主义关于世界的物质性及其规律，关于人类社会发展的自然性、历史性及其相关规律，关于人的解放和自由全面发展的规律，关于认识的本质及其发展规律等原理，坚持和运用马克思主义的实践观、群众观、阶级观、发展观、矛盾观，真正把马克思主义这个看家本领学精悟透用好。"②习近平总书记还深情地说："可以告慰马克思的是，马克思主义指引中国成功走上了全面建设社会主义现代化强国的康庄大道，中国共产党人作为马克思主义的忠诚信奉者、坚定实践者，正在为坚持和发展马克思主义而执着努力！"③

习近平总书记强调了在新时代学习马克思主义的重要性，指出："马克思主义思想理论博大精深、常学常新。新时代，中国共产党人仍然要学习

---

①③ 习近平:《在纪念马克思诞辰 200 周年大会上的讲话》，人民出版社，2018年，第 15 页。

② 同上，第 25 页。

马克思,学习和实践马克思主义,不断从中吸取科学智慧和理论力量。"①

在新时代,学习马克思主义理论既要全面地学,又要有重点地学,结合中国新实际来学。习近平总书记站在新时代的制高点上,提出并论述了当前我们学习和实践马克思主义的九个基本方面的内容:一是学习和实践马克思主义关于人类社会发展规律的思想,二是学生和实践马克思主义关于坚守人民立场的思想,三是学习和实践马克思主义关于生产力和生产关系的思想,四是学习和实践马克思主义关于人民民主的思想,五是学习和实践马克思主义关于文化建设的思想,六是学习和实践马克思主义关于社会建设的思想,七是学习和实践马克思主义关于人与自然关系的思想,八是学习和实践马克思主义关于世界历史的思想,九是学习和实践马克思主义关于政党建设的思想。

上述九个方面的思想,聚焦于马克思主义理论的核心领域,即人类社会及其发展规律的领域;体现了社会主义运动发展的需要,特别是新时代中国特色社会主义建设的需要,体现了贯彻"五位一体"的总体布局和"四个全面"的战略布局的需要,同时也体现了习近平总书记的一系列创新性思想,比如以人民为中心、人类命运共同体等。

习近平总书记关于学习和实践马克思主义九个方面思想的论述,为我们指明了新时代学习和实践马克思主义的重点内容,对于我们讲授马克思主义基本原理,特别是突出科学社会主义部分的教学具有启示意义。习近平总书记讲的九个方面中,除了唯物史观的内容外,大多是属于科学

---

① 习近平:《在纪念马克思诞辰 200 周年大会上的讲话》,人民出版社,2018 年,第 15 页。

社会主义部分的,这就表明:我们在今天学习马克思主义基本原理,必须高度重视科学社会主义部分的学习,并联系新时代中国特色社会主义的实际来实现教学。那种只讲"马克思主义基本原理"教材前面部分,忽略甚至忽视后面科学社会主义部分的做法,是不符合习近平总书记讲话精神要求的。

五、端正学习态度,掌握学习方法

习近平总书记的讲话不仅明确了我们学习和实践马克思主义的重点内容,而且提出了我们应该有的学习态度和学习方法。他指出:"要深入学、持久学、刻苦学,带着问题学、联系实际学,更好把科学思想理论转化为认识世界、改造世界的强大物质力量。共产党人要把读马克思主义经典、悟马克思主义原理当作一种生活习惯、当作一种精神追求,用经典涵养正气、淬炼思想、升华境界、指导实践。"[①]这一论述内涵丰富、意义重大,对于我们实施好"马克思主义基本原理"教学,引导学生学习和实践马克思主义具有直接的启示。

首先,要刻苦学、持久学、深入学。学习马克思主义理论要有认真刻苦的态度,要有聚精会神的学习状态。这指的是学习应有的决心和态度,而不是说学习过程中只有痛苦而没有乐趣。即使是抽象理论的学习,也是充满乐趣的。对大学生来说,学习理论的乐趣也许一开始就有,也可能经过一段学习后才渐渐感受到。但不论怎样,一种认真刻苦的学习态度还是需

---

① 习近平:《在纪念马克思诞辰 200 周年大会上的讲话》,人民出版社,2018 年,第 26 页。

要的,这是认真学习的起点。刻苦学习不是一时一地的,而应该是坚持不懈的。马克思主义理论博大精深,不是一朝一夕就能完全掌握的,而必须经历一个较长的学习过程。为此需要一种锲而不舍的精神,毫不松懈地学习。通过刻苦持久的学习,才能达到深入理解的程度。习近平总书记强调要"深入学",既是要求一开始就树立学深学透的目标,同时又是强调要经过长期持久的刻苦学习,才能逐步达到深入理解和掌握的程度。

其次,要带着问题学、联系实际学。学习马克思主义理论,正像学习其他知识和技术一样,要有问题意识。在学习过程中,要带着问题去读书和思考,有针对性地学习。这样学习,才能达到事半功倍的效果。带着问题学习与联系实际学是紧密相关的。问题本身虽然既可以是实际问题,也可以是理论问题或学术问题,但即使理论问题和学术问题也都是从实际生活中来的。因此,学习马克思主义理论必须坚持理论联系实际的优良学风,联系当今的社会实践和自己的人生实践来深入领会马克思主义的道理。

再次,要把学经典和悟原理结合起来。学经典和悟原理,是我们学习马克思主义理论的两种重要途径,它们虽然各有其相对独立性,但又是不可分割的。"马克思主义基本原理"课程当然是原理课,而不是原著课,因而着重于讲授并让学生把握马克思主义基本的立场、观点和方法,但是学原理不能离脱离学原著,因为原理最初就是体现在原著当中的,因而要把学习马克思主义经典著作作为掌握原理的重要依据和途径。现在,大家越来越认识到,不能满足于马克思主义原理教科书的学习,而要直接学习马克思主义经典著作,原汁原味地学习和领会马克思主义。经典著作具有"涵养正气、淬炼思想、升华境界、指导实践"的作用,我们一定要高度重视,深入学习。学原著是一个长期的过程,会遇到一些困难,但不能因为有困难就放弃。另外需要注意的是,我们在强调读原著的极端重要性时,不要忽略了"悟原理",不要离开悟原理的目的去为读原著而读原著,更不应陷入经典作家个别表述的词句中不能自拔。

最后,要把学原著悟原理作为一种生活习惯和精神追求。习近平总书记一再强调,马克思主义理论,特别是马克思主义哲学,是共产党人的"看家本领",一定要"学精悟透用好"。要把读经典和悟原理当作一种生活习惯,当作一种精神追求。这就一方面要求我们,把理论学习和经典学习当作日常生活的一部分,自然而然地学习。另一方面,要求我们把理论学习当作一种精神的自我修养,当作一种人生的更高追求,通过理论学习而不断提升自己的精神境界和人生层次。

附录二

党的十九届六中全会精神
融入思政课的理论思考

　　2021 年 11 月召开的党的十九届六中全会，是在党成立 100 周年历史关节点上召开的一次具有重大意义的会议。其主要任务是全面回顾党的百年奋斗历史，系统总结党百年奋斗取得的伟大成就和积累的历史经验，并以"历史决议"的形式正式确定下来。全会审议通过的《中共中央关于党的百年奋斗重大成就和历史经验的决议》（以下简称《决议》）不仅具有总结历史的意义，更是开创未来的要求，必将对党和人民在全面建设社会主义现代化国家新征程上的团结奋斗产生深远影响。因此，深入学习领会党的十九届六中全会精神，并将之全面融入高校思政课教育教学，是当前最重要最迫切的思想政治任务。教育部高校思政课教学委员会编写的《十九届六中全会精神融入思想政治理论课教学要求》（以下简称《教学要求》)已经印发,为了贯彻落实好这一教学要求,有必要从理论上思考一些相关问题,以提高思政课教师对融入工作的自觉性。

一、深入把握党的十九届六中全会精神融入思政课的重要意义

对于党的十九届六中全会精神融入思政课的必要性,广大思政课教师是不会有疑义的。但是没有疑义并不意味着就有全面深入的认识。事实上,许多思政课教师只是把它当作一个理所当然的事情去做,并没有思考过为什么要这样做,对融入的重要性并没有深层的认知,而这又会影响到融入的效果。因此,对这一最基本的问题进行学理思考并不是多余的。

从总体上看,思政课具有三重属性,即政治性、学理性、教学性。从每一种属性来说,融入党的十九届六中全会精神都是必要的。

(一)这是政治要求,体现政治逻辑

思政课本身是政治课,具有鲜明的政治属性,而且这一属性是学理属性和教学属性的基础和前提,因而是更为根本的属性。而及时体现党和国家最新的重大政治理念和政治要求,是思政课政治属性的必然要求。学习贯彻党的十九届六中全会精神是当前和今后一个时期全党和全社会的重要政治任务,也是高校思政课教育教学的重要任务。党的十九届六中全会精神融入思政课体现了政治逻辑,具有内在的必然性。

党的十九届六中全会精神融入各门思政课的必要性,并不以每门课程的特殊性为转移。每一门思政课都有其特殊性,它们与党的十九届六中全会通过的《决议》的联系也会有所不同,有的直接、有的间接,有的多些、

有的少些,等等。但这些特殊性,并不能构成拒绝融入或消极对待融入工作的理由。它们只会影响到融入的方式和特点,并不能影响融入的必要性和重要性。比如,"马克思主义基本原理"课的内容相对来说更为抽象,从而有较强的基础性和稳定性,因而相比于其他课程,比如"毛泽东思想与中国特色社会主义理论体系概论"和"新时代中国特色社会主义理论与实践",与《决议》的联系更衔接一些。但是并不能因此就说"马克思主义基本原理"课就可以不"融入"或在"融入"上打折扣。

事实上,每一门课都可以从自己的角度,找到自身与党的十九届六中全会决议的特殊关联之点,都会发现该门课程与党的十九届六中全会精神的内在关联。这就进一步印证了融入的必要性。但是这也并不是必须融入的原因。换句话说,即使一时找不出这门课与党的十九届六中全会决议的某种关联之点,也仍然要贯彻和融入党的十九届六中全会精神。这是由思政课的政治性质和政治逻辑所决定的。从某些意义上可以说,政治性在这里是一种"普照的光",它要普照在全部思政课程上,而每一门思政课程所呈现的不同色彩,只是在这一种共同的光照之下所呈现出来的。

(二)这是学理要求,体现学理逻辑

党的十九届六中全会精神融入思政课,不仅具有政治意义,而且具有学术意义或学理意义。我们的课程虽然是政治课,具有政治属性并遵循政治逻辑,但是政治属性并不是它的唯一属性,政治逻辑也并不是它要遵循的唯一逻辑。思政课同时具有学术属性,还要遵循学理逻辑。用习近平总书记的话说,是"政治性与学理性相统一"。用我们常用的话说,就是"用学

理讲政治"。对思政课来说，单一地讲政治往往是不成功的，只有依靠学理的支撑来讲政治，才能在高校环境中实现讲政治的目的。从学理的角度来说，党的十九届六中全会精神融入思政课也是十分必要的。

党的十九届六中全会通过的《决议》不仅是政治上的重大宣告，也是学理上的重大创新。《决议》的形成，并不只是一种政治要求的产物，也是学理研究和学理书写的产物。它是由许许多多领导和专家经过长期反复研究而最终形成的。文件起草和修改打磨的过程，本身就是一种研究的过程。其中会涉及极为深刻和复杂的学理问题，只有在处理了这些问题之后，才能形成成熟的文件。党的历史上一共形成过三个历史决议，其中每一个决议都是经过党内外反复讨论和研究而形成的。关于党的十九届六中全会的决议的起草和形成的过程，习近平总书记在全会上做了专门的说明，也是千锤百炼的过程。因而，其中包含着很多的学理性创造是必然的。

这种学理上的创新，具有历史与理论的双重意蕴。一方面，它具有历史认知和历史观建构上的创新价值。《决议》本身是历史性决议，它梳理和总结的就是党的百年历史，而决议文本的形成，承载着若干对重大党史事实的新认知新表述，是历史学特别是中共党史学上的重大创新。另一方面，它也具有党的理论创新的价值。《决议》不只是梳理和总结党的历史，也是基于党的历史来形成和阐发新的理论观点。这里的理论创新，不只是对中国特色社会主义理论的创新，甚至也不只是对马克思主义中国化时代化的理论创新，而且还是对马克思主义基本理论的丰富和创新。如果我们的思政课不注意吸取决议中的这些学理营养，就会使教育教学的说服力受到损害。

(三)这是教学要求,体现教学逻辑

思政课不仅有政治属性和学理属性,还具有教育教学属性,而且这种属性是前两种属性的落脚点。政治和学理只有化身于教学,并通过教学体现出来,才能得到实现。将党的十九届六中全会精神融入思政课,不仅是政治和学理的要求,还是教学本身的要求,体现了教育教学的逻辑。

从思政课教学内容来说,党的十九届六中全会精神是其中不可缺少的方面,而且属于前沿性的方面。如果缺少了党的最新理论成果,缺少了党的十九届六中全会精神,那么现阶段的思政课内容就是不完全的,也不是前沿的,这就不能算是最好的教学内容。从教学理念和方式来说,思政课教学必须理论联系实际,必须具有时代感和现实针对性,而如果脱离开党的十九届六中全会召开的社会背景,缺少了党的十九届六中全会精神,那么就不能算是做到了理论联系实际,就不能算是具有现实针对性。

以上三个方面的要求,特别是三种"逻辑",都是思政课本身所具有的。我们要从三个方面及其结合中,整体性地把握党的十九届六中全会精神融入思政课的内在必然性和现实必要性。同时也由此来把握党的十九届六中全会精神融入思政课的复杂性和难度,正确认识和处理好三种逻辑的关系,让它们协同发挥作用,共同促进和实现党的十九届六中全会精神高质量地融入思政课教育教学。

二、全面把握党的十九届六中全会精神的丰富内容

为了将党的十九届六中全会精神融入思政课,就需要把什么是党的

十九届六中全会精神说清楚。而为了具体把握党的十九届六中全会精神的内容，就必须考察党的十九届六中全会的议程和成果。大体说来，党的十九届六中全会主要做了以下四件事情：

一是全会听取和讨论了习近平受中央政治局委托所作的工作报告。这个工作报告虽然并没有正式印发，但其基本内容在《中国共产党第十九届中央委员会第六次全体会议公报》中得到了反映。报告主要是总结了党的十九届五中全会以来中央政治局的工作，强调了一年来，世界百年未有之大变局和新冠肺炎疫情全球大流行交织影响，外部环境更趋复杂严峻，国内新冠肺炎疫情防控和经济社会发展各项任务极为繁重艰巨，在这样的国内外形势下，中央政治局作出一系列重大部署，使党和国家各项事业取得了新的重大成就，特别是成功举办了庆祝中国共产党成立100周年系列活动，习近平总书记正式宣布全面建成小康社会并开启实现第二个百年奋斗目标进军的新征程，激励全党全国各族人民意气风发、团结奋斗。这些是党的十九届六中全会决议形成的社会背景和总体形势。

二是习近平总书记就制定《中共中央关于党的百年奋斗重大成就和历史经验的决议》向全会作了说明。强调党历来高度重视总结历史经验，在新民主主义革命时期和改革开放新时期制定过两个历史决议，发挥了十分重要的历史作用。现在距离第一个历史决议已过去76年，距离第二个历史决议也过去了40年。40年来党和国家事业大大向前发展了，党的理论和实践也大大向前发展了，制定新的历史决议既有客观需要，也有主观条件。特别是在建党百年的重要历史时刻，在开启全面建设社会主义现代化强国新征程的重大历史关头，全面总结党的百年奋斗重大成就和历史经验,具有重大现实意义和深远历史意义。对全会决议的起草,中央明确要求:一是聚焦总结党的百年奋斗重大成就和历史经验,二是突出中国特色社会主义新时代这个重点,三是对重大事件、重要会议、重要人物的评价注重同党中央已有结论相衔接。同时还介绍了决议起草过程和框架内容。

三是审议通过了《中共中央关于党的百年奋斗重大成就和历史经验的决议》。决议除序言和结束语之外,共有七个部分。前四个部分,分别从四个时期回顾总结了党的奋斗历史和取得的历史成就,特别是新时代以来取得的十三个方面的成就。第五个部分总结党的百年奋斗的历史意义,即从根本上改变了中国人民的前途命运,开辟了实现中华民族伟大复兴的正确道路,展示了马克思主义的强大生命力,深刻影响了世界历史进程,锻造了走在时代前列的中国共产党。第六部分从十个方面系统总结了党百年奋斗的历史经验,即坚持党的领导、坚持人民至上、坚持理论创新、坚持独立自主、坚持中国道路、坚持胸怀天下、坚持开拓创新、坚持敢于斗争、坚持统一战线、坚持自我革命。第七部分对党在新时代完成自己的使命提出了要求。

四是审议通过了《关于召开党的第二十次全国代表大会的决议》,确定党的二十大将于2022年下半年在北京召开。全会认为,党的二十大是我们党进入全面建设社会主义现代化国家、向第二个百年奋斗目标进军新征程的重要时刻召开的一次十分重要的代表大会,是党和国家政治生活中的一件大事。全党要团结带领全国各族人民攻坚克难、开拓奋进,为全面建设社会主义现代化国家、夺取新时代中国特色社会主义伟大胜利、实现中华民族伟大复兴的中国梦做出新的更大贡献，以优异成绩迎接党的二十大召开。

这样，党的十九届六中全会精神就包含在这些方面的事项之中，特别是包含在《决议》中。我们既要全面把握党的十九届六中全会精神的丰富内容，又要突出全会精神的主题。总结百年奋斗历史是党的十九届六中全会的主题，而审议通过《决议》是最重要的议程。因此，从重点性上讲，党的十九届六中全会精神主要就是《决议》的精神。正是在此意义上，党的十九届六中全会精神也就是《决议》精神。但是也要注意，我们在把握《决议》精神的时候，不能忽略国内外形势和我们召开党的二十大的政治任务，不能忽略习近平总书记关于《决议》的说明。

而且，《决议》本身也具有极为丰富的内容，需要我们全面把握和领会。它并不只是对第二个"历史决议"以来的历史进行总结，而是对党的创立和百年历史进行全面总结；它不仅对"新民主主义革命时期""社会主义革命和建设时期""改革开放和社会主义现代化建设新时期"所取得的成就进行了全面梳理，而且还对"中国特色社会主义新时代"取得的成就作出全面论述；不仅总结了党的百年奋斗的历史意义，而且全面总结了党的百年奋斗的历史经验；并且对新时代中国共产党进行了全面阐述。因而对《决议》精神也要全面把握。

三、辩证把握融入过程中的几种关系

（一）学习宣传党的十九届六中全会精神与搞好思政课教学的关系

将党的十九届六中全会精神融入思政课教学，这看起来是一项任务，实际上其中包含着两个目的或任务：一是学习宣传党的十九届六中全会精神，二是搞好思政课教学。这是两个独立的任务，它们并不是一回事。前者以党的十九届六中全会精神为中心，本身就是一个重要任务，这是由全会本身的重要性决定的。全会精神对党和人民事业具有重要意义，因而全党和全社会都应该学习党的十九届六中全会精神。即使不谈高校思政课的事，也是要学习宣传党的十九届六中全会精神的。后者以课程教学为中心，具有自身独立性，是一项长期的任务和工作，并不因党的十九届六中全会是否召开为转移。

但从更大的背景看，这两个独立的目的或任务其实都从属于一个更大的目的，即学习贯彻党的理论、路线和方针政策，都属于党和国家的意识形态工作。因此，这二者又是相互联系的，并在当前相遇而合并为一项工作任务，即将党的十九届六中全会精神融入思政课教学。可见，这项任务本身具有综合性。

正因为融入工作本身具有综合性，涉及两个目的和两项任务，因而在融入过程中我们要正确认识和处理二者的关系。既要高度重视当下宣传贯彻党的十九届六中全会精神的学习宣传，更要着眼于长远的思政课教育教学。要深刻认识到，我们现在进行党的十九届六中全会精神的融入工作，并不只是为了应付眼前的政治学习任务，不是想通过融入七门思政课而让大家学习七遍《决议》，如果这样的话还不如直接让大家学习七遍《决议》更有效。事实上，融入工作除了是当下的政治任务外，更是思政课教学增强前沿性和时代感的要求，是增强思政课教学现实感和针对性的要求。

(二)集中学习与分散融入的关系

党的十九届六中全会的《决议》通过并下发后,全党掀起集中学习《决议》的热潮,高校思政课教师也对《决议》进行了集中学习。在此基础上,又要把《决议》的内容和精神分散融入各门思政课之中。要正确看待集中学习与分散融入的关系。可以说,二者的关系,既是学习文件的两个阶段,又是从学文件向学课程的转变。

从学《决议》来说,有两个具体阶段:一是直接进行集中学习,面对《决议》文本,进行全面系统学习。这个阶段的学习既具有直接性,又具有整体性。这是在《决议》的场景中学习《决议》,是在全会的氛围下学习《决议》。二是通过分散融入各门课程来学习《决议》。将《决议》化整为零,分别融入不同的课程中,并通过课程学习来实现对决议精神的把握。如果说前一个阶段是直接性学习,那么后一个阶段是间接性学习或反思性学习。它是以各门课程的知识为中介的,是从不同的角度,并从不同的专业,深化对《决议》的理解。因此,可以说,"集中学习"是开始阶段,"分散融入"是深化阶段。

但是分散融入并不只是为了学文件,更是为了丰富和完善思政课教育教学。因而,从集中学习到分散融入,也是从学文件向学课程的转变。从当下来看,学习党的十九届六中全会精神最重要,但从长远来看,落脚点还是把课程教学建设好,提高教育教学效果。要注意区分时政性学习与课程性学习,前者是即时性贯彻,后者是长远性建设。当《决议》精神融入思政课之后,它就不是属于当下时政性的学习,而是成为课程内容本身,成为学科知识体系本身的组成部分了。只有当文件不再停留在文件上,不再是以文件的方式存在时,只有当它融入思政课而消化于无形之时,才是真正体现和实现了文件的价值。

(三)全面融入与重点融入的关系

从政治上讲,从态度上讲,必须坚持全面融入,不能有重大遗漏,更不能采取随意取舍的态度。也不能因为担心重复,就舍去一些重要的内容。从政治宣传角度来说,重复是必要的、重要的,宣传就必须有重复。对于《决议》中基本的东西,比如"两个确立"、党百年奋斗在实践和理论上的伟大成就,特别是积累的历史经验等,各门课程都必须融入,不怕重复。

但是全面融入并不是事无巨细、完全照搬。不能从字面上去看全面,似乎只有把4万多字的《决议》一字不漏地搬到课堂上去才叫全面。这里的全面,不是指字数上的全部,而是指其中所包括的重要内容的全面性。而且,做好融入工作,不仅要讲政治逻辑,还要讲学理逻辑和教学逻辑,为此就需要体现全面性与重点性相结合。在全面融入的基础上,不同的课程要体现自身的重点性融入。重点融入还是会有所取舍,不同的课程着眼点会有所不同。要着眼本课程特有的层次和角度,找出自身所重点融入的内容,发挥本课程的特长,把重点融入的内容阐释好、消化好。只有在重点融入的基础上,才能做到有机融入、深度融入、创造性融入。这样也有效避免了各门课程在融入内容上的过多重复和简单重复。

(四)内容融入与精神涵养的关系

不仅要实现《决议》内容的融入,还要发挥这些内容所体现出的精神的涵养作用。在融入过程中,要充分展现党百年奋斗的豪迈气概和历史主动精神,将历史自信和理论自信讲出来,将志气、骨气、底气讲出来。

其中最重要的,一是历史主动精神,二是历史自信。所谓历史主动精神,是指我们党带领人民,作为历史活动的主体,所体现了积极主动和创新创造的精神状态。任何一个处在社会中的人,总是或多或少地参与了历史的形成,但不同的人对历史活动的参与有不同的层次。有的人只是完全被动地参与历史,也没有创造历史;有的人参与了创造历史的活动,但完全是自发的;有的人则是自觉地创造历史。党就是自觉创造历史的主体,它的历史活动体现了历史主动精神。所谓历史自信,就是党通过回顾和总结自己的百年奋斗历史,而更加坚定了自己的信心。这种历史自信来自党所秉持的崇高使命,来自党的长期奋斗的历程,来自党克服困难的磨砺,来自党所取得的伟大成就,来自党积累起来的丰富历史经验,来自党的百年奋斗所形成的能力。

(五)党的十九届六中全会精神与其他重要精神的关系

既然是党的十九届六中全会精神融入思政课,当然主要就是历史决议融入思政课。但是我们郑重地做融入的工作,就不应只是局限于党的十九届六中全会或《决议》本身,而是要同时兼顾到党的十九届六中全会前后中央的其他重要精神。

这些重要精神包括：一是习近平总书记在庆祝中国共产党成立 100 周年大会上的重要讲话精神。这个精神虽然在 2021 年版教材中有所体现,但因为受教材印刷出版的时间局限,体现并不充分。而且讲话与党的十九届六中全会有着紧密的联系。讲话中提出许多重大的思想理论创造,比如"伟大建党精神""两个结合"等,这些在《决议》中再次得到强调。如果不学习这一重要讲话,就不能深刻理解决议内容。二是 2022 年初习近平总书记在省部级领导干部学习贯彻党的十九届六中全会精神研讨班开班式上的重要讲话精神,讲话本身是对党的十九届六中全会精神的全面阐释,对我们有直接的帮助。特别是其中出现"解放思想、实事求是、守正创新"这样的新提法,很值得我们注意和研究。三是习近平总书记在中央党校中青年干部培训班开班式上的讲话精神。讲话中对理想信念问题、正确政绩观问题等有深刻论述,对青年学生成长有指导作用。四是习近平总书记在 2022 年全国"两会"期间的讲话精神。特别是其中提出的"五个必由之路"的论述,以及关于战略有利条件的论述。

总之,我们应该借党的十九届六中全会精神融入思政课的契机,把这些最新的讲话精神一并融入。

(六)教学建议的指导性与思政课教师的主动性的关系

教育部高校思政课教学指导委员会制定的《党的十九届六中全会精神融入思政课的教学建议》(以下简称《教学要求建议》),具有很强的指导性,对思政课教师融入工作有重要指导作用。而且,这次教学建议,既有原则性要求,也有具体章节目的具体指导,可以说是相当实用的。但是这并不意味着我们广大思政课教师就不需要有主动性和创造性了，似乎只要照着办就可以了。有的老师自己并不主动地去学习《决议》，也不主动地考虑怎样融入的问题，心想反正教育部会有《教学建议》，到时照葫芦画瓢就行了。这是一种懒汉思想。

总之，即使在《教学建议》出来以后，还是要发挥大家的积极性和主动性，结合实际教学需要，把《教学建议》落实好，把融入工作做得更好。思政课教学要做到"先学后教"。要以高度的政治自觉，率先系统深入地学习《决议》和相关文献，自己吃透精神，学懂悟透。有了这个基础，融入工作就是很自然，也很容易的事了。

党的二十大精神融入
"马克思主义基本原理"课程的几点思考

党的二十大报告是一篇闪耀着马克思主义真理光芒的纲领性文献。为了持续推进党的创新理论进教材、进课堂、进学生头脑,笔者围绕将党的二十大精神融入"马克思主义基本原理"课程作以下五点思考。

一、凸显马克思主义的立场观点方法,融入习近平新时代中国特色社会主义思想的立场观点方法,并阐述二者的内在联系

党的二十大报告强调:"马克思主义是我们立党立国、兴党兴国的根本指导思想。……拥有马克思主义科学理论指导是我们党坚定信仰信念、

把握历史主动的根本所在。"①在推进马克思主义中国化时代化的过程中，要把握马克思主义的立场观点方法。在"马克思主义基本原理"课程的导论中，我们要在介绍马克思主义基本原理概念时阐释好这一立场观点方法，并赋予其更大的独立性和更完整、更突出的地位，同时也要融入习近平新时代中国特色社会主义思想的立场观点方法。笔者认为，立场观点方法是贯穿于思想过程的思想灵魂，从党的二十大报告来看，"六个坚持"是习近平新时代中国特色社会主义思想的立场观点方法，因此，把"六个坚持"融入"马克思主义基本原理"教材之中加以阐释，是十分必要的。

二、结合党的二十大报告，进一步总结概括习近平新时代中国特色社会主义思想的世界观和方法论

结合党的二十大报告中的重要论述，我们要研究总结习近平总书记对辩证唯物主义和历史唯物主义的重要论述，特别是将其理论贡献写入"马克思主义基本原理"课程。习近平新时代中国特色社会主义思想的世界观和方法论与其立场观点方法既有联系又有区别。正如毛泽东思想的世界观和方法论指的是毛泽东哲学思想，毛泽东思想的立场观点方法指的是其活的灵魂。笔者认为，我们要深入研究"六个坚持"，进一步研究习近平新时代中国特色社会主义思想是如何丰富和发展辩证唯物主义、历史唯物主义的，在此基础上才能形成习近平新时代中国特色社会主义

---

① 习近平:《高举中国特色社会主义伟大旗帜 为全面建设社会主义现代化国家而团结奋斗——在中国共产党第二十次全国代表大会上的报告》，人民出版社，2022年，第16页。

思想的世界观和方法论,并将其融入此课程中。

三、将马克思主义理论通过中国化、时代化的基本路径实现创新发展的一般规律融入"马克思主义基本原理"课程

2022 年 7 月 28 日,习近平总书记致中国共产党与世界马克思主义政党论坛的贺信中指出:"马克思主义是不断发展的开放的理论,本土化才能落地生根,时代化才能充满生机。"①这一论述深刻揭示了马克思主义通过本土化和时代化的基本路径,实现创新发展的一般规律,是马克思主义中国化时代化的理论依据。这应写入教材并作出理论阐释,为我们更好地理解马克思主义中国化、时代化奠定理论基础。同时,我们要对马克思主义时代化的科学内涵、理论定位进行深入研究。就目前已有的理论成果来看,相比马克思主义中国化,马克思主义时代化研究相对不足,今后需要将马克思主义中国化时代化相联系,对马克思主义时代化进行深入研究,笔者认为,这也是"马克思主义基本原理"课程教材内容能有所突破的创新点。

四、将马克思主义文明观融入"马克思主义基本原理"课程

习近平新时代中国特色社会主义思想中关于文明的论述非常多,不只局限于社会主义精神文明建设的范围,而是立足中国的具体实际,甚至从世界史观的角度来阐释文明的内涵、人类文明的进步、发展多样性、各

---

① 《习近平向中国共产党与世界马克思主义政党论坛致贺信》,《人民日报》,2022 年 7 月 29 日。

民族交流促进等相关议题。这也体现了对马克思主义唯物史观的丰富发展。社会与文明、社会形态与文明形态究竟是什么关系?这些要加以研究,要在马克思主义唯物史观的范围内探寻人类文明的多样性和发展的规律。同时,在本课程教材介绍马克思主义唯物史观的章节中,还要融入关于人的本质、人的发展,特别是人的全面发展这一论述,阐述社会全面进步和人类全面发展之间的关系。这些内容在"马克思主义哲学"和"思想道德与法治"课程中涉及较多,因此,在"马克思主义基本原理"课程教材中也需进一步体现。

五、将科学社会主义价值观融入"马克思主义基本原理"课程

党的二十大报告强调,"科学社会主义在二十一世纪的中国焕发出新的蓬勃生机"[①],并提出了科学社会主义价值观,这体现了科学社会主义、马克思主义的一般规律与一般原理意义上的价值观。社会主义核心价值观是一个立足中国实际、具有中国特色的价值观,它虽然具有世界性的影响,但是并不能代表全世界的价值诉求,也不能等同于社会主义价值观。因此,在此课程教材介绍科学社会主义的章节中也应深入阐释科学社会主义价值观,体现科学社会主义价值意义。科学社会主义既是一个科学的理论,也是一种价值观,而且这种价值观根源于空想社会主义。我们要以科学为基础,总结自空想社会主义以来的社会主义价值观,对我们进一步

---

① 习近平:《高举中国特色社会主义伟大旗帜 为全面建设社会主义现代化国家而团结奋斗——在中国共产党第二十次全国代表大会上的报告》,人民出版社,2022年,第16页。

理解中国社会主义核心价值观的理论依据、理论来源以及对马克思主义做出的贡献,是很有必要的。

附录四

谈思政课教辅书编写的重要意义

一般来说，人们对于思政课教材及其编写的意义已有充分的认识，但对于教辅用书及其编写的意义则往往估计不足。这当然是有原因的。教材毕竟是中心，而辅导用书是为教材使用服务的，以往的编写经验也要求在教材上多花精力，但这本来属于正常的现象却易于给人留下教辅书不太重要的印象。再加上在以往教辅书编写上出现过较为随意甚至质量不高的情况，更加深了人们的这种印象。

但是此次思政课辅导用书的编写却打破了以往的惯例，以新的举措带来了新的观念。将辅导用书编写纳入马克思主义理论研究和建设工程并作为教材建设的重要工作，由中宣部理论局的同志组织安排编写工作，并按照"马工程"（马克思主义理论研究和建设工程）教材编写的组织方式，集中全国高校专家和一线教师来编写全国统一的教学辅导用书——这是以往所没有过的。这就极大地提高了辅导用书的规格和要求，提高了辅导用书的权威性和参考价值，从而也就要求我们重新思考辅导用书的定位和功能。作为四本教辅用书之一《马克思主义基本原理概论》教辅书的主编，我全程参与编写工作，一直在思考教辅书的性质和编写要求，也在大家的感召下，对于思政课教辅用书的重要性有了进一步的认识。

一、教辅用书是思政课教材体系的重要组成部分

在思政课建设特别是教育教学中，教材的重要作用不言而喻。但在新时代，我们对于"教材"要有一种新的理解，即树立"教材体系"的观念，从"体系"上去认识和把握教材，去建设和使用好教材。不仅多门思政课教材构成一个"教材体系"，而且每一门课的教材也应该是一个"体系"。就本科思政课来说，四本教材作为"马工程"重点教材当然是一个体系，但每一本教材并不是"光杆司令"，孤零零地发挥作用，而是与自己的辅助性教材构成一个本门课程的教材体系，并发挥出整体的力量。而且，对于"教材体系"，还要用一种"立体思维"去把握，不仅看到其中所包含的教学参考用书、教学基本要求、重点难点解析、教学案例解析、学生辅学读本等构成的体系，而且要运用数字信息技术，把纸质教材与电子教材结合起来，真正形成立体化的教材体系。教辅用书作为面向教师的辅助性教材，是思政课教材体系不可缺少的组成部分，对于构建思政课立体性教材体系具有重要作用。

二、教辅用书是思政课教材体系向教学体系转化的重要环节

在思政课教育教学中,特别是着眼于提升思政课教学的实效性,需要树立一种"转化"的观念,实现从教材体系向教学体系的转化。教材本身当然是为课堂教学服务的, 但它本身并不等于思政课教师实施课堂教学的具体讲义和教案。教材编写有其自身的要求和规律性,特别是作为全国统一的教材必须注重体系的严整性、内容的权威性、表述的规范性等,不然就不是合格的教材,当然也就更谈不上是好的教材。但教材的这些特点与课堂教学的流动性、灵活性和口语化有很大的不同。因此,教材与课堂教学怎样实现有效对接,是思政课教育教学的重大问题。在这个问题上,一方面课堂教学要避免照本宣科,直接将教材的严肃性搬到课堂上,另一方面教材编写也要避免把教材随意化,将之直接等同于具体讲义和教案。于是,就需要实现从教材体系向教学体系的转化。这种转化当然可以有不同的路径,也应该鼓励探索多样化的有效路径和做法,但不可否认的是,教辅用书在这种转化中起着重要而不可替代的作用。可以说,它是教材编写与课堂教学的中介,是实现教材体系向教学体系转换的重要环节,具有承前启后的作用。它一方面直接承接教材本身,遵循教材的内容和体系,另一方面又对教材内容进行展开和转换, 用更丰富和鲜活的材料和更具体生动的语言,直接服务于教学过程。有了这种教辅书籍,从教材体系向教学体系转化的路径就更清晰了,也有了自己的载体。

三、教辅用书是思政课教师实施教学的重要依托

教辅用书主要是面向思政课教师的，是适应和根据他们的教学需要而编写的。它可以在两个方面发挥其辅助教学的功能：一方面，它有助于让思政课教师更容易更有保障地拿下思政课基本教学。掌握和实现思政课基本教学要求，这是思政课教学工作的规定动作和底线。思政课教学首先必须保证做到这一点，然后再追求更高更好的效果。由于思政课是面向所有大学生的数量最大、范围最广的课程，需要最多的思政课教师投入最多的工作精力，因而怎样让新入职的大量青年教师更快地进入状态、更容易地站稳讲台，掌握课堂节奏，确保达到教学的基本要求，是一个重要的问题。为此需要一个有形的支点，给青年教师一个用力的抓手，而教辅用书恰恰能够起到这种作用。不能小看这种作用，考虑到全国众多高校和无数课堂，由此在实现基本教学要求方面有了保障，这是具有战略性意义的。另一方面，思政课教师也可以从教辅用书中得到进一步提升教学水平的帮助。因为教辅用书不只是提供了一个简单的教学模板而已，它实际上在许多方面有新的思路和材料，对其中某些难点问题作了更深入的阐释和补充。特别是教辅书的编写树立了精品化目标，比以往的教辅书有了更高的要求和投入了更大的精力，形成了一些创新性的东西，因而有助于为思政课教师追求更高的教学效果提供一定参考。另外，尽管教辅用书主要是面向教师的并具有辅教功能，但它在一定意义上也是面向学生的，具有辅学功能。教与学是一对矛盾，有不同的规律，但也不是截然分开的。学生一册在手，就能更容易把握教师的思路，更容易掌握教材的内容。特别是

在教辅书中有许多新颖的辅文设计,诸如思维导图、图片图表、二维码素材等,能够引起学生的学习兴趣,并对学习起辅导作用。

四、思政课教辅用书的编写经验是思政课教材创新的重要借鉴

鉴于教材在思政课教学中的关键作用,特别是鉴于新时代思政课创新发展对教材建设的新要求,思政课主教材或核心教材自身有一个不断完善和创新发展的问题。特别是怎样做到在保持教材严谨性和权威性的同时,进一步提升教材的教学适用性和可读性,是教材编写工作面临的新任务。不可否认,近年来思政课教材在修订完善过程中对增强可读性做了一些工作,但教材本身在可读性上仍有较大提升空间。思政课教师和学生们对此也有着更高的期望。因而思政课教材在编排方式和话语方式上需要创新。但是由于思政课教材的特点,这种话语创新应该有准备和步骤地进行,并需要进行一些试验性和探索性的准备工作。而以教辅书编写为契机,进行一些新的尝试并以此积累经验就是一种很有益的准备。事实上,教辅书的编写工作从一开始就抱有为教材创新探路子的动机。中宣部理论局的同志明确提出了这样的要求。从这个意义上讲,现在编写的四本教辅用书带有试验性教材的性质。它不是传统意义上普通的辅导用书,而是一种新的探索。为了向思政课教师提供更丰富的辅助材料并提高本书的可读性,我们在主文之外编入大量辅文。这些辅文除在纸质用书中呈现外,还以二维码方式呈现。事实证明,在教辅书编写过程中,特别是在反复修改完善的过程中,形成了一些新鲜经验,对于以后创新思政课教材编写,提升教材可读性和生动性,提供了有益的经验借鉴。

五、教辅用书的组织编写也是"马工程"思政课教材建设工作的重要延展

将思政课教材建设纳入"马工程"之中并作为一项基本职责,充分体现了党中央对思政课教材建设的高度重视,体现了思政课教材建设的新理念和新思路,对于保证思政课教材的质量发挥了重要作用。多年来的成功实践充分证明,这是一项具有战略意义的重大举措。在新时代新阶段,坚持以"马工程"的标准和要求来编写思政课教材,也是思政课教材建设的重要方向。同时,根据新时代的新要求,"马工程"思政课教材编写也要不断创新发展。这种创新发展不是单一路径的,而是要进一步打开思路,从多方面着手全面推进思政课教材建设的创新。因此,除了进一步把思政课核心教材的编写提升到新水平之外,还要着眼于教材建设的系统性,把教辅书等的编写纳入进来。这是"马工程"思政课教材建设工作的重要延伸,体现了教材编写工作的深化和具体化。从而使"马工程"对思政课教育教学的支撑和指导作用进一步深入到教学具体过程中。这是一项新的探索,也是一个新的经验,预示了新时代推进"马工程"思政课教材建设工作的新领域和新方向。

让自己的心灵配得上马克思主义真理①

"思政老师要提高站位，开阔视野，打开胸襟。"一直是刘建军对自己的要求。

1986年，马克思主义理论教育家许征帆在中国人民大学创立马克思主义理论教育研究所，这是国内高校第一家专门从事马克思主义理论教育研究的机构。1987年6月，刘建军从中国人民大学哲学系硕士毕业，在该研究所开始从事马克思主义理论与思想政治教育研究与教学工作。

从教35年来，刘建军深刻认识到，马克思主义理论教育和思想政治教育不应该是沉闷的，而应该是深入浅出、鲜活生动的。他致力于用学生

---

① 《新京报》,2022年3月18日。

身边的故事将严肃的思政课讲得生动有趣、引人深思。"思政课是信仰课，既要传授知识，又要传递价值观，特别是帮助学生树立正确的理想信念，这对教师来说是很大的挑战。"刘建军说。

《新京报》：2019年3月18日，习近平总书记主持召开学校思想政治理论课教师座谈会，你参加这次座谈会后有什么感受？

刘建军：习近平总书记的讲话突出强调了思政课的战略地位和重要作用，特别是提出了"思政课是落实立德树人根本任务的关键课程"这一重要论断。这是一个崭新的命题，它鲜明地表达了思政课在学校育人工作中的地位和作用，体现了党和国家对思政课的高度重视。

总书记对思政课教师寄以厚望，并提出了六个方面的要求：政治要强、情怀要深、思维要新、视野要广、自律要严、人格要正。参会后，我更加觉得，要把自己担负的思政课教好，为培养德智体美劳全面发展的社会主义建设者和接班人而作出自己的贡献。

《新京报》：你认为思政教育的难点在哪里？

刘建军：我曾写过一篇文章谈高校思政课的课程属性和教学难度，我认为思政课教学难在四个方面。

首先，思政课是政治课，很多学生觉得政治离自己的生活太远，导致学习动力不够强。其次，思政课是面向全体学生的共同课，面临众口难调的困境。再次，思政课是理论课，具有抽象性、系统性的特点，教学有很大难度。最后，思政课是信仰课，致力解决学生信仰问题，本身是更高要求和更难的任务。

《新京报》：你认为这些难点要怎么解决？

刘建军：最根本的还是提高老师的理论水平和教学水平。这可以从三个方面来谈：一是要提高站位，开阔视野，打开胸襟，从内心理解马克思主义，让自己的内心和马克思主义的理论相匹配，做到"心有灵犀一点通"。二是提高理论水平。不只是掌握理论，还要吃透理论，然后从理论转向现实生活，使二者联系起来。我认为，深入浅出是最重要的教学方法，如果能够较好地做到这一点，就成功了一大半。三是提高教学水平和教学艺术。教学有自己的规律，掌握和遵循教学规律才能取得好的教学效果。思政课教师要善于总结教学经验，善于向别人学习，不断提高教学水平。其实也包括使用现代技术促进教学，这方面年轻老师们有许多新的探索，是非常好的。

《新京报》：你怎么在思政课上将理论与生活紧密结合？

刘建军：我比较喜欢给学生们举例子。比如，讲到"经济文化相对落后国家能不能搞社会主义""中国要不要退回去补资本主义阶段"，许多学生有困惑，老师们从理论上做过很多讲解，但效果往往一般。我的做法是举一个中国恢复高考的例子来解释。

1977 年，中国恢复高考。刚恢复时，考题简单，一些初中生直接考上了大学。这并没有遵循从初中到高中再到大学的一般规律，而是跳过高中阶段，直接进入大学。这是由特定条件下的特殊原因造成的，可以说是一次历史机遇。中国从半殖民地半封建社会，经过社会主义改造进入社会主义阶段，就像是初中生直接考进大学一样。中国近现代特殊历史条件造成了这样的历史机遇，中国抓住这个机会"考上了大学"。

但是"初中生"进入大学,缺少高中阶段的知识,怎么办?有两个选择:一是退学,回去读高中,高中毕业后再考大学;二是在大学阶段拿出一定的时间来"恶补"高中知识。谁都知道,退学是不可取的。最好的办法是第二种。

我们可以将"大一"这一年设定为一个特殊阶段,重点学习高中课程,尽力补上自己的短板。这就类似我们在"社会主义初级阶段"尽力补上发展商品经济和实现现代化的"短板"。

《新京报》:你通过哪些方式让思政课活跃起来?

刘建军:我们的思政课上会有讨论,同学们在课堂上就一个问题进行讨论、辩论,最后我会结合理论加以引导。思政课后我们会给学生布置课后作业,让学生们根据社会主义核心价值观自选主题进行汇报,可以选择不同的作业展示形式,比如表演小节目。

《新京报》:你认为思政课与其他课程的关系是什么样的?怎么加强这两者之间的联动?

刘建军:我认为思政课与其他课程要协同配合。我写过一篇论文叫《课程思政:内涵、特点与路径》,讲的就是"思政课程"与"课程思政"协同育人。我们教的课程叫"思政课程",其他起配合作用的专业课和公共课是"课程思政"。现在"课程思政"正在全国高校逐步推开,相信会对我们的思政课教学起到很好的配合作用。

有的人对"课程思政"有误解,他们以为就是在专业课中增加一些习近平总书记的讲话就叫"课程思政"了,这不对。专业课不能改变自身的课程性质,而是要挖掘课程里面的思政元素。

把专业课的专业性和科学精神讲出来,本身就具有"思政"意义。而且,每门专业课都有自己学科建设史上里程碑式的人物,他们攻坚克难的故事,可以让我们看到很多精神品质。另外,还可以在教学过程中联系实际举些例子,体现思政的内涵。

《新京报》:你认为教室里的思政课堂和生活里的思政课堂有什么关系?

刘建军:习近平总书记曾提出要善用"大思政课",与社会现实结合起来。这是一种非常重要的新理念,要求我们把思政课堂向社会延伸,发挥现实力量对教学的支撑作用。对我们推进思政课教育教学创新,具有重要指导意义。

大思政课有不同的做法,有的着力于在课堂教学中尽可能融入现实内容,有的着力于拓展学生的社会实践活动,还有的着力于科技赋能思政课教学,比如用 VR 技术设备搞沉浸式教学,等等。

《新京报》:在中国人民大学思政课的公众号里看到你给学生的回信,你经常通过书信的方式和大学生们交流吗?

刘建军:曾经有一个女生跟我说她遇到别人传教,内心很矛盾。我后来就以回信的方式做了理论解答,后来这个书信发表出来产生了较大反响。我就以此为契机,邀请若干位高校教师给学生们编写了一本书《信仰书简:与当代大学生谈理想信念》。

这本书荣获国家通俗理论读物奖,几十封书信告诉大家,什么是科学的信仰,信仰的力量来自何处,马克思主义的信仰与宗教信仰的区别在哪里。这些都有助于为正在进行精神世界塑造的学生们解决内心深处的困惑。

参考文献

1.《马克思恩格斯全集》(第 1 卷),人民出版社,1995 年。

2.《马克思恩格斯文集》(第一卷),人民出版社,2009 年。

3.《马克思恩格斯文集》(第三卷),人民出版社,2009 年。

4.《马克思恩格斯选集》(第一卷),人民出版社,2012 年。

5.《马克思恩格斯选集》(第三卷),人民出版社,2012 年。

6.《毛泽东选集》(第一卷),人民出版社,1991 年。

7.习近平:《在哲学社会科学工作座谈会上的讲话》,人民出版社,2016 年。

8.习近平:《在纪念马克思诞辰 200 周年大会上的讲话》,人民出版社,2018 年。

9.习近平:《思政课是落实立德树人根本任务的关键课程》,人民出版社,2020 年。

10.习近平:《论党的宣传思想工作》,中央文献出版社,2020 年。

11.《习近平谈治国理政》(第三卷),外文出版社,2020 年。

12.习近平:《高举中国特色社会主义伟大旗帜 为全面建设社会主义现代化国家而团结奋斗——在中国共产党第二十次全国代表大会上的报告》,人民出版社,2022 年。

13.习近平:《在庆祝中国共产主义青年团成立 100 周年大会的讲话》,《人民日报》,2022 年 5 月 11 日。

14.《习近平在中国人民大学考察时强调　坚持党的领导传承红色基因扎根中国大地 走出一条建设中国特色世界一流大学新路》,《人民日报》,2022 年 4 月 26 日。

15.吴岩:《建设中国"金课"》,《中国大学教学》,2018 年第 12 期。

后 记

眼前这本书之所以能够存在，要感谢天津人民出版社的编辑同志。我虽然在近十年来围绕思政课写了几十篇文章，但没有想过它们可以成为一本书。武建臣编辑与我原先并不相识，但他以编辑特有的敏感和热情，主动联系我希望我能写一本书，我照例说没有时间，但我们后来讨论到可以用我写的若干文章重新梳理、改写成一本关于思政课的书，编辑提议他自己先整理现有资料。这样的热情谁能拒绝呢？我说，干脆我自己来梳理吧。于是我把自己关于思政课的文章找出来，尝试性地加以分类，就很惊讶地发现：这些文章谈到了思政课教育教学的许多方面，完全可以编成一本书，以反映和体现自己近十年来对思政课的认识和研究成果。书很快就编完了，并补充了我认为有所欠缺的地方。这就是这本书的来历。

书中多数内容都公开发表过，主要报刊有《求是》《人民日报》《光明日报》《教学与研究》《思想理论教育导刊》《中国高校社会科学》《马克思主义理论学科研究》《思想教育研究》《思想理论教育》《中国德育》《北京教育（德育版）》《中国教育报》《北京日报》等。其中较多的成果系写作和发表于2019年3月18日学校思想政治理论课教师座谈会以来的近几年间。当然，书中也包括少部分没有发表过或新写的内容。需要说明的是，本书中有一部分内容是与我指导的博士生共同完成的。其中，第六章"思政课教育教学的问题意识",系与梁祯婕合作完成。第七章"思政课要解决学生的理想信念问题"、第三章中关于思政课社会适应的部分,系与朱倩合作完成。

与天津人民出版社的这种缘分并不是偶然的。他们与我的岳父陈先达先生有着密切的来往,我在家里见到他们送给我岳父的寿匾,他们还刚给我岳父出版了《选择与信仰——我的哲学之路》一书,装帧设计十分精美,这表明他们是下了功夫的。王康总编带人来京公干,也特意邀我晤谈,一再表明他们对出版理论书籍的重视和对作者的尊重,真是令人感动。总之,感谢天津人民出版社领导对出版本书的高度重视,感谢编辑付出的辛勤劳动。

最后,这本书主要是面向广大思政课教师的,希望老师们批评指正。

刘建军

2023 年 2 月于北京寓所